ŒUVRES
DE
DENIS DIDEROT.
TOME XV.

SUITE DU SALON DE 1767,
TOME SECOND.

ŒUVRES
DE
DENIS DIDEROT,

publiées sur les manuscrits de l'Auteur,

PAR JACQUES-ANDRÉ NAIGEON,

de l'Institut national des sciences, etc.

TOME QUINZIEME.

A PARIS,

Chez DETERVILLE, Libraire, rue
du Battoir, N.° 16.

AN VIII.

LE SALON DE 1767;

A MON AMI M. GRIMM.

LE SALON DE 1767,

A MON AMI M. GRIMM.

131. DESHAYS.

Les portraits de Deshays sont si mauvais de dessin, de couleur et du reste, qu'ils ont l'air d'être faits en dépit de l'art et du bon sens. Celui-ci ne vous ruinera pas en copies. Je ne ressemble pas à l'usurier d'Horace:

Quantò perditior quisque est, tantò acriùs urget (*).

Quand je blâme, je fronce le sourcil ; et cela ne m'amuse pas. Voici cinq ou six personnages qui vont me donner de l'humeur. Si je ne me hâte pas de m'en débarrasser, je ne sais plus quand vous aurez la suite.

(*) Plus un homme est pauvre, plus il l'écrase.

L'ÉPICIÉ,

132. *Jésus-Christ ordonne à ses Disciples de laisser approcher les enfans qu'on lui présente.*

Tableau ceintré de sept pieds neuf pouces de haut, sur sept pieds six pouces de large.

De même hauteur et de la moitié de la largeur, à gauche du précédent, Saint-Charlemagne.

De même hauteur et de la moitié de la largeur du premier, à droite et en regard avec Saint Charlemagne, Saint-Louis. Les deux derniers ceintrés comme le premier.

Avez-vous vu quelquefois, au coin des rues, de ces chapelles, que les pauvres habitans de Sainte-Reine promènent sur leurs épaules, de bourg en ville ; c'est une espèce de boîte ceintrée, qui renferme un tableau principal, et dont les deux yantaux, peints en dedans, montrent chacun l'image d'un saint, quand la boîte ou chapelle portative est ouverte ? Eh bien ! tout juste de la même forme et de la même force, le tableau précédent et les deux suivans. C'est la chapelle des gueux de Sainte-Reine ; et ce l'est si bien, qu'il n'y manque que les charnières, que j'y aurois peintes furtivement, si j'avois été un des polissons de l'école.

Au fond de la boîte, c'est le Christ, n'ordonnant pas à ses disciples de laisser approcher les petits enfans, comme le peintre le dit; mais les recevant, les accueillant. Ainsi l'Epicié n'a su ce qu'il faisoit; et c'est le moindre défaut de son ouvrage. Le Christ est assis sur un palmier; autour de lui, vers la gauche, sont plusieurs petits enfans, filles et garçons, qui lui sont présentés par leurs mères, leurs frères, leurs grand'mères. A droite, derrière le palmier, deux ou trois apôtres en mauvaise humeur.

Sur le vantail à droite, Saint-Louis; sur le vantail à gauche, Saint-Charlemagne.

Le tableau du milieu est crud, sec et dur, comme il les faut pour appeler la populace aux carrefours. Figures roides, découpées, appliquées les unes sur les autres, sans plan, sans mouvemens, fortes enluminures. Quel sujet, cependant pour un grand maître, par le charme et la variété des natures! Imaginez ce Christ, ces apôtres, ces pères, ces mères, ces grand'mères, ces petites filles, ces petits garçons; peints par un Raphaël.

Sans avoir vu le Saint-Louis, on ne devine pas combien il est plat, ignoble, sot et bête. C'est à-peu-près comme nos anciens sculpteurs nous le montrent en pierre, aux portails des églises gothiques.

Le Saint-Charlemagne est un gros spadassin;

le ventre tendu en devant, la tête ébouriffée et renversée en arrière, la main gauche fièrement appuyée sur le pommeau de son épée. Il est impossible de le regarder, sans se rappeler la figure du feu Gros-Thomas.

Si M. l'Epicié veut placer ces trois tableaux en enseigne à sa porte, je lui garantis la pratique de tous ces gens qui chantent dans les rues, montés sur des escabeaux, la baguette à la main, à côté d'une longue pancarte attachée à un grand bâton, et montrant comment le diable lui apparut pendant la nuit, comment il se leva et s'en alla dans la chambre de sa femme qui dormoit. Le voilà qui va. Voilà le diable qui le pousse. Le voilà dans la chambre de sa femme. Voilà sa femme qui dort. Comment son bon ange lui retient la main, lorsqu'il alloit tuer sa femme. Voilà le bon ange. Voilà le méchant époux avec son couteau. Le voilà qui a le couteau levé. Voilà le bon ange qui lui retient la main, *et cœtera, et cœtera.* Je lui garantis l'entreprise de toutes les chapelles de Sainte-Reine et autres lieux, tant en France qu'ailleurs, où les paysans malheureux aiment mieux mendier dans les grandes villes, que de rester dans leurs villages, à cultiver des terres, où ils déposeroient leurs sueurs, et qui ne rendroient pas un épi pour les nourrir ; à-moins qu'il n'aime mieux exercer les deux métiers à-la-fois, faire la curiosité, et la montrer.

La Conversion de Saint-Paul.

La lumière d'où se fit entendre la voix qui disoit : *Saule, Saule, quid me persequeris ?* part de l'angle supérieur gauche du tableau. Cette gloire est bien lumineuse. Le Saint, renversé dans cette direction, est aussi bien renversé. Il est enveloppé de la masse des rayons qui le frappent, mais qui ne le frappent pas assez pittoresquement; il auroit fallu de la verve, pour lui donner un air de foudre ; et l'Epicié n'en a pas. Le casque s'est séparé de la tête, et il est à terre au-dessous. Plus, à droite, vu par le dos, courbé en devant, et sortant du fond, un soldat relève Saul, le secourt, en appuyant une main entre ses épaules, et l'autre sur sa poitrine. Sur un plan plus enfoncé, et correspondant au persécuteur terrassé, vu de face, un soldat sur son cheval. Le cheval tranquille, et plus brave que l'homme qui est fort effrayé, mais à-la-vérité d'un faux effroi, d'un effroi de théâtre. Ce gros soldat joue la parade. Tout-à-fait sur le fond, autour de ce grotesque personnage, et derrière son officieux camarade, des têtes de satellites épouvantés. Tout-à-fait à gauche, sous la lumière fulminante, abattu, troublé, effaré, le cheval de Saul, dont les jambes sont embarrassées dans les siennes. Ce cheval est beau, et sa crinière flotte bien. Tout cela n'est ni mal entendu, ni mal ordonné. La gloire m'a paru belle. La lumière forte et vraie. Le cheval assez beau, mais foible de touche, et sans humeur. Le Saul a les yeux fermés, comme il doit arriver à un homme ébloui; mais il est petit, chiffonné, ignoble de caractère, plus mort que vif! Ce bras droit, qu'il tient étendu en l'air, est vraiment hors de la toile; l'autre bras, ainsi que la main, sont bleuâtres; ce qui suppose, contre la vérité, de la durée dans une position contrainte. Ces soldats du fond sont assez bien effarouchés; et le tout est mieux dessiné, mieux colorié qu'il n'appartient à l'Epicié. Le cheval de son gros hollandois ventru qui fait la parade, est de bois. Mais est-ce que l'Epicié voudroit devenir quelque chose ? faire le second tome de La Grénée ? Je n'en crois rien.

Un Tableau de famille.

Il y a là de quoi désespérer tous les grands artistes, et leur inspirer le plus parfait mépris pour le jugement public. Si vous en exceptez le clair de lune de Vernet, que beaucoup de gens ont admiré sur parole, il n'y en a peut-être pas un autre qui ait arrêté autant de monde, et qu'on ait plus regardé que celui-ci. C'est un vieux prêtre qui lit l'Ancien ou le Nouveau Testament au père, à la mère, aux enfans rassemblés. Il faut voir le froid de tous ces personnages; le peu d'esprit et d'idées qu'on y a mis; la monotonie de cette scène; et puis cela est peint gris et symmétrisé. Ce prétre parle de la main, et se tait de la bouche. Sa roide soutane a été exécutée sur lui par quelque mauvais sculpteur en bois ; elle n'est jamais sortie d'aucun métier d'ourdissage. Ce n'est pas ainsi que notre Greuze se retire de ces scènes-là, soit pour la composition, le dessin, les incidens, les caractères, la couleur. M. l'Epicié, laissez là ces sujets ; ils exigent un tout autre goût de vérité que le vôtre. Faites plutôt.... Rien. Je ne vous décris pas ce tableau. Je n'en ai pas le courage. J'aime mieux causer un moment avec vous des jugemens populaires dans les beaux arts. Je serois long, si je voulois ; mais rassurez-vous, je serai court.

Le mérite d'une esquisse, d'une étude, d'une ébauche, ne peut être senti que par ceux qui ont un tact très-délicat, très-fin, très-délié, soit naturel, soit développé et perfectionné par la vue habituelle de différentes images du beau en ce genre, ou par les gens mêmes de l'art. Avant que d'aller plus loin, vous me demanderez ce que c'est que ce tact ? Je vous l'ai déjà dit : c'est une habitude de juger sûrement, préparée par des qualités naturelles, et fondée sur des phénomènes et des expériences, dont la mémoire ne nous est pas présente. Si les phénomènes nous étoient présens, nous pourrions sur-le-champ rendre compte de notre jugement ; et nous aurions la science. La mémoire des expériences et des phénomènes ne nous étant pas présente, nous n'en jugeons pas moins sûrement, nous en jugeons même plus promptement; nous ignorons ce qui nous détermine, et nous avons ce qu'on appelle tact, instinct, esprit de la chose, goût naturel. S'il arrive qu'on demande à un homme de goût la raison de son jugement, que fait-il? il rêve; il se promène; il se rappelle, ou les modèles qu'il a vus, ou les phénomènes de la nature, ou les passions du cœur humain, en un mot, les expériences qu'il a faites; c'est-à-dire, qu'il devient savant. Un même homme a le tact sur certains objets, et la science sur d'autres. Ce tact est préparé par des qualités que la nature seule donne. Parcourez toutes les fonctions de la vie, toutes les sciences, tous les arts, la danse, la musique, la lutte, la course; et vous reconnoîtrez dans les organes une aptitude propre à ces fonctions: et de même qu'il y a une organisation de bras, de cuisses, de jambes, de corps, propre à l'état de porte-faix, soyez sûr qu'il y a une organisation de tête propre à l'état de peintre, de poëte et d'orateur, organisation qui nous est inconnue, mais qui n'en est pas moins réelle, et sans laquelle on ne s'élève jamais au premier rang; c'est un boiteux qui veut être coureur. Rappelez-vous toutes les études, toutes les connoissances nécessaires à un bon peintre, à un peintre né; et vous sentirez combien il est difficile d'être un bon juge, un juge né en peinture. Tout le monde se croit compétent sur ce point; presque tout le monde se trompe: il ne faut que se promener une fois au Salon, et y écouter les jugemens divers qu'on y porte, pour se convaincre qu'en ce genre, comme en littérature, le succès, le grand succès est assuré à la médiocrité, l'heureuse médiocrité qui met le spectateur et l'artiste commun de niveau. Il faut partager une nation en trois classes; le gros de la nation qui forme les mœurs et le goût national; ceux qui s'élèvent au-dessus sont appelés des fous, des hommes bizarres, des originaux; ceux qui descendent au-dessous, sont des plats, des espèces. Les progrès de l'esprit humain, chez un peuple, rendent ce plan mobile. Tel homme vit quelquefois trop long-temps pour sa réputation. Je vous laisse le soin d'appliquer ces principes à tous les genres; je m'en tiens à la peinture. Je n'ai jamais entendu faire autant d'éloges d'aucun tableau de Vanloo, de Vernet, de Chardin, que de ce maudit tableau de Famille de l'Epicié, ou d'un autre tableau de Famille, plus maudit encore, de Voiriot. Ces indignes croûtes ont entraîné le suffrage public; et j'avois les oreilles rompues des exclamations qu'ils excitoient. Je m'écriois : ô Vernet! ô Chardin! ô Casanove! ô Loutherbourg! ô Robert! travaillez à-présent; suez sang et eau, étudiez la nature, épuisez-vous de fatigue, faites des poëmes sublimes avec vos pinceaux; et pour qui? pour une petite poignée d'hommes de goût qui vous admireront en silence, tandis que le stupide, l'ignorant vulgaire, jetant à-peine un coup-d'œil sur vos chefs-d'œuvre, ira se pâmer, s'extasier devant une enseigne à bière, un tableau de guinguette. Je m'indignois et j'avois tort. Est-ce qu'il en pouvoit être autrement? Il faut que le chancelier Bacon reste ignoré pendant cinquante ans; lui-même l'avoit prédit de son propre ouvrage. Il faut que le *traité du vrai mérite* par le Maître de Claville ait en deux ou trois ans de temps cinquante éditions. Celui qui devance son siècle; celui qui s'élève au-dessus du plan général des mœurs communes, doit s'attendre à peu de suffrages; il doit se féliciter de l'oubli qui le dérobe à la persécution. Ceux qui touchent au plan général et commun, sont à la portée de la main; ils sont persécutés. Ceux qui s'en élèvent à une grande distance, ne sont pas apperçus; ils meurent oubliés et tranquilles, ou comme tout le monde, ou très-loin de tout le monde. C'est ma devise.

AMAND.

135. *Soliman second fait déshabiller des Esclaves Européennes.*

Il n'y étoit pas, et je ne vous conseille pas de le regretter. Je n'ai jamais vu d'Amand que des tableaux froids ou des esquisses extravagantes.

Plusieurs dessins, plusieurs mauvais dessins dont je ne parlerois pas, sans un de ces traits d'absurdité sur lesquels il faut toujours arrêter les yeux des enfans. C'est une figure d'homme vu par le dos, les mains appuyées à la manivelle coudée d'un tambour de puits. Il y a dans ces machines un moment où le coude de la manivelle rend la position du bras de levier très-haute. Il faut alors, ou que l'homme abandonne la manivelle, ou que ses bras puissent atteindre à cette hauteur, les poings fermés, sans quoi la machine revient sur elle-même, et le poids redescend. Or, on donneroit un demi-pied de plus au tourneur d'Amand, qu'il ne seroit pas encore assez grand; en sorte que, dans son dessin, ce n'est plus un homme qui tourne, c'est un homme qui arrête la manivelle à son point le plus bas, et qui se repose dessus.

Si vous ne m'en croyez pas sur les dessins d'A-mand, celui, où, au bas d'une fabrique à droite, il y a un grouppe de gens qui concertent; à gauche, une statue de Flore sur son piédestal; à droite, un escalier; au-dessus de l'escalier, une fabrique; plus vers la gauche, sur une partie du massif commun de la fabrique, une cuvette soutenue par des figures; et au-dessous de la cuvette, un bassin qui reçoit les eaux; revoyez cela, et jugez si j'ai tort de dire que rien n'est plus bizarre, plus dur et plus mauvais.

L'atelier de menuiserie ne seroit qu'une passable vignette pour notre recueil d'arts; pas davantage.

L'atelier de doreur, autre passable vignette pour le recueil des arts, que nous faisons au milieu de tous les obstacles possibles ; que l'académie a commencé il y a soixante ans ; qu'elle n'a pas fait avec tous les secours imaginables du gouvernement ; qu'elle vient de reprendre par honte et par jalousie ; et qu'elle abandonnera par dégoût et par paresse.

Les deux paysages d'Amand sont froids, monotones, brouillés ; beaucoup d'objets entassés les uns sur les autres ; et chaque objet bien chargé de crayon, sans effet.

FRAGONARD.

Quantùm mutatus ab illo !

Tableau ovale représentant des grouppes d'Enfans dans le Ciel.

C'est une belle et grande omelette d'enfans ; il y en a par centaines, tous entrelacés les uns dans les autres, têtes, cuisses, jambes, corps, bras, avec un art tout particulier ; mais cela est sans force, sans couleur, sans profondeur, sans distinction de plans. Comme ces enfans sont très-petits, ils ne sont pas faits pour être vus à une grande distance ; mais comme le tout ressemble à un projet de plafond ou de coupole, il faudroit le suspendre horizontalement au-dessus de sa tête, et le juger de bas en haut. J'aurois attendu de cet artiste quelque effet piquant de lumière; et il n'y en a point. Cela est plat, jaunâtre, d'une teinte égale et monotone, et peint cotoneux. Ce mot n'a peut-être pas encore été dit, mais il rend bien; et si bien, qu'on prendroit cette composition pour un lambeau d'une belle toison de brebis, bien propre, bien jaunâtre, dont les poils entremêlés ont formé par hasard des guirlandes d'enfans. Les nuages répandus entre eux sont pareillement jaunâtres, et achèvent de rendre la comparaison exacte. M. Fragonard, cela est diablement fade. Belle omelette, bien douillette, bien jaune et bien brûlée.

Une tête de Vieillard.

Cela est foible, mou, jaunâtre, teintes variées, passages bien entendus, mais point de vigueur. Ce vieillard regarde au loin; sa barbe est un peu monotone, point touchée de verve; même reproche aux cheveux, quoiqu'on ait voulu l'éviter. Couleur fade. Cou sec et roide. M. Fragonard, quand on s'est fait un nom, il faut avoir un peu plus d'amour-propre. Quand, après une immense composition, qui a excité la plus forte sensation, on ne présente au public qu'une tête, je vous demande à vous-même ce qu'elle doit être.

Plusieurs Dessins.

Pauvres choses! Le paysage est mauvais. L'homme appuyé sur sa bêche ne vaut pas mieux. J'en dis autant de cette espèce de brocanteur, assis devant sa table dans un fauteuil à bras. La mine en est pourtant excellente.

MONNET.

141. *Une Magdeleine en méditation.*

Tableau ovale.

Un Christ expirant sur la Croix.

Ce Christ n'est point au Salon. Monnet n'avoit apparemment pas eu le temps de l'expédier. Le Christ est malheureux en France. Il est bafoué par nos philosophes, déshonoré par ses prêtres, et maltraité par nos artistes. Au sortir des mains de Pierre, il tomba dans celles de Bachelier, qui l'a livré cette année à Parocel, à Brenet, à l'Épicié, à Monnet qui le tient à-présent.

La Magdeleine de celui-ci est sans couleur, sans expression, sans intérêt, sans caractère, sans chair; c'est une ombre, c'est un morceau détestable de tout point. On voit, à droite, un rocher. Devant ce rocher, une grande croix de bois. A genoux, et les bras croisés, la sainte Pécheresse. Derrière elle, un autre rocher. On ne sait ce que c'est que cela. C'est une image de papier blanc, une découpure de Hubert, mais mauvaise, sans la précision des contours, seulement aussi mince, aussi plate, et très-insipide, quoique nue. Au pont Notre-Dame, chez Tremblin, pourvu qu'il en veuille, car il est difficile. La religion souffre ici de toute part.

Je ne sais ce que c'est que l'Hermite lisant. On dit qu'il n'est pas sans mérite. Chardin l'a pourtant caché. Pour les dessins et les esquisses, malheureusement on les voit.

TARAVAL.

Repas de Tantale.

Tableau de quatre pieds de large, sur trois pieds neuf pouces de haut.

Je veux mourir, si, ni vous, ni moi, ni personne, eût jamais deviné le sujet de ce tableau. A droite, un palais. Au-devant de la façade du palais, sur le fond, des femmes qui élancent de joie leurs bras vers un enfant. Un peu plus vers la gauche, et tout-à-fait sur le devant, une femme agenouillée, tendant aussi les bras au même enfant, qu'elle se dispose à recevoir d'un vieillard, qui le lui présente de côté, et sans la regarder. Ce vieillard, c'est Jupiter. Je le reconnois à l'oiseau porte-foudre, qu'il a sous ses pieds. Sur le fond, une table couverte d'une nappe. Au-delà de cette table, des dieux et des déesses, portés sur des nuages, comme dans une décoration d'opéra, et jetant des regards d'indignation et de terreur sur ce qui se passe vers la gauche. Voilà un double intérêt bien marqué. M'indignerai-je avec ceux-ci, ou joindrai-je ma joie à celle des premiers ? Au-dessous de Jupiter sévère, je vois un scélérat qu'on se prépare à lier. Il est désespéré. Il regarde la terre. Il se frappe le front du poing. A côté de ce brigand, car il en a bien l'air, un jeune homme qui lui a saisi le bras, qui tient une chaîne de sa main gauche, et qui serre si fort cette chaîne, qu'on diroit qu'il craint plus qu'elle ne lui échappe que son coupable. Ce jeune homme, c'est Mercure ; je le reconnois aux aîles, dont il est coiffé ; ou plutôt c'est un paysan ignoble, quelque satellite déguisé qui les lui a volées.

Eh bien ! mon ami, voilà ce qu'il plaît à l'artiste d'appeler le Repas de Tantale. Il a beau dire, c'est l'instant où Jupiter, s'appercevant qu'on lui a servi à manger l'enfant de la maison, le ressuscite, le rend à sa mère, et condamne le père aux fers. Je lui répondrai toujours, ce sont trois instans et trois sujets très-distingués. L'instant du repas n'est point celui de l'enfant ressuscité. L'instant de l'enfant ressuscité n'est point celui de l'enfant rendu ; et l'instant de l'enfant rendu n'est point celui de la condamnation du père. Aussi fatras de figures, d'effets et de sensations contradictoires ;

Exemple excellent du défaut d'unité. Ces gens sans verve et sans génie ne sont effrayés de rien. Ils ne soupçonnent seulement pas la difficulté d'une composition. Voyez aussi comme ils s'en tirent. La mère de Pélops, petite mine rechignée. Tantale, bas coquin, gibier de Grève. Tout le terrible réduit à la flamme rougeâtre d'un pot à feu, élevé à gauche sur un guéridon. Mais, me direz-vous, ces défauts sont peut-être rachetés par un faire merveilleux? Oh! non. Cependant, trouvez, si vous le voulez, le Tantale chaudement colorié. Dites que le Jupiter est beau, que sa tête est noble; ajoutez encore que le tout n'est pas sans effet, à-la-bonne-heure.

Vénus et Adonis.

Adonis est assis; on le voit de face. Son chien est à côté de lui. Il tient son arc de la droite. Sa gauche est je ne sais où. Il a sur ses genoux une peau de tigre. Sur un grand coussin d'étoffe argentée, Vénus est étendue à ses pieds. On ne la voit que par le dos. Ce dos est beau, et l'artiste le sait bien, car c'est pour la seconde fois qu'il s'en sert. La tête d'Adonis est empruntée d'un Saint Jean de Raphaël, comme Raphaël empruntoit la tête antique d'un Adonis pour en faire un Saint Jean. Aussi cette tête est-elle bien coloriée. De la manière dont ce sujet est composé, il ne peut guère y avoir que le mérite du technique.

La figure principale tourne le dos; et un dos n'a pas beaucoup d'expression. Voyez pourtant ce dos, car il en vaut la peine, et la manière dont cette figure est assise sur son coussin, la vérité des chairs et du coussin.

Jeune Fille agaçant son chien devant un miroir.

La tête de la jeune Fille et le chien ont de la vie, du dessin, sans couleur.

Une tête de Bacchante.

On la voit presque par le dos, la tête retournée. On prétend qu'elle est d'un pinceau vigoureux. J'y consens. Son expression est bien d'une femme enthousiaste ou ivre, mais souffrante, non comme une Pythie qui se tourmente et qui cherche à exhaler le Dieu qui l'agite, mais souffrante de douleur. L'enthousiasme, l'ivresse et la souffrance affectent les mêmes parties du visage; et le passage de l'un de ses caractères contigus à l'autre est facile.

Hercule enfant, étouffant des serpens au berceau.
Esquisse.

On voit à droite une suivante effrayée, puis Alcmène et son époux. Celui-ci saisit son enfant et l'enlève de son berceau. Dans le berceau voisin, le jeune Hercule, assis, tient par le cou un serpent de chaque main, et s'efforce des bras, du corps et du visage, de les étouffer. Sur le fond à gauche, au-delà des berceaux, des femmes tremblent pour lui. Tout-à-fait à gauche, deux autres femmes debout : celles-ci sont assez tranquilles. De ces deux femmes, celle qu'on voit par le dos montre le ciel de la main, et semble dire à sa compagne : Voilà le fils de Jupiter. Du même côté, colonnes. Dans l'entre-colonnement, grand rideau qui, relevé par le plafond, vient faire un dais au-dessus des berceaux. Beau sujet, digne d'un Raphaël. Cette esquisse est fortement coloriée, mais sans finesse de tons ; et là-dessus, mon ami, je vous renvoie à mon conte polisson sur les esquisses.

Je ne dis pas que Taraval vaille mieux que Fragonard, ni Fragonard mieux que Taraval ; mais celui-ci me paroît plus voisin de la manière et du mauvais style. La fricassée d'anges de Fragonard est une singerie de Boucher. Outre les dessins dont j'ai parlé, il y en a d'autres de ce dernier artiste, à la sanguine et sur papier bleu, qui sont jolis et d'un bon crayon. Il y a de l'esprit et du caractère. En général Fragonard a l'étoffe d'un habile homme ; mais il ne l'est pas. Il est fougueux, incorrect, et sa couleur est volatile. Il peut aussi facilement empirer qu'amander ; ce que je ne dirois pas de Taraval. Il n'a pas assez regardé les grands maîtres de l'école d'Italie. Il a rapporté de Rome le goût, la négligence et la manière de Boucher, qu'il y avoit portés. Mauvais symptôme, mon ami ! Il a conversé avec les apôtres ; et il ne s'est pas converti. Il a vu les miracles ; et il a persisté dans son endurcissement.

Il y a quelque temps que j'entrai par curiosité dans les ateliers de nos élèves : je vous jure qu'il y a des peintres à l'académie, à qui ces enfans-là ne céderoient pas la médaille. Il faut voir ce qu'ils deviendront. Mais vous devriez bien conseiller à ces souverains, avec lesquels vous avez l'honneur de correspondre, et qui ont à cœur la naissance et le progrès des beaux arts dans leur empire, de fonder une école à Paris, d'où les élèves passeroient ensuite à une seconde école fondée à Rome. Ce moyen seroit bien plus sûr que d'appeler des artistes étrangers, qui périssent transplantés comme des plantes exotiques dans des serres chaudes.

149. RESTOUT.

Les plaisirs d'Anacréon. = *Diogène demandant l'aumône à une Statue.* = *Un Saint-Bruno.*

Voyez au Salon précédent ce que je vous ai dit de ces trois morceaux ; et n'en rabattez pas un mot. Il y a dans le morceau d'Anacréon, couleur, entente de lumières, vigueur et transparence. Le tout est d'un ton vrai et suave. Le corps, la gorge et les épaules de la courtisanne sont de chair, et peints dans la pâte à pleines couleurs. Le corps d'Anacréon est bien modelé; le bras qui tient la coupe fin de touche, quoique défectueux de dessin. Les étoffes étendues sur ses genoux sont belles. La jambe droite, qui porte le pied en avant, sort du tableau. La cassolette et les vases, d'un faire recherché, sans attirer l'attention aux dépens des figures. Mais je persiste : l'Anacréon est un charretier ivre, tel qu'on en voit sortir sur les six heures du soir des tavernes du fauxbourg Saint-Marceau. La courtisanne est une grenouille; si elle étoit debout à côté de l'Anacréon, son front n'atteindroit pas au creux de son estomac : c'est accoupler une Lapone avec un Patagon. Le site est tout-à-fait bizarre. Ah! monsieur Restout, que diroit votre père s'il revenoit au monde et qu'il vît cela? Jusqu'à-présent on ignoroit que les pompons, les étoffes de Lyon à fleurs d'argent, les cirsakas, fussent en usage chez les Grecs: où est le costume et la sévérité de l'art.

Votre Diogène ressemble à un gueux qui tend la main de bonne foi ; et puis il est sale de couleur.

Pour votre Saint-Bruno, c'est un très-joli morceau, bien dessiné, bien posé, tout-à-fait intéressant d'expression, largement drapé, peint avec vigueur et liberté, bien éclairé, bien colorié; on le prendroit pour un petit Chardin, quand celui-ci faisoit des figures. Que ne suivez-vous ce genre ?

Quand on expose une tête seule, il faut qu'elle soit très-belle ; et celle de ce chanteur de rue, de ce gueux ivre, demandoit une exécution merveilleuse, pour en excuser le bas caractère. Moins le sujet d'une composition est important, moins il intéresse, moins il touche aux mœurs, plus il faut que le faire en soit précieux. Qui est-ce qui regarderoit les Téniers, les Wouvermans, les Berghem, tous les tableaux de l'école flamande, la plûpart de ces obscénités de l'école italienne, tous ces sujets empruntés de la fable, qui ne montrent que des natures méprisables, que des mœurs corrompues, si le talent ne rachetoit le dégoût de la chose ? Les originaux sont d'un prix infini ; on ne fait nul cas des meilleures copies ; et c'est la difficulté de discerner les originaux des copies, qui a fait tomber en France les tableaux italiens. On ne dupe plus que les Anglois. M. Baudouin, lisez ce paragraphe, et profitez-en.

M. Restout, je reviens à vous. Que pensez-vous du contraste de cette tête ignoble d'Anacréon avec les vases précieux qui l'entourent et les riches étoffes qui le couvrent ? Jetez un voile sur le reste de votre composition ; ne montrez que cette tête, et dites-moi à qui elle appartient. Et votre Diogène, de bonne-foi, lui voit-on le moindre trait qui indique l'esprit de son action ? Où est l'ironie ? où est la fierté cynique ? est-ce là cet homme, dont Sénèque a dit que celui qui doute de sa félicité peut aussi douter de celle des dieux ? Votre Saint-Bruno est très-bien, je ne m'en dédis pas; mais n'y a-t-il point là de plagiat ?

Ce qui fâche, c'est que ces talens naissans, qui ont décoré notre Salon cette année, iront en s'éteignant; ce sont de prétendus maîtres qui auroient grand besoin de retourner à l'école sous des maîtres sévères qui les châtiassent.

JOLLAIN.

152. *L'Amour enchaîné par les Graces.*

Imaginez l'Amour assis sur une petite éminence, au milieu des trois Graces accroupies; et ces Graces n'en ayant ni dans leurs attitudes, ni dans leurs caractères, maussadement grouppées, maussadement peintes, la tête de l'Amour si féminisée, qu'on s'y tromperoit, même à jeun. Ni finesse, ni mouvement, ni esprit. Trois filles pas trop belles, pas trop jeunes, passant des guirlandes de fleurs autour des bras et des pieds d'un innocent qui les laisse faire. Ni verve, ni originalité, ni pensée, ni faire. Qu'est-ce donc que cela signifie ? Rien. C'est barbouiller de la toile, et perdre de la couleur.

Bélisaire.

Ce n'est pas un tableau, quoi qu'en dise le livret, c'est une mauvaise ébauche. Cela est si gris, si blafard, qu'on a peine à discerner les figures, et que ma lorgnette de Passement, qui colore les objets, a manqué son effet sur ce tableau. Qu'est-ce que M. Jollain? C'est.... c'est un mauvais peintre; c'est un sot; qui ne sait pas que celui qui tente la scène de Bélisaire s'impose la loi d'être sublime. Il faut que la chose dise plus que l'inscription, *date obolum Belisario* (*), et cela n'est pas aisé. A droite, presque au centre de la toile, Bélisaire assis. Du même côté, étendue à terre, sa fille, la tête penchée sur le bras de son père, qui lui serre la main. Au pied de Bélisaire, une levrette qui dort. Tout-à-fait à droite, le dos tourné à son époux et à sa fille, les yeux couverts de ses mains, et la tête posée contre un mur, la femme de Bélisaire. A gauche, sur le fond, un jeune homme qui demande l'aumône dans le casque du général aveugle. Autour de ce jeune homme, des passagers, un soldat les bras étendus et le visage étonné, une femme qui délie sa bourse, quelques personnages qui conversent, parmi lesquels on en remarque un qui, le doigt posé sur sa bouche, semble recommander le silence aux autres. A gauche, un vesti-

---

(*) Donnez une obole à Bélisaire.

bule qui conduit à des bâtimens ; à droite et sur le fond, des murs, une architecture ; d'où l'on conjecture que la scène se passe dans la cour d'un château, et que cette composition, qui ne vaut pas les estampes de Gravelot, a été faite d'après une situation de l'ouvrage, très-médiocre et beaucoup trop vanté, de Marmontel.

Le Bélisaire est roide, ignoble et froid. La fille n'est pas mal de position et de caractère ; mais, et cette fille, et la mère qui tourne le dos à la scène, sont prises du Testament d'Eudamidas, où elles sont sublimes ; on n'a fait que les séparer. Toutes ces figures dispersées à droite ne disent rien, mais rien du tout. L'enfant qui demande l'aumône dans le casque est une idée commune, que l'artiste auroit rejetée s'il eût senti l'effet du casque que Vandick a posé au pied de Bélisaire. Que fait là ce chien qui dort ? Quelle comparaison de l'étonnement de ce soldat, et du morne silence du soldat de Vandick, qui, la tête penchée, les mains posées sur le pommeau de son épée, regarde et pense ! Quelle différence encore dans le choix du local ! Vandick fut bien un autre homme, lorsqu'il assit son héros sur une borne, le dos contre un arbre, son casque à ses pieds. C'est qu'avec du génie, il est presque impossible de faire un bon tableau d'après une situation romanesque, ou même une scène dramatique. Ces modèles ne sont pas assez voisins de nature. Le tableau devient une imitation d'imitation.

Quand je vois des Jollain tenter ces sujets après un Vandick, un Salvator-Rose, je voudrois bien savoir ce qui se passe dans leurs têtes; car enfin, refaire Bélisaire d'après ces hommes sublimes, c'est refaire Iphigénie après Racine, Mahomet après Voltaire. M. Jollain, cela n'est pas modeste. La composition, le dessin, l'expression générale, le caractère du principal personnage, le clair-obscur, la couleur, l'effet, sont, je crois, des parties sans lesquelles la peinture n'existe pas. Or, il n'y a rien de tout cela dans le tableau de Jollain. Ce tableau est donc nul. Ce Jollain m'a l'air d'un cousin de Cogé ou de Riballier. Bélisaire, le pauvre Bélisaire, après avoir été chanté par Marmontel, proscrit par la Sorbonne, il ne lui manquoit pour dernière disgrace que d'être peint par Jollain.

Un Hermite.

Je me le rappelle : il est froid, léché et mauvais. Mauvaises mains, mauvaises et lourdes draperies, barbe monotone, livre relié en parchemin, sans ton, sans illusion; tête foible de touche : C'est Jollain, toujours Jollain.

État actuel de l'École française.

Voyons maintenant quel est l'état actuel de notre École, et revenons un peu sur les peintres qui composent notre académie.

Remarquez, d'abord, mon ami, qu'il y a quelques savans, quelques érudits, et même quelques poëtes dans nos provinces; aucun peintre, aucun sculpteur. Ils sont tous dans la grande ville, le seul endroit du royaume où ils naissent et où ils soient employés.

Michel Vanloo, directeur de l'École. Il a du dessin, de la couleur, de la sagesse et de la vérité. Il est excellent pour les grands tableaux de famille. Il fait les étoffes à merveille; et il y a de bons portraits de lui.

Hallé. Pauvre homme.

Vien. Sans contredit le premier peintre de l'Ecole, pour le technique, s'entend. Pour l'idéal et la poésie, c'est autre chose. Il dessine, il colorie, il est sage, trop sage peut-être; mais il règne dans toutes ses compositions, un faire, une harmonie qui vous enchantent. *Sapit antiquum.* Il est, et pour les tableaux de chevalet, et pour la grande machine.

La Grénée. Peintre froid, mais excellent dans les petits sujets. C'est comme le Guide. Ses petites compositions se payeront quelque jour au poids de l'or. Il dessine; il a de la couleur. Mais plus sa toile s'étend, plus son talent diminue.

Belle. Belle n'est rien.

Bachelier. Fut autrefois bon peintre de fleurs et d'animaux. Depuis qu'il s'est fait maître d'école, il n'est rien. Il y a, dans nos maisons royales, des tableaux d'animaux de cet artiste, peints avec beaucoup de vigueur.

Chardin. Le plus grand magicien que nous ayons eu. Ses anciens petits tableaux sont déjà recherchés, comme s'il n'étoit plus. Excellent peintre de genre ; mais il s'en va.

Vernet. Homme excellent dans toutes les parties de la peinture ; grand peintre de marine et de paysage.

Millet. Nul.

Lundberg. Nul.

Le Bel. Nul.

Vénevault. Nul.

Perronneau. Fut quelque chose autrefois dans le pastel.

La Tour. Excellent peintre en pastel. Grand magicien.

Roslin. Assez bon portraitiste ; mais il ne faut pas qu'il sorte de là.

Valade. Rien.

Madame Vien. A nommer à la place de mademoiselle Basse-Porte au Jardin du Roi. Elle a de la couleur et de la vérité. Il y a de bonnes choses d'elle en fleurs et en animaux.

Machy. Bon peintre de bâtimens et de ruines modernes.

Drouais. C'est Drouais avec son élégance et sa craie.

Julliart. Rien.

Voiriot. Comme Julliart.

Doyen. Le second dans la grande machine ; mais je crains bien qu'il ne soit jamais le premier.

Casanove. Bon, très-bon pour le paysage et les batailles.

Baudouin. Notre ami Baudouin, peu de chose.

Roland de La Porte. Pas sans mérite. Il y a quelques tableaux de fruits et d'animaux, qu'on n'est pas en droit de dédaigner.

Bellengé. Comme Roland.

Amand. Je n'en ai jamais rien vu qui vaille.

Le Prince. Fait beaucoup. Bien, c'est autre chose. Certes, il n'est pas sans talent ; mais il faut attendre.

Guerin. Rien.

Robert. Excellent peintre de ruines antiques. Grand artiste.

Madame Therbouche. Excellente, si elle avoit en talent la dixième partie de ce qu'elle a en vanité. On ne sauroit lui refuser de la couleur et de la chaleur. Tout contre le bien qu'elle auroit atteint, si elle eût été jeune et docile. Son talent n'est pas ordinaire pour une femme, et pour une femme qui s'est faite toute seule.

Parocel. Rien ; moins que rien.

Brenet. Annullé par l'indigence.

Loutherbourg. Grand, très-grand artiste ; presque en tout genre. Il a fait un chemin immense, et l'on ne sait jusqu'où il peut aller.

Boucher. J'allois oublier celui-là. A-peine laissera-t-il un nom ; et il eût été le premier de tous, s'il eût voulu.

Deshays. Mauvais.

L'Épicié. Pauvre artiste.

Fragonard. Il a fait un très-beau tableau. En fera-t-il un second ? Je n'en sais rien.

Monnet. Rien.

Taraval. Bon peintre, et dont le talent est à-peu-près ce qu'il sera. Il n'y auroit pas de mal qu'il fît quelques pas de plus.

Restout. Il faut attendre. Peut-être quelque chose ; peut-être rien.

Jollain. Bien décidément rien.

Du Rameau. J'ai la plus haute opinion de celui-là ; il peut me tromper.

Ollivier. A en juger par quelques petits morceaux que j'ai vus, il n'est pas sans talent.

Renou. Serviteur à M. Renou.

Caresme. Je me rappelle de mauvais tableaux et de bons dessins de celui-ci.

Beaufort. Je ne le connois pas. Mauvais signe.

Comptez bien, mon ami ; et vous trouverez encore une vingtaine d'hommes à talent. Je ne dis pas à grands talens ; c'est plus qu'il n'y en a dans tout le reste de l'Europe.

Greuze. Et Greuze donc qui est certainement supérieur dans son genre ; qui dessine, qui imagine, qui colorie, qui a le faire et l'idée.

Avec tout cela, je crois que l'Ecole a beaucoup déchu et qu'elle décheoira davantage. Il n'y a presque plus aucune occasion de faire de grands tableaux. Le luxe et les mauvaises mœurs, qui distribuent les palais en petits réduits, anéantiront les beaux-arts. A l'exception de Vernet, qui a des ouvrages commandés pour plus de cent ans, le reste des grand artistes chomme.

Nota bene. Que dans la liste précédente, quand je dis qu'un artiste est excellent, c'est relativement à ses contemporains, à une ou deux exceptions près, qui ne valent pas la peine d'être désignées; et quand je dis qu'il est mauvais, c'est relativement au titre d'académicien dont il est décoré ; dans le vrai, il n'y en a aucun qui n'ait quelque talent, et en comparaison de qui un homme du monde qui peint par amusement ou par goût, un peintre du pont Notre-Dame, même un académicien de Saint-Luc, ne soit un barbouilleur.

Ce Parocel que j'ai tant maltraité ; ce Brenet sur lequel j'ai un peu exercé ma gaîté, obtiendroient peut-être de vous et de moi quelque éloge, si l'un, né chaud, bouillant, se chargeoit d'une décoration ou de quelques-uns de ces ouvrages éphémères qui demandent beaucoup d'imagination et peu de faire ; et l'autre, d'un sujet historique, si les besoins domestiques ne le pressoient point, et s'il n'entendoit pas sans cesse à ses oreilles le cri de la misère, qui lui demande du pain, des jupons, un bonnet, des souliers.

Nous en sommes restés à Du Rameau, qui certes n'est pas un artiste sans talent et sans espérance. Il pourra nous consoler un jour de la perte d'un grand peintre, à-moins que l'ennui du mal-aise et l'amour du gain ne le prennent.

> At hæc animos ærugo et cura peculi
> Cum semel imbuerit, speramus carmina fingi
> Posse (*) ?

L'amour du gain hâte le pinceau, et compte les heures ; l'amour de la gloire arrête la main, et fait oublier les semaines.

DU RAMEAU.

TABLEAUX.

155. *Le Triomphe de la Justice.*

Tableau de dix pieds huit pouces de haut, sur quatorze de large. Il est destiné pour la chambre criminelle de Rouen.

On voit la Justice à droite, sur le fond. La lumière d'une Gloire l'environne : elle a autour

---

(*) Croyez-vous qu'il soit possible d'être un poëte, lorsque cette crasse de l'or, cette rouille de l'argent, s'est incrustée dans une ame ?

d'elle, plus sur le fond, la Prudence, la Concorde, la Force, la Charité, la Vigilance; elle tient ses balances d'une main, une couronne de l'autre, et s'avance assise sur un char traîné par des licornes fougueuses qui s'élancent vers la gauche. Le char roule, et écrase des monstres symboliques du méchant, du perturbateur de la société; la Fraude, qu'on reconnoît à son masque, et à qui l'étendard de la révolte est tombé des mains, s'est saisie d'une des rênes du char. L'Envie et la Cruauté sont désignées par le serpent et le loup; L'Envie est renversée la tête en bas et les pieds en l'air, et son serpent l'enveloppe dans ses circonvolutions. Elle est sur le devant, à gauche, aux pieds des licornes. Tout-à-fait du même côté, ses yeux hagards tournés sur la Justice, son loup au-dessous d'elle; un poignard à la main, la Cruauté est étendue sur des nuages qui la dérobent en partie. Toutes ces figures occupent la partie inférieure du tableau, et sont jetées de droite et de gauche, sur le devant, avec beaucoup de mouvement et de chaleur. Proche du char de la Justice, en devant, l'Innocence toute nue, les bras tendus et les regards tournés sur la Justice, la suit portée sur des nuages : elle a son mouton derrière elle.

L'effet général de ce tableau blesse les yeux. C'est un exemple de l'art de papilloter en grand. Les lumières y sont distribuées sans sagesse et sans harmonie. Ce sont ici et là comme des éclairs qui blessent. Cependant cette composition n'est pas d'un enfant ; il y a de la couleur, de la verve, même de la fougue. La Justice est roide ; elle tient ses balances d'une manière apprêtée : on diroit qu'elle les montre. La position de ses bras est comme d'une danseuse de corde qui va faire le tour du cerceau ; idée ridicule fortifiée par ce cercle verdâtre qu'elle tient de la main gauche, et dont l'artiste a voulu faire une couronne. L'Innocence, avec son long paquet de filasse jaune qui descend de sa tête en guise de cheveux, est maigre, pâle, sèche, fade, d'une expression de tête grimacière, pleureuse et désagréable. Qu'a-t-elle à redouter à côté de la Justice ? Tout ce cortége d'êtres symboliques est trop monotone de lumière et de couleur, et ne chasse point la Justice en devant. Oh ! la dégoûtante bête que ce mouton ! Cette Envie, enveloppée de serpens et tombant la tête en bas et les pieds en l'air, est belle, hardie et bien dessinée. Les deux figures précédentes ne pèchent pas non plus par le dessin. La Cruauté, qu'on voit à gauche par le dos, est très-chaude de couleur. La scène entière est ordonnée d'enthousiasme. Tout y est bien d'action et de position ; rien n'y manque que l'intelligence et le pinceau de Rubens, la magie de l'art, la distinction des plans, de la profondeur. Les licornes s'élancent bien ; mais ce qui me déplaît sur-tout, c'est ce mélange d'hommes, de femmes, de dieux, de déesses, d'animaux, de loup, de mouton, de serpens, de licornes. Premièrement, parce qu'en général cela est froid et de peu d'intérêt. Secondement, parce que cela est toujours obscur et souvent inintelligible. Troisièmement, la ressource d'une tête pauvre et stérile; on fait de l'allégorie tant qu'on veut : rien n'est si facile à imaginer. Quatrièmement, parce qu'on ne sait que louer ou reprendre dans des êtres, dont il n'y a aucun modèle rigoureux subsistant en nature. Quoi donc! est-ce que ce sujet de l'Innocence implorant le secours de la Justice, n'étoit pas assez beau, assez simple, pour fournir à une scène intéressante et pathétique ? Je donnerois tout ce fatras pour le seul incident du tableau d'un peintre ancien, où l'on voyoit la Calomnie, les yeux hagards, s'avançant, une torche ardente à la main, et traînant par les cheveux l'Innocence sous la figure d'un jeune enfant éploré, qui portoit ses regards et ses mains vers le ciel. Si j'avois eu à composer un tableau pour une chambre criminelle, espèce d'inquisition d'où le crime intrépide, subtil, hardi, s'échappe quelquefois par les formes, qui immolent d'autres fois l'innocence timide, effrayée, allarmée, au-lieu d'inviter des hommes devenus cruels par habitude, à redoubler de férocité par le spectacle hideux des monstres qu'ils ont à détruire, j'aurois feuilleté l'histoire; au défaut de l'histoire, j'aurois creusé mon imagination jusqu'à ce que j'en eusse tiré quelques traits capables de les inviter à la commisération, à la méfiance ; à faire sentir la foiblesse de l'homme, l'atrocité des peines capitales, et le prix de la vie. Ah, mon ami ! le témoignage de deux hommes suffit pour conduire sur un échafaud. Est-il donc si rare que deux méchans se concertent ? que deux hommes de bien se trompent ? N'y a-t-il aucun fait absurde, faux, quoique attesté par une foule de témoins non concertés ? N'y a-t-il pas des circonstances où le fait seul dépose ; et où il ne faut, pour ainsi dire, aucun témoin ? N'y en a-t-il pas d'autres dont un très-grand nombre de dépositions ne peut contrebalancer l'invraisemblance ? Le premier pas de la justice criminelle ne consisteroit-il pas à décider sur la nature de l'action, du nombre de témoins nécessaires pour constater le coupable ? Ce nombre ne doit-il pas être proportionné au temps, au lieu, au caractère du fait, au caractère de l'accusé, au caractère des accusateurs ? N'en croirai-je pas Caton plus volontiers que la moitié du peuple romain ? O Calas ! malheureux Calas ! tu vivrois honoré au centre de ta famille, si tu avois été jugé par ces règles ; et tu as péri, et tu étois innocent, bien que tu fusses et que tu étois réputé coupable, et par tes juges, et par la multitude de tes compatriotes. O juges ! je vous interpelle, et je vous demande si le témoignage d'une servante catholique, qui avoit converti un des enfans de la maison, ne devoit pas avoir plus de poids dans votre balance que tous les cris d'une populace aveugle et fanatique ? O juges ! je vous demande ; ce père que vous accusez de la mort de son fils , croyoit-il un Dieu ? n'en croyoit-il point ? S'il n'en croyoit point, il n'a pas tué son fils pour cause de religion ; s'il en croyoit un , au dernier moment il n'a pu attester ce Dieu qu'il croyoit, de son innocence, et lui offrir sa vie en expiation des autres fautes qu'il avoit commises. Cela n'est ni de l'homme qui croit , ni de l'homme qui ne croit rien , ni du fanatique , qui doit s'accuser lui-même de son crime et s'en glorifier ; et ce peuple que vous écoutez, lorsqu'il se trompe, lorsqu'il se laisse entraîner à sa fureur, à ses préventions , est-ce qu'il a toujours été ce qu'il doit être ? O mon ami ! la belle occasion que cet artiste a manquée, de montrer l'extravagante barbarie de la question ! J'avoue toute-fois que s'il fut jamais permis à la peinture d'employer l'allégorie , c'est dans un triomphe de la Justice, personnage allégorique; à-moins qu'on ne poussât la sévérité jusqu'à proscrire ces sortes de sujets, sévérité qui achèveroit de restreindre les bornes de l'art, qui ne sont déjà que trop étroites ; de nous priver d'une infinité de belles compositions à faire ; et d'écarter nos yeux d'une multitude d'autres qui sont sorties de la main des plus grands maîtres ; mais je prétends que celui qui se jette dans l'allégorie, s'impose la nécessité de trouver des idées si fortes, si neuves, si frappantes, si sublimes, que sans cette ressource, avec Pallas, Minerve, les Graces, l'Amour, la Discorde, les Furies, tournées et retournées en cent façons diverses, on est froid, obscur, plat et commun Et que m'importe que vous sachiez faire de la chair, du satin, du velours, comme Roslin ? ordonner, dessiner, éclairer une scène, produire un effet pittoresque, comme Vien ? Quand je vous aurai accordé ce mérite, tout sera dit : mais n'ai-je à louer que ces qualités dans Le Sueur, Le Poussin, Raphaël et Le Dominicain ?

Il en est de la peinture, ainsi que de la musique ; vous possédez les règles de la composition ; vous connoissez tous les accords et leurs renversemens ; les modulations s'enchaînent à votre gré sous vos doigts ; vous avez l'art de lier, de rapprocher les cordes les plus disparates ; vous produisez, quand il vous plaît, les effets d'harmonie les plus rares et les plus piquans. C'est beaucoup. Mais ces chants terribles ou voluptueux, qui, au moment même qu'ils étonnent ou charment mon oreille, portent au fond de mon cœur l'amour ou la terreur, dissolvent mes sens, ou secouent mes entrailles ; les savez-vous trouver ? Qu'est-ce que le plus beau faire sans idée ? le mérite d'un peintre. Qu'est-ce qu'une belle idée, sans le faire ? le mérite d'un poëte.

Ayez d'abord la pensée ; et vous aurez du style après.

Le Martyre de Saint-Cyr et de Sainte-Julitte.

Tableau de dix pieds cinq pouces de haut, sur cinq de large.

Au centre de la toile, au-dessus d'une estrade, d'où l'on peut descendre par quelques dégrés, vers le côté gauche de la toile, Sainte-Julitte debout, entre les mains des bourreaux, dont un, plus sur le fond et la gauche, lui tient les mains serrées de liens ; un second, placé derrière la Sainte, lui bat les épaules d'un faisceau de cordes ; un troisième, à ses pieds, se penche vers les dégrés, pour ramasser d'autres fouets, parmi des instrumens de supplice. A gauche, sur les dégrés, le cadavre de Saint-Cyr, les pieds vers le fond, la tête sur le devant. A gauche, sur une espèce de tribune, le préteur ou juge, assis, le coude appuyé sur la balustrade, et la tête posée sur sa main. Derrière le préteur, des soldats de sa garde.

C'est comme au précédent ; de la vigueur, du dessin ; mais exemple de la mauvaise entente des lumières, défaut qui choque moins ici, parce que le morceau est moins fini. Les trois bourreaux sont bien caractérisés, bien dessinés ; le premier est même très-hardi. Le préteur est mau vais, ignoble; il a l'air d'un quatrième bourreau. Le Saint-Cyr est un morceau de glaise verdâtre. La Sainte-Julitte est belle, bien dessinée, bien disposée, intéressante, physionomie douce, tranquille, résignée, beau caractère de tête, belles mains tremblantes, figure qui a du pathétique et de la grace; mais point de couleur. Le tout est une belle ébauche, une belle préparation.

Saint-François de Sales agonisant, au moment où il reçoit l'Extrême-Onction.

Tableau de dix pieds cinq pouces de haut, sur cinq pieds de large, pour l'Église de Saint-Cyr.

Tableau d'une belle et hardie composition; modèle à proposer à ceux qui ont des espaces ingrats, beaucoup de hauteur sur peu de largeur.

On voit le Saint sur son lit; on le voit de face, le chevet au fond de la toile, présentant la plante des pieds au spectateur, et par conséquent tout en raccourci. Mais la figure entière est si naturelle, si vraie, le raccourci si juste, si bien pris, qu'entre un grand nombre de personnes qui m'ont loué ce tableau, je n'en ai pas trouvé une seule qui se soit apperçue de cette position, qui montre, sur une surface plane, le Saint dans toute sa longueur, toutes les parties de son corps également bien développées, la tête et l'expression du visage dans toute sa beauté. La partie supérieure de la figure est dans la demi-teinte. Le reste est éclairé. A droite du lit, sur une petite estrade de bois, la crosse, la tiare et l'étole. A gauche, deux prêtres, qui administrent l'extrême-onction. Celui qui est sur le devant, touche de l'huile sainte les pieds du Saint, moribond, qui sont découverts. Il est de la plus grande vérité de caractère. C'est un personnage réel. Il est grand, sans être exagéré. Il est beau, quoiqu'il ait le nez gros et les joues creuses et décharnées, parce qu'il a le caractère de son état, et l'expression de son ministère. On croit avoir vu cent prêtres qui ressembloient à celui-là. C'est une des plus fortes preuves de la sottise des règles de convention, et du moyen d'intéresser, en se renfermant presque dans les bornes rigoureuses de la nature subsistante, choisie avec un peu de jugement. J'en dis autant de l'autre prêtre, qui est au-dessus de celui-ci, plus sur le fond, et qui récite la prière, le rituel à la main, tandis que son confrère administre. Il y a derrière ces deux principales figures, dont la position, les vêtemens, les draperies, les plis sont si justes, qu'on ne songe pas à les vouloir autrement, un por tedais, et quelques autres ecclésiastiques assistans, avec des cierges, des flambeaux et la croix. C'est la chose même. C'est la scène réelle du moment. Le Saint a la tête relevée sur son chevet, et les mains jointes sur sa poitrine. Cette tête es de toute beauté. Le Saint bien senti dans son lit, et les couvertures annoncent parfaitement le nu.

A cette composition, si vraie dans toutes ses parties, il n'a manqué, pour être la plus belle qu'il y eût au Salon, que d'être peinte; car elle ne l'est pas. C'est par-tout un même ton de couleur; un gris blanc à profusion; blanc dans les habits sacerdotaux; blanc dans les surplis et les aubes; blanc sale et fade dans les carnations; blanc dans les draps et la couverture; blanc de Tripoli, ou pierre à plâtre sur l'estrade; blanc soupe de lait au bois de lit, l'estrade ou le parquet; blanc à la mitre. C'est une magnifique ébauche, une sublime préparation. Il falloit encore éviter la ressemblance trop forte des deux prêtres administrans, à-moins que ce ne soient les deux frères, car ils ont cet air de famille qui choque, sur-tout dans une composition où il y a si peu de figures, lorsqu'elle n'est pas historique. Il falloit supprimer ce petit dais, qui a l'air d'un parasol chinois. Il falloit rendre la demi-teinte, où l'on a tenu la tête du Saint, peut-être un peu moins forte, parce qu'elle voit son expression.

Regardez bien ce tableau, M. de La Grénée; et lorsque je vous disois: Donnez de la profondeur à votre scène; réservez-vous, sur le devant, un grand espace de rivage; que ce soit sur cet espace que l'on présente à César la tête de Pompée;

qu'on voye d'un côté, un genou fléchi, l'esclave qui porte la tête; un peu plus sur le fond, et vers la droite, Théodote, ses compagnons, sa fuite; autour, et par-derrière, les vases, les étoffes et les autres présens; à droite le César, entouré de ses principaux officiers; que le fond soit occupé par les deux barques et d'autres bâtimens, les uns arrivant d'Egypte, les autres de la suite de César; que ces barques forment une espèce d'amphithéâtre couvert des spectateurs de la scène; que les attitudes, les expressions, les actions de ces spectateurs soient variées en tant de manières qu'il vous plaira; que sur le bord de la barque la plus à gauche, il y ait, par exemple, une femme assise, les pieds pendant vers la mer, vue par le dos, la tête tournée, et alaitant son enfant; car tout cela se peut, puisque j'imagine votre toile devant moi, et que sur cette toile j'y vois la scène peinte comme je vous la décris; et convenez que, lorsque je vous l'ordonnois ainsi, vous aviez tort de m'objecter les limites de votre espace. Rien ne vous empêchoit de jeter d'une de ces barques à terre une planche qui eût marqué la descente. Vous auriez eu des grouppes, des masses, du mouvement, de la variété, du silence, de l'intérêt, une vaste scène; votre composition n'auroit pas été décousue, maigre, petite et froide. Sans compter que ces barques, mises en perspective sur le fond, et ces spectateurs élevés en amphithéâtre sur ces barques, auroient ôté à votre toile une portion de cet espace en hauteur qui reste vide, espace vide et nu, qui achève par comparaison à réduire vos figures à des marmousets. Et croyez-vous que la scène d'un agonisant, à qui l'on donne l'extrême-onction, fût plus facile à arranger que la vôtre ? Si Du Rameau n'avoit pas eu la hardiesse de placer la tête de son Saint au fond de sa composition, et ses pieds au bord de sa toile, il seroit tombé dans le même défaut que vous. Mais, mon ami, y avez-vous jamais rien compris ? Et quand vous voyez ce Triomphe de la Justice colorié avec tant de furie, croyez-vous que ce Saint François de Sales, ce Saint Cyr, ces deux esquisses froides, monotones et grises, soient du même artiste ? Où avoit-il ses yeux ce jour-là ?

Une Sainte Famille.

Tableau d'un pied onze pouces de haut, sur deux pieds deux pouces de large.

Composition libre, facile, vigoureuse et dans la manière heurtée. A droite, presque de profil, la Vierge assise sur une chaise, un oreiller de coutil sur ses genoux, et sur cet oreiller, vu par le dos, l'enfant Jésus emmailloté, qu'elle embrasse de son bras gauche, et à qui elle présente de la main droite de la soupe avec une cuiller. Il y a devant elle une table ronde couverte d'une nappe, et sur cette table une assiette ou écuelle. Au côté opposé de la table, Joseph debout, le corps penché, tenant une grande soupière par les anses, la pose sur le milieu de la table. On voit derrière lui, sur le fond, la cheminée, l'âtre avec la lueur des charbons ardens. Sur la corniche de la cheminée, des pots, des tasses et autres vaisseaux de terre. Au bout de la table, à gauche sur le devant, une bouteille avec deux pains ronds ; au mur de la droite, en haut, une espèce de garde-manger ceintré où sont un panier, des légumes, des ustensiles domestiques. Cette chaumière est éclairée par une lampe suspendue au-dessus de la table.

D'abord je voudrois bien que l'artiste me dît pourquoi cette lampe, suspendue au fond de son tableau, éclaire fortement le devant et laisse le fond obscur. Cet effet de lumière est piquant. D'accord ; mais est-il vrai ? Il est certain que ce corps lumineux est plus près du fond que du devant. Il est certain encore que je suis plus près du devant que du fond. Le fond perdroit-il plus par la distance où j'en suis, qu'il ne gagneroit par le voisinage du corps lumineux ? La lumière forte ne devroit-elle pas être sur le fond et sur le devant, plus forte sur le fond que sur le devant, et les côtés de la demi-teinte ? N'est-ce pas la loi des lumières divergentes ? Est-ce bien encore là la teinte vraie des lumières artificielles ? Je ne prononce pas ; je m'enquiers. Dans un quart-d'heure, ce seroit une expérience faite, et je saurois à quoi m'en tenir. En attendant, je me rappelle très-bien d'avoir vu de l'obscurité où j'étois, des lieux éclairés par une lumière soit naturelle, soit artificielle éloignée; et je me rappelle tout aussi bien, que les objets voisins de la lumière étoient plus distincts pour moi, que ceux qui me touchoient presque. Quoi qu'il en soit, le lieu du corps lumineux étant donné, il faut que l'art obéisse. Il n'en peut circonscrire, altérer ou changer la nature, la direction, les reflets, la dégradation ou l'éclat. Il ne faut pas traiter la lumière dont les rayons sont parallèles, comme la lumière dont les rayons sont divergens. Il faut savoir qu'à quatre pieds, ceux-ci, seize fois plus rares, ou répandus sur un espace seize fois plus grand, doivent éclairer seize fois moins. La Vierge est de très-beau caractère. L'impression générale de ce morceau est forte, et arrête sur-tout le connoisseur. Le Joseph est de tête, d'action, de mouvement, de vêtement, un bon vieux charpentier tout juste, sans presque d'autre exagération qu'un bon choix de nature; cependant on ne peut l'accuser d'être ignoble, mesquin ou petit. Les mœurs simples et utiles, le caractère de la vertu, de l'honnêteté, du bon sens, relèvent tout. Ce sont nos appartemens, avec nos glaces, nos buffets, nos magots précieux, qui sont vils, petits, bas et sans vrai goût. J'ose vous l'avouer, il y a plus de grandeur réelle dans un arbre brisé, une étable, un vieillard, une chaumière, que dans un palais. Le palais me rappelle des tyrans, des dissolus, des fainéans, des esclaves; la chaumière, des hommes simples, justes, occupés et libres. Il y a sur le devant, à gauche, dans la demi-teinte, un vieux fauteuil à bras, foiblement peint, touché sans humeur. Sur ce fauteuil, un chat qui n'est un chat ni de près ni de loin. C'est une masse informe grisâtre, où l'on ne discerne ni pieds, ni tête, ni queue, ni oreilles. Si le genre facile et heurté comporte des négligences, des incorrections, il ne comporte ni léché, ni foiblesse. Il est de verve et de fougue. La vigueur de certaines parties fait sortir d'une manière insupportable le foible des autres; il les vaut mieux non faites que foibles. Le léché et le heurté sont deux opposés qui se repoussent. De près, on ne sait ce qu'on voit; tout semble gâché. De loin, tout a son effet, et paroît fini. Il faut être un graveur de la première force, pour graver d'après le genre heurté. Comme presque tout y est indécis, de près, le graveur ne sait où prendre son trait. Au reste, ce tableau est très-bon; il a été fait à Rome, et il y paroît. Si l'on chassoit ce morceau du Salon, il en faudroit exclure bien d'autres. Ce Du Rameau est un homme.

Voyez son Saint François de Sales ; voyez la Salpêtrière ; et vous direz avec moi : Oui, c'est un homme. Ce qui doit inquiéter sur son compte, c'est qu'il a beaucoup encore à acquérir, et qu'il est d'expérience que nos artistes, transportés d'Italie ici, perdent d'année en année. Mon avis seroit donc qu'on renvoyât Du Rameau à Rome, jusqu'à ce que son style fût tellement arrêté, qu'il pût s'éloigner des grands modèles sans conséquence. Nos élèves restent trois ans à la pension de Paris. C'est assez. De la pension, ils passent à l'école de Rome, où on ne les garde que quatre ans. C'est trop peu. Il faudroit les entretenir là d'ouvrages qu'on leur payeroit, et sur le prix desquels on retiendroit de quoi les garder et les entretenir trois ou quatre années de plus, sans que ce long séjour empêchât le même nombre d'élèves d'aller d'ici en Italie. Je trouve aussi l'objet de ces sortes d'institutions trop limité, un petit esprit de bienfaisance étroite dans les fondateurs. Il seroit mieux qu'il n'y eût aucune distinction d'étrangers et de regnicoles, et qu'un Anglois pût venir à Paris étudier devant notre modèle, disputer la médaille, la gagner, entrer à la pension, et passer à notre École française de Rome.

Le portrait de Bridan, Sculpteur du Roi.

Je ne me le remets pas ; mais on dit qu'il est très-beau, bien dessiné, bien ressenti, fait d'humeur, d'une bonne couleur, d'un style large et mâle. On sent qu'il n'est pas d'un portraitiste. Il n'est pas léché, propre et neuf comme ceux de ces messieurs; mais il y a plus de verve; il est plus ragoûtant, plus pittoresque, mieux torché. A l'égard de la ressemblance, on l'assure parfaite.

Deux Têtes d'enfans.

Même éloge. Toutes deux très-belles, et peintes dans le goût de Rubens; bonne couleur, bien dessinées, et d'une belle manière.

Un petit Joueur de Basson.

Je l'ai vu. Cela n'est absolument que poché; mais charmant, expressif et plein de vie. Cependant couvrez l'instrument; et vous jugerez que c'est un fumeur. C'est un défaut.

La Dormeuse qui tient son chat.

Médiocre. Tête de femme sans grace. Petit chat foiblement touché. Cette femme dort bien, pourtant. Mais où est l'intérêt d'une pareille composition? Si la femme étoit belle, je m'amuserois à la considérer dans son sommeil. Qu'elle le soit donc! Qu'une exécution merveilleuse rachète la pauvreté du sujet. Pour peu que le faire pèche, le morceau est maussade.

Une Tête de vieillard.

Ce vieillard est embéguiné d'une culotte. Je n'en fais nul cas ; cela est gâcheux, vaporeux, vermoulu comme une pierre qui se détruit. Pour mieux m'entendre, il faudroit que j'eusse là un portrait de Louis, peint par Chardin. On diroit d'un amas de petits flocons de laine teinte, et artistement appliqués les uns à côté des autres, sans lien ; en sorte que, quand le portrait est debout, on est surpris que l'amas reste, que les molécules coloriées ne se détachent pas, et que la toile ne reste pas nue. La couleur est vigoureuse, les passages bien variés, bien vrais ; mais il n'y a nulle solidité ; ce sont des têtes à fondre au soleil comme de la neige. Je serois effrayé si je voyois à un homme de pareilles joues. Je n'aime pas qu'on fasse épais, mat, compacte, comme quelquefois La Grénée ; mais je veux que des chairs tiennent, et qu'on ne fasse pas rare, mou, cotonneux, neigeux comme cela.

Voilà-t-il pas que je me rappelle ce portrait de Bridan ; il y a une extrême vérité, et des détails qui ne permettent pas de douter de la ressemblance ; mais j'oserai demander si c'est là de la chair ; et pour vous montrer combien je suis de bonne-foi, c'est que, si l'on me soutient qu'il y a de la finesse dans la tête de la Dormeuse, et que la tête du Vieillard est d'un beau faire, d'un bon caractère, barbe légère et mieux coloriée qu'il ne lui appartient, je ne disputerai pas.

DESSINS.

Une Salpêtrerie. Dessin à gouache.

Cette salpêtrerie, avec ses cuves, ses bassins, ses fourneaux et ses fabriques, est une chose excellente; tous ces objets sont vers la gauche. Du même côté, sur le devant, deux ouvriers occupés à verser la lessive d'une chaudière dans une bassine. Sur un massif de pierre, à droite, au-dessus des fourneaux, ouvriers qui conduisent la cuisson. Puis, un assemblage de poudre bien pittoresque occupant le haut du dessin. Le tout éclairé d'une lumière vaporeuse et chaude, dont l'effet est on ne sauroit plus piquant.

Chûte des Anges rebelles.

Diables symmétriquement enlacés: c'est le pendant de l'omelette des chérubins de Fragonard. On diroit qu'ils se sont donné le mot pour s'agencer ainsi, et que c'est une chûte pour rire; et puis ces diables sont de mauvais goût, insupportables de figures et de caractère. Ils forment une guirlande ovale, dont l'intérieur est vide. Nulle masse d'ombre ni de lumière. La qualité principale d'un sujet pareil seroit un désordre effrayant;

et il n'y en a point. Fausse chaleur. Mauvaise chose.

Esquisse d'une Bataille.

Je n'en dirai pas autant de celui-ci. C'est un beau, un très-beau dessin, plein de véritable grandeur, de chaleur et d'effet. Tout m'en plaît, et cette mêlée de soldats perdus dans la fumée, la poussière, et la demi-teinte, et ces deux cavaliers qui, massant superbement sur le devant, s'élancent à toutes jambes, et foulent aux pieds de leurs chevaux parallèles et les morts et les mourans; et cette troupe de combattans renfermés dans cette tour roulante, et les animaux qui traînent la tour, et les hommes tués, renversés, écrasés sous les roues, et les chevaux abattus. Mais où est celui qui poussera cela ?

Tête d'Enfant vue de profil.

Tête d'Enfant vue de face.

Je crois que c'est de ces deux têtes-là dont j'ai dit un mot plus haut, parmi les tableaux.

Ce sont deux belles choses. Le premier enfant est sérieux, attentif. Il a les yeux baissés, attachés sur quelque chose. Il vit, il pense; et puis il faut voir comme ses cheveux sont arrangés et torchés. Si cette esquisse m'appartenoit, je ne permettrois jamais à l'artiste de l'achever.

Le second est peint avec plus de vigueur et de verve encore. Il est plein de chaleur. Sur le sommet de sa tête, ses cheveux sont partagés en deux tresses relevées de la gauche; le reste est en désordre. J'en aime moins l'expression que du précédent. Il regarde, et puis c'est tout. Mais le faire en est incomparablement plus libre, plus fougueux, plus hardi, plus chaud et plus beau. Plus de sagesse dans l'un, plus d'enthousiasme dans l'autre. Ce sont deux tours de cervelle, deux momens de génie tout-à-fait opposés. Les artistes préféreront le second; et ils auront raison. Moi, j'aime mieux le premier.

Autre esquisse.

Je ne sais ce que c'est, à-moins que ce ne soit cet homme debout qui fait une vilaine petite grimace hideuse, comme s'il éventoit au loin quelque odeur déplaisante.

Figure académique.

Homme nu à demi-couché sur une espèce de sopha, dont le dossier est relevé. On le voit de face. Sa jambe droite est croisée sur la gauche; et sa main droite posée sur sa jambe. Il est appuyé du coude sur le sopha. Sa main embrasse son menton et soutient sa tête. Cela est savant de détails, contours bien sûrs, dessiné large, à ce que croit l'artiste; c'est plutôt dessiné gros. Grosses formes. Cela me rappelle un fait qu'on lit dans Macrobe, et qui revient très-bien ici. Il rapporte que le pantomime Hylas, dansant, un jour, un cantique dont le refrein étoit : « Le grand Agamemnon ! », rendit la chose par les gestes d'une personne qui mesuroit une grande taille, et que le pantomime Pylade, qui étoit présent au spectacle, lui cria : Tu le fais haut, et non pas grand. L'application est facile. Du-reste, grande économie de crayon, regards farouches, sourcils froncés, caractère d'indignation très-propre à passer dans une composition historique.

Esquisse d'une Femme assise, qui tient son petit enfant sur ses genoux.

Ce n'est rien, et c'est beaucoup, comme de toutes les esquisses. Je vous renverrai souvent à la fille de la rue Fromenteau. Cette femme promet un beau caractère de tête. Sa position est naturelle. Elle regarde son gros joufflu d'enfant avec une complaisance vraîment maternelle. L'enfant dort sur les genoux de sa mère, et dort bien. Une mauvaise esquisse n'engendra jamais qu'un mauvais tableau; une bonne esquisse n'en engendra pas toujours un bon. Une bonne esquisse peut être la production d'un jeune homme plein de verve et de feu, que rien ne captive, qui s'abandonne à sa fougue. Un bon tableau n'est jamais que l'ouvrage d'un maître qui a beaucoup réfléchi, médité, travaillé. C'est le génie qui fait la bonne esquisse; et le génie ne se donne pas. C'est le temps, la patience et le travail qui donnent le beau faire; et le faire peut s'acquérir. Lorsque nous voyons les esquisses d'un grand maître, nous regrettons la main qui a défailli au milieu d'un si beau projet.

Et M. le chevalier Pierre, que j'avois oublié dans la liste de nos artistes. Vous allez croire, mon ami, que je vous l'avois réservé exprès pour nos menus-plaisirs. Il n'en est rien. A juger Pierre par les premiers tableaux qu'il a faits au retour d'Italie, et par sa galerie de Saint-Cloud, mais sur-tout par sa coupole de Saint-Roch, c'est un grand peintre. Il dessine bien, mais sèchement; il ordonne assez bien une composition; et certes il ne manque pas de couleur.

OLLIVIER.

168. *Le Massacre des Innocens.*

Tableau de sept pieds de haut, sur dix pieds de large.

Ce tableau, placé très-haut, et composé d'un grand nombre de figures, se voyoit difficilement. Je demandois à Boucher ce que c'étoit. Hélas! me dit-il, c'est un massacre. Ce mot auroit suffi pour arrêter ma curiosité; mais il me parut que c'étoit un exemple rare de la différence du fracas et de l'action, de l'intention du peintre et de son exécution, de la contradiction du mouvement et de l'expression. Cela va devenir plus clair. Si les termes propres me manquent, les choses y suppléeront. Une femme a ses enfans égorgés à ses pieds; et elle est assise, tranquille, dans la position et avec le caractère d'une vierge qui médite sur les événemens de la vie. Une autre femme veut arracher les yeux à un soldat. Cachez la tête du soldat, et vous croirez qu'on le carresse. Cachez la tête de la femme, et découvrez celle du soldat, vous ne verrez plus à celle-ci que la douleur et la résignation immobile d'un malade entre les mains d'un oculiste qui lui fait une opération chirurgicale. Un meurtrier tient suspendu par un pied l'enfant d'une mère; et cette femme tend son tablier pour le recevoir, précisément comme un chou qu'on lui mettroit dans son giron. Ici, une mère renversée à terre, sur le sein de laquelle un soldat écrase du pied son enfant, le regarde faire sans s'émouvoir, sans jeter un cri. Là un cheval cabré se précipite sur une autre femme, menace de la fouler elle et ses enfans; et cette femme lui oppose ses mains au poitrail si mollement, que si l'on ne voyoit que cette figure, on jureroit qu'elle colle une image sur une muraille. C'est que le reste est ainsi, et qu'il n'en faut rien rabattre. Tumulte aux yeux, repos à l'ame. Rien d'exécuté comme nature l'inspire ; scènes atroces et personnages de sang-froid. Et puis Ollivier a cru qu'il n'y avoit qu'à tuer, tuer, tuer des enfans ; et il ne s'est pas douté qu'un de ces enfans, qui conserveroit la vie par quelque instinct de la tendresse maternelle, me toucheroit plus qu'un cent qu'on auroit tués. Ce sont les incidens singuliers et pathétiques qu'entraîne une pareille scène, qu'il faut savoir imaginer. C'est l'art de montrer la fureur, et d'exciter la compassion, qu'il faut avoir. Les enfans ne font ici que les seconds rôles. Ce sont les pères et les mères qui doivent faire les premiers. Tout cela ne vaut pas ce soldat de Le Brun, je crois, qui, d'une main, arrache un enfant à sa mère, en poignarde un autre de l'autre main, et en tient des dents un troisième suspendu par sa chemise. On voit à droite la façade d'un péristyle, et dans les entre-colonnemens une foule de petites figures agitées qu'on ne distingue pas. Le massacre s'exécute sur une place publique, au centre de laquelle, sur un piédestal, une figure qui semble ordonner de la main ; et le faire, comme d'une estampe précieusement enluminée. Si ce peintre avoit placé son tableau entre celui de Rubens et celui de Le Brun, je crois que nous ne l'aurions pas vu.

Un Portrait.

Une Femme savante.

Tous les deux bien coloriés, quoiqu'un peu roussâtres. Vérités dans les étoffes. Détails bien ressentis. Incorrection de dessin, quoiqu'ensemble. Plus on regarde ces deux petits tableaux, plus on les aime, parce qu'il y a de la simplicité et du naturel. Ils sont peints, ainsi que le suivant, dans la manière de Wouvermans.

Une Famille espagnole.

Les têtes du père et de la mère sont d'ivoire. Ici, les figures pèchent par le dessin, mais ne sont pas ensemble. La nayade, qu'on a placée au bord d'un bassin, est sèche comme de la porcelaine. La couleur locale est charmante par-tout. Les robes sont de vrai satin. Le vêtement du père fait bien la soie. Le petit enfant, placé devant ses parens, est à ravir; Wouvermans ne l'auroit pas peint plus fin de couleur, ni plus spirituel de touche. Il est bien posé. La lumière dégrade à merveille sur lui. Cette figure est un effort de l'art. Il y a, à droite, une petite forêt tout-à-fait précieuse. L'air circule entre les arbres; et l'œil voit loin au travers. Il y a, à gauche, un escalier où les enfans jouent. Ces enfans, et le perron, sont à plusieurs toises d'enfoncement, ce qui se fait admirer. Le ciel est bien d'accord avec le tout; il est colorié, vigoureux et fuyant. L'eau qui est à gauche, sur le devant, n'a jamais été mieux imitée par personne, ni le fluide, ni l'herbe qui en sort. La nayade, statue mauvaise d'exécution, fait bien pour l'ordonnance, et se peint avec vérité dans le fond de l'eau.

Le livret annonce d'Ollivier d'autres ouvrages que je n'ai pas vus.

172. RENOU.

Jésus-Christ à l'âge de douze ans, conversant avec les Docteurs de la loi.

Tableau de neuf pieds de haut, sur six pieds six pouces de large. C'est pour l'église du collége de Louis-le-Grand.

C'est un mauvais tableau, qui sent le bon temps et la bonne école. C'est d'un mauvais artiste, qui en a connu de meilleurs que lui. Il est permis à un grand maître d'oublier quelquefois qu'il y a des couleurs amies. Chardin jettera pêle-mêle des objets rouges, noirs, blancs; mais ces tours de force-là, il faut que M. Renou les lui laisse faire.

Le jeune enfant occupe le centre de la toile. Il est debout. Il a le regard et la main droite tournés vers le ciel. Il a bien l'air d'un petit enthousiaste, à qui ses parens ont tant répété de fois qu'il étoit charmant, qu'il avoit de l'esprit comme un ange, et qu'en vérité, il étoit le messie, le sauveur de sa nation, qu'il n'en doute pas. A droite, deux Pharisiens l'écoutent debout. On voit toute la figure de l'un, on ne voit que la tête de l'autre entre le premier et la colonne du temple qui termine le tableau de ce côté. Il y a, au pied de cette colonne, deux autres Pharisiens à terre, l'un prêtant l'oreille, et l'autre vérifiant dans le livre saint les citations du petit Quaker. A gauche, un grouppe de prêtres assis, et au-dessus de ceux-ci, sur le fond, une femme ; et peut-être Anne, la diseuse de bonne-aventure, avec un pharisien debout.

Cela a l'air d'un tableau qu'on a suspendu dans une cheminée, pour le rendre ancien. Le style en est gothique et pauvre. Les figures courtes. Celles du devant rabougries. Il est mal-proprement peint. L'Enfant-Jésus est blafard, a la tête plate. Les mains et les pieds n'y sont nullement dessinés. Effet médiocre. Lumières sur l'enfant trop foibles. Point de plans, point de dégradations, point d'air entre les figures. Noir, sale et discordant, pour être vigoureux. Voyez ces prêtres ; ils semblent affaissés sous le poids de leurs lourds vêtemens. S'ils ont du caractère, il est ignoble. Ce vieux Pharisien noir, à droite, a été peint avec du charbon pillé. J'en dis autant de ces autres prêtres enfumés sur le fond. Tout cela sont des mines grotesques, ramassées dans l'Éloge de la Folie d'Érasme, et les figures de Holbein. Ce morceau seroit le supplice de celui qui auroit bien présent à l'imagination le style noble et grand des Raphaël, des Poussin, des Carraches, et d'autres. C'est une charge judaïque.

Et puis, le défaut d'harmonie. C'est un texte auquel je reviens souvent, tantôt en peinture, tantôt en littérature. Rien ne la supplée; et son charme pallie une infinité de défauts. Avez-vous vu quelquefois des tableaux du Napolitain Solimène? Il est plein d'invention, de chaleur, d'expression et de verve. Il trouve les plus beaux caractères de tête. Sa scène est pleine de mouvement; mais il est sec, il est dur, il est discord; et je ne me soucierois pas de posséder un de ses tableaux. Je sens que la vue continuelle m'en chagrineroit. Quand la versification est harmonieuse, qui est-ce qui chicane la pensée? qui est-ce qui s'apperçoit que les scènes sont exangues? Le nombre de la poésie relève une pensée commune. Si Boileau avoit raison de dire:

> La plus belle pensée
> Ne peut plaire à l'esprit, quand l'oreille est blessée;

jugez d'un chant sous lequel l'harmonie seroit raboteuse et dure; d'un tableau qui pèche par l'accord des couleurs et l'entente des ombres et des lumières. Quelque vigueur qu'il y ait d'ailleurs, cela sent toujours l'écolier. Le scrupule des anciens là-dessus est inconcevable ; et ce panégyrique si vanté de l'abbé Ségui, ce morceau qui lui a ouvert la porte de notre académie, auroit fait fuir tout un auditoire de Romains ou d'Athéniens. Lorsque Denis d'Halicarnasse (1) me tomba pour la première fois dans les mains, j'étois bien jeune; j'avoue que ce grand homme, ce rhéteur d'un goût si exquis, me parut un insensé. J'ai bien changé d'avis depuis ce temps-là ; l'oreille de notre ami d'Alembert est restée la même. J'en demande pardon à Marmontel ; mais je n'ai jamais pu lire Lucain. Lorsque ce poëte fait dire à un soldat de César :

    Rheni mediis in fluctibus amnis
Dux erat ; hìc, socius. Facinus, quos inquinat, æquat.

Au milieu des flots du Rhin, c'étoit mon général ; ici, c'est mon camarade. Le crime rend égaux ceux qu'il associe.

En dépit de la sublimité de l'idée, à ce sifflement aigu de syllabes (2) *Rheni mediis in fluc-*

---

(1) Diderot veut parler ici, non des *Antiquités romaines* de cet auteur, mais de son excellent traité *de l'arrangement des mots*. Voyez ce qu'il en dit dans son *projet d'une Encyclopédie*, imprimé dans un des volumes de cette collection.
       NOTE DE L'ÉDITEUR.
(2) Comme Diderot cite ici de mémoire, sa critique

tibus amnis ; à ce rauque croassement de grenouilles, *quos inquinat, æquat,* je bouche les oreilles et je jette le livre. Ceux qui ignorent les sensations que l'harmonie porte à l'ame, diront que j'ai plus d'oreille que de jugement. Ils seront plaisans ; mais j'ouvrirai l'Enéide ; et pour réponse à leur mot, je lirai :

O terque quaterque beati,
Queis antè ora patrum Trojæ sub mænibus altis
Contigit oppetere !

Je porterai à leur organe le son de l'harmonie.

Ambrosiæque comæ divinum vertice odorem
Spiravère ; pedes vestis defluxit ad imos,
Et vera incessu patuit dea.

O mon ami ! la belle occasion de se fourvoyer, et de demander aux poëtes italiens, si, avec leurs sourcils d'ébène, leurs yeux tendres et bleus, les lys du visage, l'albâtre de la gorge, le corail des lèvres, l'émail éclatant des dents, ces amours nichés en cent endroits d'une figure, on donnera jamais une aussi grande idée de la beauté. Le vrai

---

porte à faux pour le premier vers : elle est juste pour le second. Il y a dans Lucain :

Rheni mihi Cæsar in undis, etc.

NOTE DE L'ÉDITEUR.

goût s'attache à un ou deux caractères, et abandonne le reste à l'imagination. Les détails sont petits, ingénieux et puérils. C'est lorsqu'Armide s'avance noblement au milieu des rangs de l'armée de Godefroi, et que les généraux commencent à se regarder avec des yeux jaloux, qu'Armide est belle. C'est lorsqu'Hélène passe devant les vieillards troyens, et qu'ils se récrient : Qu'Hélène est belle ! Et c'est lorsque l'Arioste me décrit Angélique, je crois (*), depuis le sommet de sa tête jusqu'à l'extrémité de son pied, que malgré la facilité, la molle élégance de sa poésie, Angélique n'est pas belle. Il me montre tout ; il ne me laisse rien à faire. Il me fatigue, il m'impatiente. Si une figure marche, peignez-moi son port et sa légèreté ; je me charge du reste. Si elle est penchée, parlez-moi de ses bras seulement et de ses épaules ; je me charge du reste. Si vous faites quelque chose de plus, vous confondez les genres ; vous cessez d'être poëte, vous devenez peintre ou

---

(*) Diderot avoit raison de douter, car en effet ce n'est point Angélique, c'est Alcine que l'Arioste décrit un peu longuement, il est vrai, et avec trop de détails, mais en vers dont le nombre et l'harmonie charment une oreille sensible et exercée, et font sinon oublier, au-moins pardonner le défaut que Diderot critique ici avec autant de justesse que de goût.

NOTE DE L'ÉDITEUR.

sculpteur. Je sens vos détails, et je perds l'ensemble, qu'un seul trait, tel que le *vera incessu* de Virgile, m'auroit montré.

Dans le combat où le fils d'Anchise est renversé de son char, et Vénus, sa mère, blessée par le terrible Diomède, le vieux poëte, où l'on trouve des modèles de tous les genres de beauté, dit qu'au-dessus du voile que la déesse tenoit interposé entre le héros grec et son fils, on voyoit sa tête divine, et ses beaux bras; et je peins le reste de la figure.

Tentez, dans le poëme galant, folâtre ou burlesque, ces descriptions détaillées; j'y consens. Ailleurs, elles seront puériles et de mauvais goût.

Je suppose qu'en commençant la longue et minutieuse description de sa figure, le poëte en ait l'ensemble dans sa tête; comment me fera-t-il passer cet ensemble ? S'il me parle des cheveux, je les vois; s'il me parle du front, je le vois; mais ce front ne va plus avec les cheveux que j'ai vus. S'il me parle des sourcils, du nez, de la bouche, des joues, du menton, du cou, de la gorge, je les vois; mais chacune de ces parties qui me sont successivement indiquées, ne s'accordant plus avec l'ensemble des précédentes, il me force, soit à n'avoir dans mon imagination qu'une figure incorrecte, soit à retoucher ma figure à chaque nouveau trait qu'il m'annonce.

Un trait seul, un grand trait; abandonnez le

reste à mon imagination. Voilà le vrai goût, voilà le grand goût.

Ovide l'a quelquefois. Il dit de la déesse des mers :

Nec brachia longo
Margine terrarum porrexerat Amphitrite.

Quelle image ! quels bras ! quel prodigieux mouvement ! quelle terrible étendue ! quelle figure ! L'imagination, qui ne connoît presque point de limites, la saisit à-peine. Elle conçoit moins encore cette énorme Amphitrite, que cette Discorde dont les pieds étoient sur la terre, et dont la tête alloit se cacher dans les cieux. Voilà le prestige du rithme et de l'harmonie.

Malgré ma prédilection pour le poëte grec, l'Amphitrite du poëte latin me paroît plus grande encore que sa Discorde, dont le grand critique ancien a dit qu'elle étoit moins la mesure de la déesse que celle de l'élévation du poëte. Homère ne me donne que la hauteur de sa figure ; il me laisse la liberté de la voir si menue qu'il me plaira. La terre et les cieux ne sont que deux points qui marquent les extrémités d'un grand intervalle. Si la grandeur du pied ou la grosseur de la tête m'avoit été donnée, aussitôt j'aurois achevé la figure d'après les règles de proportions connues ; mais le poëte ne m'indique que les deux bouts de son colosse ; et leur distance est la seule chose que mon imagination saisisse. Quand il auroit ajouté que ses deux bras alloient toucher aux deux extrémités de l'horizon, aux deux endroits opposés où le ciel confine avec la terre, il n'auroit presque rien fait de plus. Pour donner une forme à ces bras, pour les voir énormes, il eût fallu déterminer la portion du ciel qu'ils me déroboient ; par exemple, la voie lactée. Alors, j'aurois eu un module ; d'après ce module, mon imagination confondue auroit inutilement cherché à achever la figure, et je me serois écrié : quel épouventable colosse ; et c'est précisément ce qu'a fait Ovide. Il me donne la mesure des deux bras de son Amphitrite, par l'immensité des rivages qu'ils embrassent ; et, ces deux bras une fois imaginés, d'après ce module, d'après le rithme énorme du poëte, d'après le cheminer de ce *longo margine terrarum*, ce *porrexerat* qui ne finit point, cet emphatique et majestueux spondaïque *Amphitrite*, sur lequel je me repose ; le reste de l'image s'étend au-delà de la capacité de ma tête.

Je dirai donc aux poëtes : Ma tête, mon imagination ne peuvent embrasser qu'une certaine étendue, au-delà de laquelle l'objet se déforme et m'échappe. Epuisez donc toute leur force sur une partie, en la déterminant par un module énorme ; et soyez sûr que le tout en deviendra incommensurable, infini. Qui est-ce qui imaginera la grandeur d'Apollon, qui enjambe de montagne en montagne ? La force de Neptune, qui secoue l'Etna, et dont le trident entr'ouvre la terre jusqu'au centre, et montre la rive désolée du Styx ? La puissance de Jupiter, qui ébranle l'Olympe du seul mouvement de ses noirs sourcils. Une action énorme de la figure entière produira le même effet que l'énormité d'une de ses parties.

Certainement le rithme ne contribue pas médiocrement à l'exagération, comme on le sentira dans le *monstrum, horrendum, informe, ingens* de Virgile, et sur-tout dans la désinence longue et vague d'*ingens*. Que le poëte eût dit simplement au-lieu d'*Amphitrite*, la déesse de la mer, au-lieu de *porrexerat*, avoit jeté; au-lieu de ses longs bras, *ses bras*; au-lieu de *longo margine terrarum*, autour de la terre ; qu'en se servant des mêmes expressions, il les eût placées dans un ordre différent ; plus d'images ; rien qui parlât à l'imagination ; nul effet.

Mais si l'effet tient au choix et à l'ordre des mots, il tient aussi au choix des syllabes. Indépendamment de tout le module, les sons pleins et vigoureux des mots *brachia, longo, margine, terrarum, porrexerat, Amphitrite*, ne laissoient pas à l'imagination la liberté de donner à Amphitrite des bras maigres et menus. Il ne faut pas une si grande ouverture de bouche pour désigner une chose exiguë. La nature des sons augmente ou affoiblit l'image ; leur quantité la resserre ou l'étend. Quelle n'est point la puissance du rithme, de l'harmonie et des sons !

Homère a dit : Autant l'œil mesure d'espace dans le vague des airs, autant les célestes coursiers en franchissent d'un saut ; et c'est moins la force de la comparaison, que la rapidité des syllabes en *franchissent d'un saut*, qui excite en moi l'idée de la célérité des coursiers.

Lucrèce a dit que les mortels opprimés gémissoient sous l'aspect menaçant de la Religion.

Quæ caput à cœli regionibus ostendebat.

Changez le vers spondaïque en un vers ordinaire ; rétrécissez le lieu de la scène, en substituant à *regionibus* une expression petite et légère ; au-lieu de *ostendebat*, qui étend sans fin la durée de la prononciation, et avec elle la mesure de la tête du monstre, dites *montroit* ; au-lieu d'une tête isolée, peignez la figure entière ; et il n'y aura plus d'effet.

C'est cette force du rithme, cette puissance des sons, qui m'a fait penser que peut-être je prononçois un peu légèrement entre l'image du poëte latin et l'image du poëte grec ; qu'il y avoit telle emphase d'expression, telle plénitude d'harmonie, qui me forceroit de donner à la figure d'Homère une grosseur proportionnée à sa hauteur ; et je me suis dit à moi-même : Voyons, ouvrons son ouvrage, récitons ses vers, et retractons-nous s'il le faut. J'aurai mal choisi mon exemple ; mais les principes de ma poëtique n'en seront pas moins vrais. Ce ne sera pas sur la Discorde d'Homère, mais sur la mienne que j'aurai donné la préférence à l'Amphitrite d'Ovide.

Voici donc comment Homère s'est exprimé :

Ἥ τ' ὀλίγη μὲν πρῶτα κορύσσεται, αὐτὰρ ἔπειτα
Οὐρανῷ ἐστήριξε κάρη, καὶ ἐπὶ χθονὶ βαίνει.

La Discorde, foible d'abord, s'élève et va appuyer sa tête contre le ciel, et marche sur la terre.

Il y a trois images dans ces deux vers ; on voit la Discorde s'accroître ; on la voit appuyer sa tête contre le ciel ; on la voit marcher rapidement sur la terre. L'harmonie est foible en commençant ; elle s'enfle à πρῶτα ; elle s'accélère par secousse à κορύσσε(ται) ; elle s'arrête et s'étend à οὐρανῷ ἐστήριξε κάρη, et elle bondit à ἐπὶ χθονὶ.

Homère a peint trois phénomènes en deux vers. La rapidité du premier donne de la majesté, du poids et du repos au commencement du second ; et la majesté, le poids, le repos de ce commencement, accélèrent la rapidité de la fin. Un petit nombre de syllabes emphatiques et lentes lui ont suffi pour étendre la tête de sa figure ; cette tête est énorme lorsqu'elle touche le ciel, il en faut convenir ; et l'imagination a passé, malgré qu'elle en ait, de l'image d'un enfant de quatre ans, à l'image d'un colosse épouventable. Ovide a-t-il fait une figure plus grande de son Amphitrite, en lui consacrant toute son harmonie ? je n'en sais plus rien. Tout ce que je sais, c'est que j'ai bien fait de me méfier de mon jugement ; c'est que Virgile a tout gâté, lorsqu'il a traduit cet endroit par ces vers, où il ne reste presque pas le moindre vestige de la poésie et des images d'Homère :

Parva metu primo, mox sese attolit in auras,
Ingrediturque solo, et caput inter nubila condit.

J'aime mieux le plat latin du juif Helleniste, qui a dit de l'ange exterminateur des premiers nés de l'Égypte : *Stans replevit omnia morte, et usque ad cœlum attingebat, stans in terra.*

Ah ! mon ami, le beau texte ! s'il m'étoit venu plus-tôt, ou que j'eusse eu le temps de m'espacer ; mais j'écris à la hâte. J'écris au milieu d'un troupeau d'importuns ; ils me troublent ; ils m'empêchent de voir et de sentir ; ils s'impatientent, et moi aussi. Finissons donc, et disons à nos poëtes et à nos peintres ; à nos poëtes : Une seule partie de la figure ; cette partie exagérée par un module qui épuise toute la capacité de mon imagination ; un choix d'expression, un rithme, une harmonie correspondante ; et voilà le moyen de créer des êtres infinis, incommensurables, qui excéderont les limites de ma tête, et qui seront à-peine circonscrits dans l'enceinte de l'univers. Voilà ce que les grands génies ont exécuté d'instinct; ce qu'aucun de nos faiseurs de poétique n'a vu; et ce dont l'ami Marmontel, à qui je demande pardon de la liberté grande, ne paroît pas même se douter: mais il a fait le joli poëme de la *Neuvaine*; et c'est quelque chose; soit dit en passant.

A nos peintres: Certes, messieurs, l'idée qu'on prend de l'ange du Livre de la Sagesse, n'est pas celle de vos petites têtes jouflues et soufflant des bouteilles, dont vous garnissez vos petits tableaux; que je dis petits, parce qu'ils seroient toujours petits quand ils auroient cinquante pieds de long.

Et là-dessus je vous souhaite le bon soir, et à nos peintres et à nos poëtes; car il a fallu que j'achevasse mal *ce soir* ce que j'aurois exécuté de verve *ce matin*, sans la cohue des importuns.

ESQUISSE.

Projet de tableau, à la gloire de sa majesté le roi de Pologne, duc de Lorraine.

On ne sait ce que c'est. Rien de fait; de la couleur gâchée, spongieuse; des figures de bouillie; cela veut être heurté, et cela n'est que barbouillé. Et puis la Pologne et la Lorraine qui présentent le médaillon du roi à l'Immortalité. Au pied d'un trône, un Temps, les ailes arrachées, la faulx brisée et chargée de chaînes. Sur le dos de ce Temps, une table d'airain où on lit : *amor invenit, veritas sculpsit*. Et puis des femmes, des génies d'arts qui parent de fleurs un autel, y jettent de l'encens; une Renommée qui prend son vol; un tapage à étourdir, une allégorie enragée à faire devenir fous les Sphinx et les OEdipes, avec son noir et son jaunâtre.

Études de Têtes.

C'est Renou qui a fait le livret. Il a cru que nous lui donnerions au Salon autant d'attention qu'il occuperoit d'espace sur le catalogue. On dit même qu'il a fait une tragédie. Vous devez savoir cela, vous qui, depuis vingt ans, assistez aux derniers momens tous les poëtes dramatiques.

Jeune homme vêtu d'un peignoir ou d'un surplis, et couronné de laurier. Je ne sais ce que cela signifie. Il a le sourcil froncé, et l'air de l'humeur.

Vieillards vus de profil; plusieurs têtes sur une même toile. Je lis dans un endroit de mon répertoire, bien coloriées, bien touchées, et de beau caractère; et dans un autre endroit, barbe d'ébène, noire, compacte, cheveux de même; bout de vêtement sec et roide.

Le numéro sur lequel j'ai porté ces différens jugemens en a menti. Il est impossible que j'aye jugé si diversement du même tableau. Ah! mon ami, j'ai bien des remords; je vous en dirai un mot à la fin.

CARESME.

177. *Tableau d'animaux.*

Mauvais animaux, secs et durs; mauvaises petites figures; mauvaises montagnes, froides et monotones; tableau détestable. Au Pont. Chez Tremblin.

Le Repos.

Je ne sais ce que c'est.

Un Amour.

Je ne sais ce que c'est non plus.

La Mère qui fait jouer son enfant.

Je me le rappelle. La mère n'en a nullement l'expression. L'enfant ne mérite pas mieux, tant il est roide, maigre et sec. Est-ce que l'artiste n'a pu se procurer un bel enfant nu ?

Les portraits; l'échevin au rameau d'olivier, ont été inutilement exposés; on ne les a pas vus.

Mais parlons de ses têtes peintes, de ses études, et sur-tout de ses dessins coloriés et lavés; ils en valent pardieu la peine. Ils étoient accrochés au-dessous des morceaux de sculpture de Le Moine; et l'on étoit là plus courbé que de bout. Ces dessins sont charmans; et un grand maître ne les désapprouveroit pas. Ce sont des faunes, des satyres; c'est un petit sacrifice bien pensé et bien touché. Peut-être ce Caresme peindra-t-il un jour, je n'en sais rien; mais s'il ne peut pas peindre, qu'il dessine.

BEAUFORT.

183. *Une Flagellation.*

Tableau de neuf pieds de haut, sur six pieds de large.

Le Christ est debout, vu par le dos, et de trois quarts de face. Un bourreau courbé lui lie les pieds à la colonne. Celui-ci est sur le devant. Un autre flagelle sur le fond. Ainsi l'exécution se fait avant que le patient soit préparé. N'importe, dit Naigeon; frappez, frappez fort. Ce n'est guère que quelques gouttes de sang, pour tout celui que sa maudite religion fera verser. Ce sont deux instans confondus. Le vêtement rouge du fils de l'homme est jeté à droite, sur une balustrade qui règne autour de la composition, et au-delà de laquelle il y a une foule de spectateurs hideux et cruels, dont on n'apperçoit que les têtes. Le Christ est assez bien dessiné, le tableau pas mal composé; mais la couleur en est sale et grise; mais cela est monotone, vieux, passé, sans effet; mais cela ressemble à une croûte qui s'est enfumée dans l'arrière-boutique du brocanteur ; mais cela est à demi-effacé, et le peintre a eu tort de s'arrêter à moitié chemin.

Voilà quelques tableaux qui ont été exposés sans numéro pendant le cours du Salon.

Un tableau d'Animaux.

C'est une bécasse avec un hibou suspendus par les pattes à un clou. Premièrement, où est le sens commun d'avoir accolé ces deux oiseaux-là, l'un destiné pour la cuisine du maître, l'autre pour la porte de son garde-chasse ? Encore, si cela étoit peint comme Oudri ! mais Oudri auroit mis au croc un canard avec une bécasse, un faisan avec une perdrix ; c'est qu'il faut d'abord avoir le sens commun, avec lequel on a à-peu-près ce qu'il faut pour être un bon père, un bon mari, un bon marchand, un bon homme, un mauvais orateur, un mauvais poëte, un mauvais musicien, un mauvais peintre, un mauvais sculpteur, un plat amant.

Le Jugement de Midas.

Tableau de réception de BONIEU.

Voilà un sujet plaisamment choisi pour une réception, pour une composition qu'on présente à des juges. C'est presque leur dire : Messieurs, prenez-y garde ; si je vous déplais , c'est vous que j'aurai peints : portez les mains sur vos oreilles , et voyez si elles ne s'alongent pas.

C'est le combat du chant entre Apollon et Pan , devant Midas. La scène se passe sur le devant d'un grand paysage. On voit, à droite, Midas de profil, assis, fort embarrassé de draperies, ignoble, lourd et court. Debout, derrière lui, le dieu des bois avec son instrument champêtre, ses cuisses velues, son pied fourchu et sa mine de bouquin. Il a l'air content. Midas a déjà prononcé en lui-même ; il serre la main au Satyre, et les oreilles commencent à lui pousser. Plus vers la gauche, presque au centre de la toile, une grande figure de face, nue depuis la ceinture, couronnée de pampre, bien barbue, bien roide, imitant bien le fauteuil par les deux angles droits que ses jambes font avec ses cuisses, et ses cuisses avec son corps ; ses cuisses maigres, maigres, ses jambes grêles, grêles. Elle est sur un plan entre le Satyre et Midas. Elle écoute ; mais elle est bien froide, bien roide, bien immobile ; bras, jambes et cuisses bien parallèles, grand mannequin, malade pressé d'un besoin, qui n'a eu que le temps de jeter autour de soi sa couverture, et de gagner sa chaise percée, où il est. Plus vers la gauche, sur le même plan que Midas, ou à-peu-près, Apollon de profil, sa lyre à la main, et la pinçant. Entre Apollon et la figure précédente, plus sur le fond, deux femmes, dont l'une écoute, et l'autre fait signe à quelqu'un qui est au loin d'accourir pour entendre. A une très-grande distance d'Apollon, tout-à-fait sur la gauche, deux Muses accolées, et apportant des fleurs et des guirlandes. Entre Apollon et ces deux Muses, sur le fond, assez proche d'Apollon, et vu de face, un petit faune en admiration. Voilà la scène; voyons le fond.

C'est une grande forêt. Bien loin, à droite, un pâtre avec une bergère accourent au signe que leur a fait une des deux femmes placées entre Apollon et le grand mannequin nu. Du même côté, plus encore sur le fond, un petit grouppe de figures sur un bout de roche, assises et attentives. Tout-à-fait dans l'enfoncement, et terminant la scène de ce côté, une portion de rotonde, un temple ouvert en arcades. Au loin, à gauche sur le fond, par-derrière le faune qui écoute Apollon, un voyageur qui passe, et qui se soucie apparemment peu de musique.

Reprenons cette composition, que je ne méprise pas autant que font beaucoup d'autres, qui n'en sentent pas mieux les défauts que moi.

J'y vois d'abord deux scènes placées, pour ainsi dire, l'une sur l'autre, mais deux scènes liées. La première, sur le devant; et ce sont les principaux personnages de la querelle. La seconde, entre celle-ci et la forêt; et ce sont les personnages accessoires, attirés du fond par la curiosité, et tenant à la première scène par cet intérêt subordonné. Ces deux scènes ne se nuisent point, et servent très-naturellement, à la manière du Poussin, à donner à toute la composition une profondeur, où, par ce moyen, l'on distingue trois grands plans, celui des disputans rivaux et des juges, celui des curieux que la dispute appelle, et celui de la forêt ou du paysage. Sur ces trois grands plans, des figures interposées ont aussi leurs places, leurs plans particuliers nets et distincts ; ce qui rend l'ensemble clair, et en écarte la confusion.

Je sais bien que ces deux Muses sont roides et droites ; je sais bien que cet Apollon est droit et roide ; je sais bien que ces figures droites et isolées ont un air de jeu de quilles.

Je sais bien que toutes ces figures sont sans expression ; je sais bien que la composition entière est froide, blanchâtre, grisâtre et sans couleur.

Je sais bien que cet Apollon est sans verve, sans enthousiasme ; qu'il ne dispute pas ; qu'il touche de sa lyre comme par manière d'acquit ; et qu'il est plus tranquille encore que l'Antinoüs dont il est imité.

Je n'ignore pas qu'on ne sait quel rôle, ni quel nom donner à la grande figure nue, au grand mannequin barbu. Je sais bien que cette femme qui appelle son berger en est bien éloignée pour en être entendue ou vue ; que le son d'un cor-dechasse parviendroit à-peine à ce grouppe qu'on a placé sur un bout de rocher; car, en s'arrêtant quelque temps devant ce morceau, on sent que la scène est très-étendue, très-profonde ; que toutes ces figures sont grises, et que le paysage est sans vigueur. En ai-je dit assez? Eh bien! malgré tous ces défauts, quoiqu'assez chaud de mon naturel, et peu disposé à pardonner le froid à une composition quelconque; quoiqu'il me paroisse absurde d'avoir alongé les oreilles de Midas avant son impertinente sentence ; et que cet effet soit d'un instant postérieur, du moment où Apollon ayant cessé de jouer, la main étendue, l'air indigné, il ordonne à ses oreilles de pousser; quoique ce morceau soit proscrit sans restriction, j'avouerai qu'il y en a cent autres au Salon, qu'on regarde, qu'on loue, et que je mets au-dessous.

Celui-ci a je ne sais quoi qui vous rappelle la manière simple, non recherchée, isolée et tranquille de composer des anciens, manière où les figures restent comme le moment les a placées, et ne sont vraiment liées que par la circonstance, le fait et la sensation commune. Il me semble que je vois un bas-relief antique. Cela a quelque chose d'imposant. Cela est tout voisin du grand goût. Allez voir le Laocoon, tel que les sculpteurs l'ont exécuté, un père assis qui souffre; un enfant, debout, déchiré, qui expire; un autre enfant debout, qui oublie son péril, et qui regarde son père ; trois figures non grouppées; trois figures isolées, liées par les seules convolutions d'un serpent. Venez ensuite chez moi voir la première pensée de ces artistes; c'est le Laocoon, tel qu'il est; mais un des enfans est renversé sur sa cuisse, le cou embarrassé dans les plis du serpent; mais l'autre enfant se rejette en arrière, et cherche à se délivrer. Il y a bien plus d'action, plus de mouvement, plus de grouppe. Cela n'est que beau. La composition précédente est sublime. Plus on est enfant, plus on aime les incidens entassés les uns sur les autres; le strapassé, le grouppe, la masse, le tumulte, en peinture, en sculpture, au théâtre. O Guiart! ton monument étoit simple. Deux seules figures attachoient toute l'attention, tout l'intérêt. Il régnoit là un morne silence, une grande solitude. Ce génie, qu'ils ont exigé de toi, est beau; mais tout beau qu'il est, il fait nombre. Il me distrait. Je l'ai dit, et je le répète, les grouppes ne sont pas aussi fréquens en nature qu'on le croiroit. Ils sont presqu'absurdes dans les sujets tranquilles. Pierre a dit qu'il n'y avoit pas deux peintres dans toute l'académie, capables de sentir le mérite de ce morceau; et Pierre pourroit bien avoir raison. Celui qui sent le mérite de ce morceau, est plus avancé que celui qui en apperçoit les défauts. La sculpture ne l'auroit guère ordonné autrement. Les figures ne tiennent pas davantage dans le jugement de Salomon du Poussin. Elles sont presque aussi isolées dans plusieurs compositions de Raphaël. C'est un tableau d'élève, qui me promet plus que celui de Reston. Je conseillerois presque à Bonieu de se jeter du côté de la sculpture. Qu'on modèle son tableau; et l'on en jugera. Il y a une certaine sagesse, qu'il n'est donné qu'à peu de gens de posséder et de sentir. Je ne proscris pas les grouppes; il s'en manque beaucoup. Il est difficile, pour ne pas dire impossible de se passer de masses. Sans masses, point d'effet. Mais les grouppes, qui multiplient communément les actions particulières, doivent aussi communément distraire de la scène principale. Avec un peu d'imagination et de fécondité, il s'en présente de si heureux, qu'on ne sauroit y renoncer. Qu'arrive-t-il alors? c'est qu'une idée accessoire donne la loi à l'ensemble, au-lieu de la recevoir. Quand on a le courage de faire le sacrifice de ces épisodes intéressans, on est vraîment un grand maître, un homme d'un jugement profond; on s'attache à la scène générale, qui en devient tout autrement énergique, naturelle, grande, imposante et forte. J'avoue que la tâche n'en est pas pour cela plus facile. Une chose qu'on ne remarque guère, c'est qu'on papillote à l'esprit par la multiplicité des incidens, aussi cruellement qu'aux yeux par la mauvaise distribution des lumières; et que, si le papillotage de lumières détruit l'harmonie, le papillotage d'actions partage l'intérêt, et détruit l'unité.

Je ne vous citerai point en ma faveur la multitude des bas-reliefs antiques; je suis de bonne foi; et je persiste à croire que, si l'on y remarque un dessin si pur, un art si avancé, et si peu d'action, c'est que ces ouvrages sont autant d'articles du catéchisme payen. Il ne s'agit pas dans ce morceau de montrer au peuple comment Persée vainquit le dragon et lui ravit Andromède, mais de fixer ce point de religion dans sa mémoire. Aussi, voyez ce sujet que je vous ai fait dessiner exprès, d'après un marbre antique. Persée a l'air de donner la main à Andromède pour descendre. Andromède, plus obligée aux dieux de sa délivrance qu'à Persée, qu'elle ne regarde pas, droite, presque sans action, sans passion, sans mouvement, les regards et les mains levés vers le ciel, touchée, en action de graces, est debout sur une petite éminence qui ne ressemble guère à un rocher; et ce méchant petit dragon mort, n'est là que pour désigner le fait. Si ce n'est pas là un tableau d'église, je n'y entends rien.

Le petit faune, placé debout derrière Apollon, est très-beau. S'il y avoit eu de l'effet, de la couleur, de l'expression; si, sans rien changer à l'ordonnance, à la position des figures, l'artiste avoit su leur donner seulement ce contour mou et fluant, cette variété d'attitudes naturelles, faciles, aisées, qui tient à l'âge, au caractère, à l'action, à la sympathie des membres, à l'organisation, on auroit après cela, jugé de ce morceau. Je gage que l'esquisse en étoit très-belle.

Voici comment l'on prétend que Bonieu ordonne sur sa toile. Il place d'abord une figure, et la finit ; il en place ensuite une seconde, qu'il peint et finit de même ; puis une troisième, une quatrième, jusqu'à fin de payement. Si ce n'est pas une mauvaise plaisanterie, Bonieu est un artiste sans tête, et sans ressource.

Figures et fruits.

On voit, sur un piédestal, deux petits Amours en marbre. Ils sont debout. Celui qui est à gauche porte un carquois sur son dos. On apperçoit entre les jambes de l'autre une urne renversée. Ils se battent. Celui qui est à gauche égratigne son camarade à la joue, et lui arrache des fruits. Il ne manque pas d'expression. Autour du piédestal, on en voit d'autres en bas-reliefs, tournés, contournés, de la manière la plus déplaisante. Ce sont des morceaux de pâte molle, pétris entre les doigts, de la sculpture comme Carles Vanloo disoit qu'il en savoit faire. Le tout est placé sous une arcade, d'où pend une guirlande de fleurs, à laquelle un panier de fleurs est suspendu. L'artiste a répandu, autour de sa statue, un vase riche et doré, un pot de porcelaine bleue couvert, des fruits sur un bassin, des raisins, un tambour de basque. Voulez-vous sentir la misère de cela ? allez à Marly, voir ces enfans de Sarrazin, qui font brouter des feuilles de vigne à une chèvre. Regardez bien le caractère innocent, champêtre, fin, original et de verve, des enfans. Si vous aimez la richesse, et la richesse à profusion, voyez ce cep et ces raisins qui décorent le piédestal; et quand vous aurez jeté un coup-d'œil sur l'ouvrage du sculpteur, vous cracherez sur celui du peintre.

Autres tableaux sans numéros et sans noms.

Je vous reconnois, beau masque. C'est de vous, cela, M. Descamp; cela ne peut être que de vous. Je vous avois conseillé, il y a deux ans, de ne plus peindre; un peintre, de son côté, vous avoit conseillé de ne plus écrire. Puisque vous avez pu suivre un de ces conseils, pourquoi n'avez-vous pas pu suivre l'autre? Je me connois en tableaux, presqu'aussi bien qu'un artiste en littérature.

Que signifie cette femme-de-chambre cauchoise avec sa cafetière et sa lettre? Cela est plat. La maîtresse ne dit pas davantage. Vous n'avez pas une idée dans la tête.

Cette petite fille, qui joue avec son chat, est misérable. Vous n'en trouverez pas, sur le pont, le prix de la toile. Cela est roide, sans couleur, sans expression, sans esprit; ni linge, ni étoffe, ni dessin.

Est-ce que vous n'avez pas autour de vous une

femme, un enfant, un ami, qui puisse vous dire :
Ne peignez plus ?

Autres tableaux sans numéros et sans noms.

M. Descamp, c'est vous encore. A la platitude,
à la mauvaise couleur grise, au défaut d'esprit, d'expression, et de toutes les parties de la peinture,
c'est vous. Le bon Chardin que vous connoissez
me prend par la main, me mène devant ces tableaux, et me dit, avec le nez et la lèvre que vous
savez : Tenez, voilà de l'ouvrage de littérature. Il
ne tenoit qu'à moi de tirer certains papiers de ma
poche, et de lui dire : Tenez, voilà de l'ouvrage
de peintre. Le bon Chardin ne sait pas que si j'avois seulement en peinture les connoissances de
Descamp, tout pauvre artiste qu'il est, ou que
M. Descamp eût mon talent chétif en littérature,
il désoleroit l'académie, sans en excepter le bon
Chardin. Ils sont trop heureux, les faquins, que
celui qui sait raisonner, écrire, ne sache ni dessiner, ni peindre, ni colorier. Combien de défauts dans leurs ouvrages qui m'échappent, faute
d'avoir pratiqué ; et comme je les leur remontrerois !

M. Descamp, pauvre peintre, littérateur
ignoré, a mis devant une table à café, où l'on
voit une serviette étalée, une cafetière, une tasse
avec sa soucoupe, une petite chambrière de campagne, assise, le coude appuyé sur la table, la

tête penchée sur sa main, rêvant tristement. Cela n'est pas mal de position ; c'est une imitation de la pleureuse de Greuze ; mais quelle imitation ! Point de grace, point de chair, point de couleur; cou, bras, mains noirs et desséchés ; le bras qui soutient la tête, paralytique et décharné ; vêtemens grossiers et roides ; et le tout si pâle, si pâle, si gris, qu'on diroit que l'artiste n'avoit pas vingt-quatre sous dans sa poche pour avoir six vessies. Grande tache de blanc sale ; figure comme Gautier prétend que le sperme rendu chaud engendre dans l'eau froide : et puis il faut voir le faire de ces vaisseaux épars sur la table. Fi, fi, M. Descamp.

Le pendant, ou la Nourrice placée devant le berceau de son nourrisson, et recommandant le silence, du doigt : on ne le croiroit pas, plus mauvais encore. On voit le petit dormeur dans sa manne d'osier. Sa tête n'est pas mal, en comparaison du reste ; c'est celle d'un joli petit ange, ou d'un petit amour, tant les traits en sont formés. M. Descamp ignore qu'on peut donner aux anges, aux amours, aux chérubins, aux génies, des figures charmantes et aussi développées qu'on veut, parce que tels ils sont, tels ils ont été, tels ils seront. Ce sont des êtres symboliques et éternels. Encore s'écarte-t-on quelquefois de cette règle, et leur conserve-t-on le joufflu, le chiffonné, le gras, l'informe, le potelé de nos marmots. Mais il n'en est pas de même de ceux-ci; ce ne sont pas des natures sveltes; ils ont un caractère dont on ne sauroit s'affranchir sans pécher contre la vérité; des chairs molles, je ne sais quoi de non développé qui est de leur âge. D'un de nos pouparts on en fera, si on veut, un génie; mais d'un joli génie, on n'en fait point un de nos pouparts. La nourrice cauchoise est plate, sote, bête, grise, roide, vide d'expression, à mille lieues de Greuze débutant, et à dix mille de Chardin, qui travailloit autrefois dans ce genre.

Je ne doute pas qu'il n'y ait encore quelque part d'autres misérables Descamp qui vous reviendront. Je ne vous ferai grace de rien cette année.

Un concert espagnol, par Michel Vanloo.

C'est un très-beau tableau, sage sans être froid; une grande variété de figures charmantes, toutes aussi vraies, aussi soignées que des portraits, et des draperies qu'il faut voir.

Une Femme de distinction qui secourt la Peinture découragée.

Un grand Seigneur qui ne dédaigne pas d'entrer dans la chaumière du paysan malheureux.

Ces deux tableaux, de madame Therbouche, sont ce qu'elle a fait de mieux. Il y a de la couleur et de l'expression. La tête et la poitrine de la Peinture sont comme d'un ancien maître.

Un Saint Louis.

Encore un Saint Louis, et tout aussi plat que le premier. Il y a des physionomies malheureuses en peinture; le Christ et Saint Louis ont tous les deux été porteurs de ces physionomies-là. Celle du saint est donnée par ses portraits multipliés à l'infini, portraits auxquels l'artiste est forcé de se conformer. Celle du Christ est traditionnelle. C'est la même entrave, à peu de chose près.

Webb, écrivain élégant et homme de goût, dit dans ses réflexions sur la peinture, que les sujets tirés des livres saints ou du Martyrologe, ne peuvent jamais fournir un beau tableau. Cet homme n'a vu ni le Massacre des Innocens par Le Brun, ni le même Massacre par Rubens, ni la Descente de croix d'Annibal Carrache, ni Saint Paul prêchant à Athènes par Le Sueur, ni je ne sais quel apôtre ou disciple se déchirant les vêtemens sur la poitrine à l'aspect d'un sacrifice payen; ni la Magdelaine essuyant les pieds du sauveur de ses beaux cheveux; ni la même Sainte si voluptueusement étendue à terre dans sa caverne, par Le Corrège; ni une foule de saintes familles plus touchantes, plus belles, plus simples, plus nobles, plus intéressantes les unes que les autres; ni ma Vierge du Barroche, tenant sur ses genoux l'Enfant Jésus debout et tout nu. Cet écrivain n'a pas prévu qu'on lui demanderoit pourquoi Hercule étouffant le lion de

Némée seroit beau en peinture, et Samson faisant la même action déplairoit ? Pourquoi on peut peindre Marsias écorché, et non Saint Barthelemy ? Pourquoi le Christ, écrivant du doigt sur le sable l'absolution de la femme adultère, au milieu des Pharisiens honteux, ne seroit pas un beau tableau, aussi beau que Phriné, accusée d'impiété devant l'Aréopage ? Notre abbé Galiani, que j'aime autant écouter quand il soutient un paradoxe que quand il prouve une vérité, pense comme Webb ; et il ajoute que Michel-Ange l'avoit bien senti; qu'il avoit réprouvé les cheveux plats, les barbes à la juive, les physionomies pâles, maigres, mesquines, communes et traditionnelles des apôtres ; qu'il leur avoit substitué le caractère antique, et qu'il avoit envoyé à des religieux qui lui avoient demandé une statue de Jésus-Christ, l'Hercule Farnèse la croix à la main ; que, dans d'autres morceaux, notre bon Sauveur est Jupiter foudroyant ; Saint Jean, Ganimède ; les apôtres, Bacchus, Mars, Mercure, Apollon, *et cœtera*. Je demanderai d'abord : le fait est-il vrai ? quels sont précisément ces morceaux ? où les voit-on ? Ensuite je chercherai si Michel-Ange a pu, avec quelque jugement, mettre la figure de l'homme en contradiction avec ses mœurs, son histoire et sa vie. Est-ce que les proportions, les caractères, les figures des dieux payens n'étoient pas déterminés par leurs fonctions ? Et Jésus-Christ, pauvre, triste, chétif, jeûnant, priant, veillant, souffrant, battu, fouetté, baffoué, souffleté, a-t-il jamais pu être taillé d'après un brigand nerveux qui avoit débuté par étouffer des serpens au berceau, et employé le reste de sa vie à courir les grands chemins, une massue à la main, écrasant des monstres et dépucelant des filles? Je ne puis permettre la métamorphose d'Apollon en Saint Jean, sans permettre de montrer la Vierge avec des lèvres rebordées, des yeux languissans de luxure, une gorge charmante, le cou, les bras, les pieds, les mains, les épaules et les cuisses de Vénus. La Vierge Marie, Vénus aux belles fesses; cela ne me convient pas. Mais voici ce qu'a fait Le Poussin; il a tâché d'ennoblir les caractères; il s'est assujetti selon les convenances de l'âge aux proportions de l'antique; il a fondu avec un tel art la bible avec le paganisme, les dieux de la fable antique avec les personnages de la mythologie moderne, qu'il n'y a que les yeux savans et expérimentés qui s'en apperçoivent, et que le reste en est satisfait. Voilà le parti sage. C'est celui de Raphaël; et je ne doute point que ce n'ait été celui de Michel-Ange. Est-ce là ce qu'a voulu dire l'abbé Galiani? Nous sommes d'accord. Prononcer que la superstition régnante soit aussi ingrate pour l'art que Webb le prétend, c'est ignorer l'art et l'histoire de la religion; c'est n'avoir jamais vu la Sainte Thérèse du Bernin; c'est n'avoir jamais vu cette Vierge, le sein découvert, à qui son petit, tout nu sur ses genoux, pince en se jouant le bout du teton; c'est n'avoir aucune idée de la fierté avec laquelle certains chrétiens fanatiques se sont présentés au pied des tribunaux des préteurs, de la majesté prétoriale, de la férocité froide et tranquille des prêtres, et de la leçon que je reçois de ces compositions, qui m'instruisent bien mieux que tous les philosophes du monde de ce que peut l'homme possédé de cette sorte de démon. Le patriotisme et la théophobie sont les sources de grandes tragédies et de tableaux effrayans. Quoi! le chrétien interrompant un sacrifice, renversant des autels, brisant des dieux, insultant le pontife, bravant le magistrat, n'offre pas un grand spectacle! Tout cela me paroît apperçu avec les petites bésicles de l'anticomanie. Serviteur à M. Webb et à l'abbé Galiani.

On voit, dans une chapelle à gauche, au pied d'un autel, un benêt de Saint Louis.... Mais j'ai juré de ne décrire aucun mauvais tableau; et j'allois commettre un énorme parjure. Mon ami, c'est du Parocel, c'est du Brenet, c'est pis encore, si vous voulez. Il seroit plaisant que cette grosse, matérielle, lourde, ignoble figure, fût de l'un ou de l'autre, devenu, comme par miracle, plus mauvais que lui-même.

FIN DES PEINTRES.

LES SCULPTEURS.

Avant de passer aux sculpteurs, il faut, mon ami, que je vous entretienne un moment d'un tableau que Vien a exécuté pour la grande Impératrice. Je ne parle pas de celle qui dit son rosaire, qui fait de sa cour un couvent, et qui n'est pourtant pas une petite femme; mais de celle qui donne des loix à son pays qui n'en avoit point, qui appelle autour d'elle les sciences et les arts; qui fonde les établissemens les plus utiles; qui a su se faire considérer dans toutes les cours de l'Europe, contenir les unes, dominer les autres; qui finira par amener le Polonois fanatique, à la tolérance; qui auroit pu ouvrir la porte de son empire à cinquante mille Polonois; et qui a mieux aimé avoir cinquante mille sujets en Pologne; car, vous le savez tout aussi bien que moi, mon ami, ces dissidens persécutés deviendront persécuteurs, lorsqu'ils seront les plus forts, et n'en seront pas moins alors protégés par les Russes. Tout cela n'a peut-être pas le sens commun; mais qu'importe. Voici le sujet du tableau de Vien. Il y avoit long-temps que Mars reposoit entre les bras de Vénus, lorsqu'il se sentoit gagner par l'ennui. Vous ne concevez pas comment on peut s'ennuyer entre les bras d'une déesse; c'est que vous n'êtes pas un dieu. L'envie de tuer le tourmente; il se lève; il demande ses armes. Voici le moment de la composition. On voit la déesse toute nue, un bras jeté mollement sur les épaules de Mars, et lui montrant de l'autre main ses pigeons qui ont fait leur nid dans son casque. Le dieu regarde et sourit. Que la déesse est belle, voluptueuse et noble! Que la poitrine du dieu est chaude et vigoureuse! J'aime son caractère, parce qu'il est simple et non maniéré. On tourne autour de ces deux figures; elles sont debout, d'à-plomb et non roides. A droite, c'est une colonnade. A gauche, un grand arbre; au pied de cet arbre, deux Amours tapis sous un bouclier d'or. C'est un très-beau coin du tableau; et celui du casque, de la cuirasse et des deux pigeons ne lui cède guère; et puis l'harmonie générale du tout. L'artiste n'a rien fait de mieux; et j'espère que ma souveraine en sera un peu plus satisfaite que le roi de Pologne. C'est que je m'en suis moins inquiété. J'ai dit à Vien: voilà le sujet, voilà comme je le conçois : Faites; et je ne suis point entré dans son atelier qu'il n'eût fait; et venons à nos sculpteurs.

Oh! qu'ils sont pauvres, cette année! Pigal est riche, et de grands monumens l'occupent. Falconet est absent.

LE MOINE.

184. *Buste de M. Trudaine.*

Il est ressemblant. Les détails y sont même larges; mais la chair avec sa mollesse n'y est pas. Du reste, modèle du mauvais goût de nos vêtemens. Il faut voir l'effet de cette lourde, dense, impénétrable, énorme masse de cheveux. On ne saura jamais par quelle bizarrerie nous nous surchargeons la tête d'un pareil fardeau. Qu'en pensera la postérité? Un sauvage prendroit cela pour les têtes d'une douzaine d'ennemis appliquées l'une sur l'autre. Il faut voir l'effet de cette large cravatte autour du cou, et de ces deux longs bouts de toile, plats, roides, empesés, plissés bien strictement, et placés sur le milieu de la poitrine; le contraste du volume avec cette rangée de petits boutons. Sans exagérer, c'est un quartier de roche auquel on s'est amusé à donner une figure grotesque. Cela fait frissonner d'horreur ou soulever le cœur de dégoût, à celui qui a le moindre sentiment de l'élégance, de la noblesse, de la grace. On ferme les yeux, on se sauve; et lorsque cette vilaine, hideuse chose revient à l'imagination, on est persécuté, poursuivi par une image importune.

Buste de Montesquieu.

Si vous voulez sentir tout l'ignoble, tout le barbare du Trudaine, jetez les yeux sur le Montesquieu. Il est nu-tête. On lui voit le cou et une partie de la poitrine. Voilà du goût. Celui-ci ressemble aussi; mêmes qualités et mêmes défauts pour le faire qu'au précédent. J'aime mieux l'ancien médaillon; il y a plus d'élégance, plus de noblesse, plus de finesse et plus de vie.

Buste de l'avocat Gerbier.

Je ne me le rappelle pas. Tant pis. Est-ce pour le buste?

Il y avoit encore, de Le Moine, un autre buste en terre cuite, d'une femme; il étoit très-élégant, très-vivant, très-fin; le cou cependant maigre et sec, et la distance du menton au cou, la profondeur de la mâchoire, énorme. La guirlande de fleurs qui descendoit d'une épaule, jolie; mais peu selon la sévérité de l'art; la coiffure moitié antique, moitié moderne.

En général, les terres cuites de Le Moine valent mieux que ses marbres. Il faut qu'il ne le sache pas travailler.

Il y avoit, à côté de Trudaine, une autre espèce de magot, et, qui pis est, de magot sans verve. Si le premier n'étoit pas de chair, bien moins celui-ci. Je ne sais qui c'étoit. Mais de tous ces pauvres cordons qu'on voit dans nos rues, traîner leur misère et l'ingratitude de la nation, je n'ai pas mémoire d'en avoir vu un plus plat de physionomie. C'est quelque mauvais plaisant qui a conseillé à cette tête de chou de se faire mettre en marbre, cette matière, cet art qui est si grave, si sévère, qui demande tant de caractère et de noblesse. C'étoit un moyen de montrer avec force le ridicule, l'ignoble de ses grosses joues boursoufflées, de cette boule, de ce petit nez serré entre deux vessies, de ce front étroit. Connoissez-vous un livre d'Hogarth, intitulé la Ligne de Beauté ? C'est une des figures hétéroclites de cet ouvrage ; et puis un jabot et des manchettes brodés, un gothique saint-esprit sur la poitrine. Puisse, pour l'honneur du siècle, ce hideux morceau aller frapper rudement le Trudaine, et le ministre mettre en pièces l'intendant des finances ; en sorte qu'il ne reste de l'un et de l'autre que des fragmens trop petits pour déposer dans l'avenir de notre insipidité.

ALLEGRAIN.

187. *Une Baigneuse.*

Figure en marbre de cinq pieds dix pouces de proportion.

Belle, belle, sublime figure ; ils disent même la plus belle, la plus parfaite figure de femme que les modernes aient faite. Il est sûr que la critique la plus sévère est restée muette devant elle. Ce n'est qu'après un long silence admiratif, qu'elle a dit tout bas que la perfection de la tête ne répondoit pas tout-à-fait à celle du corps. Cette tête est belle pourtant, ajoutoit-elle, beaux enchassemens d'yeux, belle forme, belle bouche, le nez beau, quoiqu'il pût être plus fin. Elle étoit tentée d'accuser le cou d'être un peu court; mais elle se reprenoit, en considérant que la tête étoit inclinée. A son avis, le goût de la coiffure pouvoit être plus grand; mais lorsque l'œil s'arrêta sur les épaules, elle ne put s'empêcher de s'écrier: les belles épaules ! qu'elles sont belles ! comme ce dos est potelé ! quelle forme de bras ! quelles précieuses, quelles miraculeuses vérités de nature dans toutes ces parties ! comment a-t-il imaginé ce pli au bras gauche? Il ne l'a point imaginé; il l'a vu: mais comment l'a-t-il rendu si juste? Ce sont des détails sans fin, mais si doux, qu'ils n'ôtent rien au tout, qu'ils n'attachent point aux dépens de la masse; ils y sont, et ils n'y sont pas; comme ce bras qu'elle alonge est modélé grassement ! qu'il s'emmanche bien avec l'épaule ! que le coude en est finement dessiné ! comme la main sort bien du poignet ! que cette main est belle ! que ces doigts un peu alongés par le bout sont délicieux et délicats ! que de choses que l'on sent et qu'on ne peut rendre ! On a dit qu'une femme avoit la gorge ferme comme le marbre; celle-ci a la gorge élastique comme la chair. Quelle souplesse de peau ! Il en faut convenir, toute cette figure est parsemée de charmes imperceptibles, pour lesquels il y a des yeux, mais il n'y a pas de mots. En descendant au-dessous de cette gorge, quelle belle et grande plaine ! là, même beauté, même élasticité, même finesse de détails. Mais c'est aux épaules sur-tout que l'art semble s'être épuisé ; combien il a fallu d'études, de séances et de longues séances, de modèles et même de connoissance anatomique du dessous de la peau ! comme tout cela s'élève, s'affaisse, se fuit insensiblement ! et ces reins ! et ces fesses ! et ces cuisses ! ces genoux ! ces jambes ! Comme ces genoux sont modelés ! ces jambes sont légères, sans être ni maigres ni grêles ! La critique étoit arrivée aux pieds, sans avoir rien remarqué qui la consolât. Ah ! pour ces pieds, dit-elle, ces pieds sont un peu négligés. Les amateurs, dont il ne faut ni surfaire ni dépriser le jugement, les artistes, les seuls vrais juges, mettent la figure d'Allegrain sur la ligne même du Mercure de Pigal. Lorsque celui-ci vit l'ouvrage de son parent (c'est lui-même qui me l'a dit), il resta stupéfait. J'ajouterai que cette Baigneuse est si naturellement posée, tous ses membres répondent si parfaitement à sa position, cette sympathie qui les entraîne et qui les lie, est si générale, qu'on croit qu'elle vient à l'instant de s'arranger comme elle l'est, et qu'on s'attend toujours à la voir se mouvoir. J'ai dit que la sculpture, cette année, étoit pauvre. Je me suis trompé. Quand elle a produit une pareille figure, elle est riche. Elle est pour le roi. Comme on avoit une assez mince opinion du savoir-faire de l'artiste, on ne lui laissa pas le choix du bloc, et le ciseau d'où le chef-d'œuvre devoit sortir, fut employé sur un marbre taché. Le courage et le mérite de l'artiste en redoublent à mes yeux. La belle vengeance d'un mépris déplacé; elle durera éternellement. On demandera à jamais: Qui est-ce qui disposoit des marbres du souverain. A la place du Marigny, j'entendrois sans cesse cette question, et je rougirois.

188. VASSÉ.

Je n'aime pas Vassé; c'est un vilain. Mais rappelons-nous notre épigraphe : *Sine irâ et studio*. Soyons justes, et louons ce qui le mérite, sans acception de personne.

Une Minerve appuyée sur son bouclier, et prête à donner une couronne.

Figure de six pieds de proportion.

Elle est assise et de repos; la jambe droite croisée sur la jambe gauche, le bras gauche nu, tombant mollement, et la main allant se poser sur le bord de son bouclier; le bras droit aussi nu, amené avec le même naturel, la même grace, la même mollesse et presque parallèlement au premier, vers la cuisse où la main tient négligemment une couronne. Elle a son casque et sa cuirasse ; elle regarde au loin, comme si elle y cherchoit un vainqueur à couronner. La draperie simple, à grands plis, marque bien le nu aux cuisses et aux jambes. Elle est sévère de caractère, belle, mais plus belle de face que de profil; le profil est petit. Plus on s'y arrête, plus on aime cette figure. Il y a de la souplesse dans les membres. Elle est peut-être un peu trop ajustée. Une Minerve plus simple de vêtement, en seroit encore plus noble. C'est un beau morceau, sage et non froid, excellent, à mon gré, de position. La position en général étant donnée, il y a un certain enchaînement dans le mouvement de toutes les parties, une certaine loi qu'elles s'imposent les unes aux autres, qui les régit et qui les co-ordonne, qu'il est plus aisé de sentir que de rendre. La Minerve de Vassé, la Baigneuse d'Allegrain ont supérieurement ce mérite, dont je ne pense pas qu'un morceau de sculpture puisse se passer, et dont plusieurs artistes n'ont pas la première idée. C'est la nécessité de cette sympathie générale des membres qui fait qu'une femme assise l'est de la tête, du cou, des bras, des cuisses, des jambes, de tous les points du corps et sous tous les aspects ; ainsi d'une figure debout, d'une figure mue, d'une figure occupée de quelque manière que ce soit. Cette Minerve est svelte, sa tête est bien coiffée, et son casque de bonne forme.

La Comédie.

Figure petite, faite avec peu de soin et d'expression.

Une Nymphe endormie.

Très-médiocre.

Je n'ai point apperçu ces deux morceaux; c'est mauvais signe.

Le portrait en bas-relief de feu l'impératrice de Russie, Élisabeth.

Le comte de Caylus en médaillon.

Le comte de Caylus est beau, vigoureux, noble, fait avec hardiesse, bien modelé, bien ressenti, chair, beaux méplats, le trait pur, les peaux, les rides, les accidens de la vieillesse à merveille. La nature a été exagérée, mais avec tant de discrétion, que la ressemblance n'a rien souffert de la dignité qu'on a sur-ajoutée. Il reste encore dans les longs plis, dans ces peaux qui pendent sous le menton des vieillards, une sorte de mollesse. Ce n'est pas du bois, c'est encore de la chair. C'est dommage que Vassé n'en ait pas fait la remarque.

Le médaillon d'Elisabeth est moins beau; mais il étoit aussi plus ingrat. Le ciseau y est un peu sec; les cheveux sont bien attachés sur sa tête, qui n'est pas sans majesté. Mais, pour en dire mon avis, ce vêtement qui étale et fait bouffer cette énorme paire de tetons, aura toujours à mes yeux un air barbare et de mauvais goût. Eh! qu'on les laisse se soutenir d'eux-mêmes dans la jeunesse, ou s'en aller librement dans l'âge avancé. Nature, nature, c'est la contrainte, qu'on te fait souffrir pour te montrer comme tu n'es pas, qui gâte tout. Vérité de costume, fausseté de nature. La bordure de ce médaillon d'Elisabeth est un chef-d'œuvre de grand goût de dessin, et d'excellente exécution.

PAJOU.

193. *Les Bustes du feu Dauphin, du Dauphin son fils, du comte de Provence, du comte d'Artois.*

Plus plats, plus ignobles, plus bêtes que je ne saurois vous le dire. O la sotte famille en sculpture! Le grand-père est si noble, a une si belle tête, si majestueuse, si douce pourtant et si fière!

Le Buste du maréchal de Clermont-Tonnerre.

Mais quelle fureur d'éterniser sa physionomie, quand on a celle d'un sot! Il me semble que, quand on a la fantaisie d'occuper de sa personne un art imitatif, il faudroit avoir d'abord la vanité d'examiner ce que cet art en pourra faire, et si j'étois artiste, et qu'on m'apportât un aussi plat visage, je tournerois tant, que je le ferois entendre, non à la façon du Puget ou de Falconet, mais à la mienne ; et le plat visage parti, je me frotterois les mains d'aise, et je me dirois à moi-même : Dieu soit loué, je ne me déplairai pas six mois devant mon ouvrage. Il y a pourtant un ciseau, des beautés, de la peau, de la chair, dans cette insipide figure. Elle est faite largement ; il y a de la souplesse, du sentiment, de la vie.

Pour Dieu, mon ami, détournez-vous de ce coin ; ne regardez ni ces enfans, ni M. de Voyer, ni M. de Sansey, ni cette figure de la Magnificence, dont Pajou n'a pas la première idée, ni cette Sagesse. Tout cela est d'une insupportable médiocrité. Cependant Pajou en sait trop dans son art, pour ignorer que la sculpture veut être plus grande, plus piquante, plus originale ; et en-même-temps plus simple dans le choix de ses caractères et de son expression, que la peinture ; et qu'en sculpture point de milieu, sublime ou plat ; ou, comme disoit au Salon un homme du peuple, tout ce qui n'est pas de la sculpture est de la sculpterie. Pajou nous a fait cette année beaucoup de sculpterie.

Dessin de la mort de Pélopidas.

On le voit expirant dans sa tente. Sur le fond, au bord de son lit, des soldats affligés, les regards attachés sur lui, tiennent sa couverture levée. A droite, à son chevet, c'est un grouppe de soldats debout; ils sont consternés. Sur le devant, vers la gauche, assis à terre, un autre soldat la tête penchée sur ses mains. Tout-à-fait à gauche, sur le devant, un troisième qui tient la cuirasse du général, et qui la présente à ses camarades, qui forment un grouppe devant lui.

Cela peut être d'un grand effet général pour le technique. Je vois que ces soldats placés sur le fond, qui tiennent la couverture levée, feront une belle masse. Ils attendent sans-doute que Pélopidas soit expiré, pour la lui jeter sur le visage; et je ne nie pas que cette idée ne soit simple et sublime. Mais du-reste, où est l'incident remarquable? Entre tous ces soldats, où est le caractère d'un regret singulier? Que font-ils pour Pélopidas, qu'ils ne feroient pour tout autre? Où sont ces hommes qui ont pris le parti de se laisser mourir? Une douleur capable de ce projet extrême est muette, tranquille, silencieuse, presque sans mouvement, et n'en est que plus profonde. C'est ce que vous n'avez pas conçu. Vous me feriez presque penser que le génie vous manque. Croyez-vous que, quand vous auriez assemblé quelques-uns de ces soldats autour de la cuirasse brisée de Pélopidas, les yeux attachés sur elle, cela n'auroit pas parlé davantage ? Quelle comparaison entre votre composition et celle du testament d'Eudamidas ! Cependant vous ne persuaderez à personne que votre sujet ne fût ni aussi grand, ni aussi pathétique, ni aussi fécond que celui du Poussin. Je ne vous dirai pas que les têtes penchées sur les mains sont bien usées. Tant qu'elles seront en nature, on aura le droit de les employer dans l'art. Mais que fait votre Pélopidas ? Il expire, et puis c'est tout; et cela n'eût pas été mal, si la résolution de ne pas lui survivre eût été caractérisée dans les siens par l'inaction, le silence et l'abandon. Vous n'y avez pas pensé, et vous m'autorisez à vous demander : Quoi ! dans cette foule le général thébain n'avoit pas un ami particulier ? Il n'y avoit pas là un seul homme qui songeât à la perte que faisoit la patrie, et qui parût tourner ses yeux, ses bras, ses regrets vers elle ? Je ne sais ce que j'aurois produit à votre place; je me serois renfermé long-temps dans les ténèbres; j'aurois assisté à la mort de Pélopidas; et je crois que j'y aurois vu autre chose. En général, la multitude des acteurs nuit à l'effet de la scène. Cette abondance est vraiment stérile. On n'y a recours, que pour suppléer à une idée forte qui manque. Pigal, jetez-moi à bas et ce squelette, et cet Hercule, tout beau qu'il est, et cette France qui intercède. Étendez le maréchal dans sa dernière demeure, et que je voye seulement ces deux grenadiers affilant leurs sabres contre la pierre de sa tombe. Cela est plus beau, plus simple, plus énergique et plus neuf que tout votre fatras, moitié histoire, moitié allégorie.

Pajou a écrit à sa porte, pour devise, la maxime de Petit-Jean : « Sans argent, sans argent, l'hon- » neur n'est qu'une maladie ». De tout ce qu'il a exposé, je n'en estime rien. J'ai suivi cette longue enfilade de bustes, cherchant toujours inutilement quelque chose à louer. Voilà ce que c'est que de courir après le lucre. Je vois sortir de la bouche de cet artiste, en légende : *De contemnendá gloriá;* écrit en rouleau autour de son ébauchoir : *De pane lucrando;* et sur la frange de son habit : *Fi de la gloire, et vivent les écus.* Il n'a fait qu'une bonne chose depuis son retour de Rome. C'est un talent écrasé sous le sac d'or. Qu'il y reste. Vous verrez qu'il aura lu ma dispute avec son confrère, sur le sentiment de l'immortalité et le respect de la postérité ; et qu'il aura trouvé que je n'avois pas le sens commun.

204. CAFFIERI.

L'Innocence.

Figure en marbre de deux pieds quatre pouces de proportion.

L'Innocence! cela l'Innocence! cela vous plaît à dire, M. Caffieri. Elle regarde en coulisse; elle sourit malignement; elle se lave les mains dans un bassin placé devant elle sur un trépied. L'Innocence, qui est sans la moindre souillure, n'a pas besoin d'ablution. Elle semble s'applaudir d'une malice qu'elle a mise sur le compte d'une autre. La recherche et le luxe de son vêtement réclament encore contre son prétendu caractère. L'Innocence est simple en tout. Du-reste, figure charmante, bien composée, bien drapée; le linge qui dérobe sa cuisse et sa jambe, à miracle; jolis pieds, jolies mains, jolie tête. Permettez que j'efface ce mot, l'Innocence; et tout sera bien. Vous n'avez pas fait ce que vous vouliez faire, mais qu'importe? ce que vous avez fait est précieux.

La vestale Tarpeïa.

Elle est debout; elle est sage, bien drapée, d'un caractère de tête extrêmement sévère. C'est bien la supérieure de ce couvent. J'aime beaucoup cette figure; elle imprime le respect. On lui voit neuf pieds de haut.

L'Amitié qui pleure sur un tombeau.

On voit à gauche une cassolette où brulent des parfums; la vapeur odoriférante se répand sur un cube qui soutient une urne; il s'élève de derrière le cube quelques branches de cyprès recourbées sur l'urne. A droite, éplorée, étendue à terre, un bras appuyé sur le dais, la tête posée sur son bras, l'autre bras tombant mollement sur une de ses cuisses, la figure de l'Amitié.

Ce modèle de tombeau est simple et beau. L'ensemble en est pittoresque; et l'on ne desire rien à la figure de l'Amitié de tout ce qui tient aux parties de l'art. La position, l'expression, le dessin, la draperie, sont bien. Mais qu'est-ce qui désigne l'Amitié plutôt qu'une autre vertu?

Le portrait du peintre Hallé.

Je ne me le rappelle pas.

Le portrait du médecin Borie.

Ressemblant à faire mourir de peur un malade.

Tout ce que Caffieri a exposé cette année est digne d'éloge. Certes, cela ne manque pas de ce que vous savez. Je crois que cet artiste est mort il y a quelques mois. Un an plutôt, on ne l'auroit pas regretté,

BERRUER.

L'Annonciation en bas-relief. Aux deux côtés du bas-relief la Foi et l'Humilité.

Grand morceau, dont on a exposé le modèle sur la moitié de sa grandeur.

Hors du bas-relief, à droite, contre un pilastre, une figure de ronde-bosse, tenant une balle dans la main, foulant du pied une couronne, son autre bras ramené sur son ventre, y soutenant sa draperie, ce qui lui donne l'air d'une fille grosse; et je ne voudrois pas jurer qu'il n'en fût quelque chose, car elle est triste. Je n'entends rien à ces symboles. Qu'est-ce que cette balle? et l'Orgueil foule encore mieux aux pieds les couronnes que l'Humilité.

A gauche, adossée au pilastre correspondant, une autre figure de ronde-bosse, un calice à la main, ce calice surmonté d'une hostie, l'autre main montrant le vase sacré. Figure hiéroglyphique, paquet de draperies.

Entre ces deux pilastres, dans un enfoncement, formant l'intérieur d'une chambre, l'Annonciation. La Vierge est à droite, à genoux, le corps incliné, en devant s'entend, et se soumettant au *fiat;* elle est aussi de ronde-bosse. Ses bras étendus, ouverts, rendent bien sa résignation. Il n'y a, du-reste, ni bien ni mal à en dire; c'est de position, de draperie, de caractère, une Vierge comme une autre. A gauche, en l'air et de bas-relief, l'Ange annonciateur. Ce n'est pas celui de Saint-Roch. Celui-ci eût tenté la Vierge, fait cocu Joseph, et l'Esprit-Saint, camus. Berruer, ou Dieu le père, l'a choisi cette fois maigre, long, élancé et d'un caractère de tête ordinaire. Il fait son compliment, et montre l'Esprit-Saint de ronde-bosse, à l'angle supérieur droit de la chambre, à la pointe du faisceau lumineux et fécondant qui passe sur la tête de la Vierge, et forme des sillons de bas-relief sur le fond. Ouvrage commun dans toutes ses parties. Ces figures des côtés en détrui-roient le silence, s'il y en avoit. Ne nous arrêton pas davantage à ce qui n'a arrêté personne.

Hébé.

Ah! quelle Hébé! Nulle grace. C'est la déesse de la jeunesse, et elle a vingt-quatre ans au-moins. C'est celle qui verse aux dieux l'ambroisie, ce breuvage qui allume dans les ames divines une joie éternelle; et elle est ennuyée et triste. L'artiste aura choisi le jour où Ganimède fut admis au rang des dieux. Les bras de cette Hébé ne finissent point.

Un Buste.

Je ne sais de qui, et placé je ne sais où. Berruer a du talent qu'il a bien caché cette année.

212. GOIS.

Qui est ce désespéré renversé sur une ruche, au-dedans de laquelle on voit des rayons de miel? Comme ses cheveux pendent! comme il se tord les bras! comme il crie! A-t-il perdu son père, sa mère, sa sœur, ou sa fille, son ami ou sa maîtressse? Non, c'est Aristée qui a perdu ses mouches. Quand l'idée est absurde, j'ai peine à parler du faire. Cette figure est bien modelée; et il y a, certes, de très-belles parties et du ciseau.

L'Image de la douleur.

On dit que cela est beau, que cette tête est touchante, que l'expression en est belle, et le marbre bien travaillé. Je dis moi, contre le sentiment général, que cette douleur n'est que celle d'une Vierge au pied de la croix; qu'elle est unie, monotone, sans inégalités, sans passages; que c'est une vessie soufflée; que, si l'on appliquoit un peu fortement les mains sur ses joues, elles feroient la plus belle explosion. La douleur donne de la bouffisure, mais non jusques-là. C'est une infiltration aqueuse la plus complète.

Buste en terre cuite.

Je ne sais de qui; mais vrai, savant, parlant, original. Je gage qu'il ressemble.

Plusieurs dessins lavés.

Avant que d'en parler, soyons de bonne-foi. C'est peut-être le poëte qui a inspiré au statuaire ce désespéré d'Aristée. Il n'en est rien ; le poëte dit simplement :

Tristis ad extremi sacrum caput adstitit amnis ,
Multa querens.

C'est un fils qui s'adresse à sa mère, dans Virgile ; dans le statuaire, c'est un enragé qui charge les dieux d'imprécations.

Les dessins lavés au bistre et à l'encre de la Chine, sont sublimes ; tout-à-fait dans le goût des grands maîtres. Rien de maniéré, de petit, ni de moderne, soit pour la composition, soit pour les caractères, soit pour la touche. Il n'y a rien de fini. Ce sont des jets de têtes, mais beaux, mais grands, mais neufs, et d'un pittoresque. Un homme qui sent, ne passe pas là-devant sans être tiré par la manche. Cet artiste a de l'idée.

MOUCHY.

216. *Le repos d'un Berger.*

Il est assis ; il a les mains appuyées sur un bâton qui soutient ses bras ; le reste du corps est assez mollement jeté de la droite à la gauche ; il regarde ; il respire ; il vit. Il apperçoit au loin quelque objet qui l'intéresse. Il est voluptueux d'attitude, mais non de repos. Le repos ici a précédé la fatigue. L'homme qui se repose se soulage d'un mal-aise; on le voit sur son visage, dans l'affaissement, l'abandon de ses membres; et ces caractères manquent à ce berger. Je dirai de celui-ci et de celui qui a fait l'Innocence : pourquoi avoir écrit votre intention au bas de votre figure ? C'est une sottise. Avez-vous craint que nous ignorassions que vous n'avez rien entendu à ce que vous faisiez ? Falconet a-t-il eu besoin de graver au pied de son Amitié, l'Amitié ? Eh ! laissez à notre imagination le soin de baptiser vos ouvrages. Elle s'en acquittera bien. Hâtez-vous donc d'effacer ces ridicules inscriptions. Je l'ai revue, cette Innocence prétendue; elle a la tête penchée vers la droite, et la gorge nue de ce côté. Si vous la considérez quelque temps, vous croirez qu'elle sourit en elle-même de l'impression que cette gorge a faite sur quelqu'un qui la regarde furtivement, et dont elle peut ignorer la présence, et qu'elle dit en elle-même : cela vous plaît ! Je le crois bien; aussi n'est-il pas mal, ce teton. Quant à la tête du berger de repos, c'est la copie assez fidelle de la première figure qu'on trouve à gauche, aux Tuilleries, en entrant par le Pont-Royal.

Deux Enfans destinés pour une chapelle.

Cela des enfans ! Ce sont deux gros boudins étranglés par le bout, pour y pratiquer une tête.

Deux Médaillons.

Je ne les ai point vus, dieu merci.

Lorsque Mouchy demanda à Pigal sa nièce en mariage, il lui mit un ébauchoir à la main ; et lui présentant de la terre glaise, il lui dit : Ecris-moi là ta demande. Falconet en auroit fait autant ; seulement il auroit dit : Ecrivez. Mouchy disoit à un jeune suisse de ses amis : Pourquoi ne te fais-tu pas recevoir ? Diable, lui répondit le Suisse, tu en parles bien à ton aise. Je n'ai point d'oncle, moi.

FRANCINE.

218. *Un Christ à la colonne.*

Il attend la fessée. Figure commune, plate de caractère et d'expression, sans aucun mérite qui la distingue. Morceau de réception, morceau d'exclusion.

FIN DES SCULPTEURS.

LES GRAVEURS.

219. COCHIN.

Plusieurs dessins allégoriques, sur les règnes des rois de France. J'aime Cochin; mais j'aime plus la vérité. Les dessins de Cochin sont de très-bons tableaux d'histoire, bien composés, bien dessinés, figures bien grouppées, costumes bien rigoureusement observés, et dans les armes, et dans les vêtemens, et dans les caractères. Mais il n'y a point d'air entre les figures, point de plans. Sa composition n'a que l'épaisseur du papier. C'est comme une plante qu'un botaniste met à sécher dans un livre; elles sont applaties, collées les unes sur les autres. Il ne sait pas peindre; la magie des lumières et des ombres lui est inconnue; rien n'avance, rien ne recule; et puis, comparé à Bouchardon, à d'autres grands dessinateurs, je trouve qu'il employe trop de crayon, ce qui ôte à son faire de la facilité, sans lui donner plus de force. Je ne saurois m'empêcher d'insister sur un autre défaut, qui n'est pas celui de l'artiste. C'est que la barbarie et le mauvais goût des vêtemens donnent à ces compositions un aspect bas, ignoble, un faux air de bambochades. Il faudroit un génie rare, un talent extraordinaire, une force d'expression peu commune, une grande manière de traiter de plats vêtemens, pour conserver aux actions de la dignité. Un de ses meilleurs dessins, est celui où le fougueux Bernard entraîne à la croisade son monarque, en dépit du sage Suger. Le monarque a l'épée nue à la main. Bernard l'a saisi par cette main armée. Suger le tient de l'autre, parle, représente, prie, sollicite, et sollicite en-vain. Le moine est très-impérieux, très-beau; l'abbé, très-affligé, très-suppliant. Autre vice de ces compositions, c'est qu'il y a trop d'idées, trop de poésie, de l'allégorie fourrée par-tout, gâtant tout, brouillant tout, une obscurité presque à l'épreuve des légendes. Je ne m'y ferai jamais. Jamais je ne cesserai de regarder l'allégorie comme la ressource d'une tête stérile, foible, incapable de tirer partie de la réalité, et appelant l'hiéroglyphe à son secours; d'où il résulte un galimatias de personnes vraies et d'êtres imaginaires qui me choque, compositions dignes des temps gothiques, et non des nôtres. Quelle folie de chercher à caractériser autour d'un fait, d'un instant individuel, l'intervalle d'un règne! Et rends-moi bien cet instant; laisse-là tous ces monstres symboliques; sur-tout donne de la profondeur à ta scène; que tes figures ne soient pas à mes yeux des cartons découpés: et tu seras simple, clair, grand et beau. Avec tout cela, les dessins de Cochin sont faits avec un esprit infini, d'un goût exquis : il y a de la verve, du tact, du ragoût, du caractère, de l'expression ; cependant, arrangés de pratique. Il compte pour rien la nature. Cela est de son âge. Il l'a tant vue, qu'il croit sérieusement, comme son ami Boucher, qu'il n'a plus rien à y voir. Et, enragées bêtes que vous êtes, je ne l'exige pas de vous, pour faire un nez, une bouche, un œil, mais bien pour saisir, dans l'action d'une figure, cette loi de sympathie qui dispose de toutes ses parties, et qui en dispose d'une manière qui sera toujours nouvelle pour l'artiste, eût-il été doué de la plus incroyable imagination, eût-il par-devers lui mille ans d'étude.

Un dessin représentant une École de modèle,

Autour duquel les élèves travaillent pour le prix de l'expression. Cette figure, élevée sur l'estrade, joue bien la dignité ; ces élèves sont très-bien posés ; mais l'école n'a pas un pouce de profondeur. Il faut être bien mal-adroit, pour ne savoir pas étendre la scène avec une estrade, une figure, des rangs de bancs concentriques, et des élèves dispersés sur ces bancs. Il n'y a point ici de sortilège ; ce n'est qu'une affaire linéaire et de perspective. Cela me dépite. Cochin est paresseux, et compte trop sur sa facilité.

LEBAS et COCHIN.

221. *Deux estampes de la quatrième suite des ports de France, peints par Vernet.*

Gravures médiocres, faites en commun par deux habiles gens, dont l'un aime trop l'argent, et l'autre trop le plaisir. Ce n'est pas seulement à Vernet, c'est à eux-mêmes que ces artistes sont inférieurs; l'un a fait les figures par-dessous jambe, et Le Bas les ciels.

222. WILLE.

L'Instruction paternelle, d'après Therburg.

L'Observateur distrait, d'après Mieris.

Il faut saisir tout ce qui sortira du burin de celui-ci. Il est habile, et travaille d'après habile. Il a excellé dans de grands morceaux, et il est précieux dans les petits sujets. Avec tout cela, les graveurs se multiplient à l'infini, et la gravure s'en va. Wille a le burin net, et d'une sûreté propre à l'artiste : la tête de l'observateur précieusement finie, et bien dans l'effet.

FLIPART.

224. *Le Paralytique, d'après Greuze.*

La jeune Fille qui pleure son oiseau, d'après le même.

Celui qui ne connoîtra ces deux morceaux que d'après la gravure, sera bien éloigné de compte. Le Paralytique est sec, dur et noir. La jeune Fille a perdu sa finesse et sa grace; elle a un œil poché; et cette guirlande qui l'encâdre l'alourdit. Le Paralytique, estampe charbonnée, caractères manqués, rien de l'effet du tableau; ponsif noir, étalé sur un morceau de fer-blanc.

L'EMPEREUR.

223. *Le portrait de M. Watelet.*

L'Apothéose de M. du Belloi.

Je ne connois pas le portrait de M. Watelet; quant à l'Apothéose de M. du Belloi, tant que Voltaire n'aura pas vingt statues en bronze et autant en marbre, il faut que j'ignore cette impertinence. C'est un médaillon présenté au génie de la poésie, pour être attaché à la pyramide de l'Immortalité. Attache, attache tant que tu voudras, pauvre génie si vilement employé; je te réponds que le clou manquera, et que le médaillon tombera dans la boue. Une Apothéose! et pourquoi? Pour une mauvaise tragédie, sur un des plus beaux sujets et des plus féconds, d'un style boursoufflé et barbare, morte à n'en jamais revenir. Cela fait hausser les épaules. On dit le Watelet assez bien. Pour le du Belloi, mauvais de tout point. J'en suis bien aise.

MOITTE.

228. *Le portrait de Duhamel du Monceau.*

Celui à qui Maupertuis disoit : Convenez, qu'excepté vous, tous les physiciens de l'académie ne sont que des sots; et qui répondoit ingénuement à Maupertuis : Je sais bien, monsieur, que la politesse excepte toujours celui à qui l'on parle. Ce Duhamel a inventé une infinité de machines qui ne servent à rien; écrit et traduit une infinité de livres sur l'agriculture, qu'on ne connoît plus; fait toute sa vie des expériences dont on attend encore quelque résultat utile; c'est un chien qui suit, à vue, le gibier que les chiens qui ont du nez font lever, qui le fait abandonner aux autres, et qui ne le prend jamais. Au reste, son portrait est d'un burin moelleux, et qui sait donner aux chairs de la souplesse.

229. MELLINI.

Un portrait à moi inconnu.

BEAUVARLET.

230. *M. le comte d'Artois et Madame, d'après Drouais.*

Autres morceaux à moi inconnus.

Pour ses dessins de Mercure et d'Aglaure, et de la Fête de Campagne, l'un d'après la Hire, et l'autre d'après Teniers, tous les deux destinés pour le burin, ils sont faciles et bien.

232. ALLIAMET et STRANGE.

Lorsqu'un ancien port de Gênes, d'après Berghem; un Abraham répudiant Agar, et une Esther devant Assuérus, d'après le Guerchin; une Vierge avec son enfant, un Amour endormi, d'après le Guide, ne font pas sensation, ils doivent être bien médiocres. Il faut avouer aussi qu'à côté de la peinture, le rôle de la gravure est bien froid; on la laisse toute seule dans les embrâsures des croisées, où il est d'usage de la reléguer.

135. DEMARTEAU.

Je me suis expliqué ailleurs sur l'allégorie de Cochin, relative à la vie et à la mort de M. le Dauphin.

La Justice protégeant les Arts, Notre-Seigneur au tombeau, les deux premiers d'après le Caravage, le second d'après le Cortone ; tous les trois dessinés par Cochin, et gravés par Demarteau, sont à s'y tromper. Ce sont de vrais dessins au crayon. La belle, l'utile invention que cette manière de graver !

Le Grouppe d'enfans, la Tête de femme, les deux petites Têtes ; la Femme qui dort avec son enfant, gravés au crayon, mais à plusieurs crayons, sont d'un effet vraîment surprenant.

J'en dis autant de l'Académie, du satyre Marsias d'après Carles Vanloo. Les deux Enfans en l'air, sortant de dessous un lambeau de draperie, sont d'une finesse et d'une légéreté étonnantes ; cette femme qui regarde ironiquement par-dessus son épaule, est d'une grace et d'une expression peu communes. Je loue Boucher, quand il le mérite. Et fin des Graveurs, et du Salon de 1767.

Dieu soit béni. J'étois las de louer et de blâmer. Il ne me reste plus qu'à vous faire l'histoire de la distribution des prix de cette année, de l'injustice et de la honte de l'académie, et du ressentiment et de la vengeance des élèves. Ce sera pour le feuillet suivant, le seul que je voudrois que l'on publiât et qu'on affichât à la porte de l'académie et dans tous les carrefours, afin qu'un pareil événement n'eût jamais lieu. En attendant ce feuillet, permettez, pour le soulagement de ma conscience tourmentée de remords, que je réclame ici contre tout ce que j'ai dit, soit en bien, soit en mal. Je ne réponds que d'une chose, c'est de n'avoir écouté dans aucun endroit ni l'amitié ni la haine. Mais quand je pense que j'ai moins employé de temps à examiner deux cents morceaux, qu'il n'en faudroit accorder à trois ou quatre pour en bien juger; quand j'apprécie scrupuleusement la petite dose de mon expérience et de mes lumières, avec la témérité dont je prononce; et sur-tout lorsque je vois que, moins ignorant d'un Salon à un autre, je suis plus réservé, plus timide, et que je présume avec raison qu'il ne me manque peut-être que d'avoir vu davantage pour être plus juste, je me frappe la poitrine, et je demande pardon à Dieu, aux hommes et à vous, mon père, et de mes critiques hasardées, et de mes éloges inconsidérés.

DE LA MANIÈRE.

Sujet difficile, trop difficile, peut-être pour celui qui n'en sait pas plus que moi; matière à réflexions fines et profondes, qui demande une grande étendue de connoissances, et sur-tout une liberté d'esprit que je n'ai pas. Depuis la perte de notre ami commun, mon ame a beau s'agiter, elle reste enveloppée de ténèbres, au milieu desquelles une longue suite de scènes douloureuses se renouvellent. Au moment où je vous parle, je suis à côté de son lit; je le vois, j'entends sa plainte, je touche ses genoux froids; je pense qu'un jour..... Ah! Grimm, dispensez-moi d'écrire, ou du-moins laissez-moi pleurer un moment.

La manière est un vice commun à tous les beaux arts. Ses sources sont plus secrètes encore que celles de la beauté. Elle a je ne sais quoi d'original qui séduit les enfans, qui frappe la multitude, et qui corrompt quelquefois toute une nation; mais elle est plus insupportable à l'homme de goût que la laideur; car la laideur est naturelle, et n'annonce par elle-même aucune prétention, aucun ridicule, aucun travers d'esprit.

Un sauvage maniéré, un paysan, un pâtre, un artisan maniérés, sont des espèces de monstres qu'on n'imagine pas en nature; cependant ils peuvent l'être en imitation. La manière est dans les arts ce qu'est la corruption des mœurs chez un peuple.

Il me sembleroit donc premièrement, que la manière, soit dans les mœurs, soit dans le discours, soit dans les arts, est un vice de société policée.

A l'origine des sociétés, on trouve les arts bruts, le discours barbare, les mœurs agrestes ; mais ces choses tendent d'un même pas à la perfection, jusqu'à ce que le grand goût naisse; mais ce grand goût est comme le tranchant d'un rasoir, sur lequel il est difficile de se tenir. Bientôt les mœurs se dépravent ; l'empire de la raison s'étend ; le discours devient épigrammatique, ingénieux, laconique, sentencieux ; les arts se corrompent par le rafinement. On trouve les anciennes routes occupées par des modèles sublimes qu'on désespère d'égaler. On écrit des poëtiques ; on imagine de nouveaux genres ; on devient singulier, bizarre, maniéré ; d'où il paroît que la manière est un vice d'une société policée, où le bon goût tend à la décadence.

Lorsque le bon goût a été porté chez une nation à son plus haut point de perfection, on dispute sur le mérite des anciens, qu'on lit moins que jamais. La petite portion du peuple, qui médite, qui réfléchit, qui pense, qui prend pour unique mesure de son estime le vrai, le bon, l'utile ; pour trancher le mot, les philosophes dédaignent les fictions, la poésie, l'harmonie, l'antiquité. Ceux qui sentent, qui sont frappés d'une belle image, qui ont une oreille fine et délicate, crient au blasphême, à l'impiété. Plus on méprise eur idole, plus ils s'inclinent devant elle. S'il se rencontre alors quelqu'homme original, d'un esprit subtil, discutant, analysant, décomposant, corrompant la poésie par la philosophie, et la philosophie par quelques bluettes de poésie, il naît une manière qui entraîne la nation. De là une foule d'insipides imitateurs d'un modèle bizarre, imitateurs dont on pourroit dire, comme le médecin Procope disoit : Eux, bossus ! vous vous moquez ; ils ne sont que mal faits.

Ces copistes d'un modèle bizarre sont insipides, parce que leur bizarrerie est d'emprunt ; leur vice ne leur appartient pas ; ce sont des singes de Sénèque, de Fontenelle et de Boucher.

Le mot *manière* se prend en bonne et en mauvaise part ; mais presque toujours en mauvaise part, quand il est seul. On dit : Avoir de la manière, être maniéré ; et c'est un vice : mais on dit aussi : Sa manière est grande ; c'est la manière du Poussin, de Le Sueur, du Guide, de Raphaël, des Carraches.

Je ne cite ici que des peintres ; mais la manière a lieu dans tous les genres, en sculpture, en musique, en littérature.

Il y a un modèle primitif qui n'est point en nature, et qui n'est que vaguement, confusément dans l'entendement de l'artiste. Il y a, entre l'être de nature le plus parfait et ce modèle primitif et vague, une latitude sur laquelle les artistes se dispersent. De là les différentes manières propres aux diverses écoles, et à quelques maîtres distingués de la même école, manière de dessiner, d'éclairer, de colorier, de draper, d'ordonner, d'exprimer ; toutes sont bonnes ; toutes sont plus ou moins voisines du modèle idéal. La Vénus de Médicis est belle. La statue du Pygmalion de Falconet est belle. Il semble seulement que ce soient deux espèces diverses de belle femme.

J'aime mieux la belle femme des anciens que la belle femme des modernes, parce qu'elle est plus femme. Car qu'est-ce que la femme ? Le premier domicile de l'homme. Faites donc que j'apperçoive ce caractère dans la largeur des hanches et des reins. Si vous cherchez l'élégance, le svelte aux dépens de ce caractère, votre élégance sera fausse, vous serez maniéré.

Il y a une manière nationale, dont il est difficile de se départir. On est tenté de prendre pour la belle nature celle qu'on a toujours vue : cependant le modèle primitif n'est d'aucun siècle, d'aucun pays. Plus la manière nationale s'en rapprochera, moins elle sera vicieuse. Au-lieu de me montrer le premier domicile de l'homme, vous me montrez celui du plaisir.

Qui est-ce qui a gâté presque toutes les compositions de Rubens, si ce n'est cette vilaine et matérielle nature flamande, qu'il a imitée ? Dans des sujets flamands, peut-être seroit-elle moins répréhensible ; peut-être la constitution lâche, molle et replète étant bien d'un Silène, d'une Bacchante et d'autres êtres crapuleux, conviendroit-elle tout-à-fait dans une Bacchanale ?

C'est que toute incorrection n'est pas vicieuse ; c'est qu'il y a des difformités d'âge et de condition. L'enfant est une masse de chair non développée ; le vieillard est décharné, sec et voûté. Il y a des incorrections locales. Le Chinois a les yeux petits et obliques ; la Flamande, ses grosses fesses et ses lourdes mamelles ; le Nègre, son nez épaté, ses grosses lèvres et ses cheveux crépus. C'est en s'assujettissant à ces incorrections, qu'on éviteroit la manière, loin d'y tomber.

Si la manière est une affectation, quelle est la partie de la peinture qui ne puisse pécher par ce défaut ?

Le dessin ? Mais il y en a qui dessinent rond ; il y en a qui dessinent quarré. Les uns font leurs figures longues et sveltes ; d'autres les font courtes et lourdes ; ou les parties sont trop ressenties, ou elles ne le sont point du tout. Celui qui a étudié l'écorché, voit et rend toujours le dessous de la peau. Certains artistes stériles n'ont qu'un petit nombre de positions de corps, qu'un pied, une main, un bras, un dos, une jambe, une tête, qu'on retrouve par-tout. Ici, je reconnois l'esclave de la nature ; là, l'esclave de l'antique.

Le clair-obscur ? Mais qu'est-ce que cette affectation de rassembler toute la lumière sur un seul objet, et de jeter le reste de la composition dans l'ombre ? Il semble que ces artistes n'ont jamais rien vu que par un trou. D'autres étendront davantage leurs lumières et leurs ombres ; mais ils retombent sans cesse dans la même distribution, leur soleil est immobile. Si vous avez jamais observé les petits ronds éclairés de la lumière réfléchie d'un canal au plafond d'une galerie, vous aurez une juste idée du papillotage.

La couleur ? Mais, le soleil de l'art n'étant pas le même que le soleil de nature ; la lumière du peintre, celle du ciel ; la chair de la palette, la mienne ; l'œil d'un artiste, celui d'un autre ; comment n'y auroit-il point de manière dans la couleur ? Comment l'un ne seroit-il pas trop éclatant; l'autre trop gris ; un troisième tout-à-fait terne ou sombre ? Comment n'y auroit-il pas un vice de technique, résultant des faux mélanges ; un vice de l'école ou de maître ; un vice de l'organe, si les différentes couleurs ne l'affectent pas proportionnellement ?

L'expression ? Mais c'est elle qu'on accuse principalement d'être maniérée. En effet, l'expression est maniérée en cent façons diverses. Il y a dans l'art, comme dans la société, les fausses graces, la minauderie, l'afféterie, le précieux, l'ignoble, la fausse dignité ou la morgue, la fausse gravité ou la pédanterie, la fausse douleur, la fausse piété ; on fait grimacer tous les vices, toutes les vertus, toutes les passions ; ces grimaces sont quelquefois dans la nature ; mais elles déplaisent toujours dans l'imitation : nous exigeons qu'on soit homme, même au milieu des plus violens supplices.

Il est rare qu'un être, qui n'est pas tout entier à son action, ne soit pas maniéré.

Tout personnage qui semble vous dire : Voyez comme je pleure bien, comme je me fâche bien, comme je supplie bien, est faux et maniéré.

Tout personnage qui s'écarte des justes convenances de son état ou de son caractère, un magistrat élégant, une femme qui se désole et qui cadence ses bras, un homme qui marche et qui fait la belle jambe, est faux et maniéré.

J'ai dit quelque part que le célèbre Marcel maniéroit ses élèves ; et je ne m'en dédis pas. Les mouvemens souples, gracieux, délicats qu'il donnoit aux membres, écartoient l'animal des actions simples réelles de la nature, auxquelles il substituoit des attitudes de convention, qu'il entendoit mieux que personne au monde. Mais Marcel ne savoit rien de l'allure franche du sauvage. Mais à Constantinople, ayant à montrer à marcher, à se présenter, à danser à un Turc, Marcel se seroit fait d'autres règles. Qu'on prétende que son élève exécutoit à merveille la singerie française du respect, j'y consentirai ; mais que cet élève sût mieux qu'un autre se désoler de la mort ou de l'infidélité d'une maîtresse, se jeter aux pieds d'un père irrité, je n'en crois rien. Tout l'art de Marcel se réduisoit à la science d'un certain nombre d'évolutions de société ; il n'en savoit pas assez pour former même un médiocre acteur ; et le plus insipide modèle qu'un artiste eût pu choisir, c'eût été son élève.

Puisqu'il y a des grouppes de commande, des masses de convention, des attitudes parasites, une distribution asservie au technique, souvent en dépit de la nature du sujet, de faux contrastes entre les figures, des contrastes tout aussi faux entre les membres d'une figure ; il y a donc de la manière dans la composition, dans l'ordonnance d'un tableau.

Réfléchissez-y; et vous concevrez que le pauvre, le mesquin, le petit, le maniéré, a lieu même dans la draperie.

L'imitation rigoureuse de nature rendra l'art pauvre, petit, mesquin, mais jamais faux ou maniéré.

C'est de l'imitation de nature, soit exagérée, soit embellie, que sortiront le beau et le vrai, le maniéré et le faux; parce qu'alors l'artiste est abandonné à sa propre imagination; il reste sans aucun modèle précis.

Tout ce qui est romanesque est faux et maniéré. Mais toute nature exagérée, agrandie, embellie au-delà de ce qu'elle nous présente dans les individus les plus parfaits, n'est-elle pas romanesque?

Non. Quelle différence mettez-vous donc entre le romanesque et l'exagéré ? Voyez-le dans le préambule de ce Salon.

La différence de l'Iliade à un roman est celle de ce monde tel qu'il est, à un monde tout semblable, mais où les êtres, et par-conséquent tous les phénomènes physiques et moraux seroient beaucoup plus grands ; moyen sûr d'exciter l'admiration d'un pygmée tel que moi.

Mais je me lasse ; je m'ennuie moi-même ; et je finis, de peur de vous ennuyer aussi. Je ne suis pas autrement satisfait de ce morceau, que je brûlerois si ce n'étoit sous peine de le refaire.

LES DEUX ACADÉMIES.

Mon ami, faisons toujours des contes. Tandis qu'on fait un conte, on est gai; on ne songe à rien de fâcheux. Le temps se passe; et le conte de la vie s'achève, sans qu'on s'en apperçoive.

J'avois deux Anglois à promener. Ils s'en sont retournés, après avoir tout vu; et je trouve qu'ils me manquent beaucoup. Ceux-là n'étoient pas enthousiastes de leur pays. Ils remarquoient que notre langue s'étoit perfectionnée, tandis que la leur étoit restée presque barbare... C'est, leur disje, que personne ne se mêle de la vôtre, et que nous avons quarante oies qui gardent le capitole; comparaison qui leur parut d'autant plus juste qu'ainsi que les oies romaines, les nôtres gardent le capitole et ne le défendent pas.

Les quarante oies viennent de couronner une mauvaise pièce d'un petit Sabatin Langeac, pièce plus jeune encore que l'auteur, pièce dont on fait honneur à Marmontel, qui pourroit dire comme le paysan de madame de Sévigné accusé par une fille de lui avoir fait un enfant : Je ne l'ai pas fait;

mais il est vrai que je n'y ai pas nui; pièce que Marmontel a lue à l'assemblée publique, sans que la séduction de sa déclamation en ait pu dérober la pauvreté; pièce qui a ôté le prix à un certain M. de Rulières, qui avoit envoyé au concours une excellente satyre sur l'inutilité des disputes, excellente pour le ton et pour les choses, et qu'on a cru devoir exclure pour cause de personnalités; et tout cela n'est pas un conte, ni ce qui suit non plus.

Ce jugement des oies a donné lieu à une scène assez vive entre Marmontel et un jeune poète appelé Champfort, d'une figure très-aimable, avec assez de talent, les plus belles apparences de modestie, et la suffisance la mieux conditionnée. C'est un petit ballon dont une piquûre d'épingle fait sortir un vent violent. Voici le but du petit ballon.

CHAMPFORT.

Il faut, messieurs, que la pièce que vous avez préférée soit excellente.

MARMONTEL.

Et pourquoi cela ?

CHAMPFORT.

C'est qu'elle vaut mieux que celle de La Harpe.

MARMONTEL.

Elle pourroit valoir mieux que celle que vous citez, et ne valoir pas grand'chose.

CHAMPFORT.

Mais j'ai vu celle-ci.

MARMONTEL.

Et vous l'avez trouvé bonne?

CHAMPFORT.

Très-bonne.

MARMONTEL.

C'est que vous ne vous y connoissez pas.

CHAMPFORT.

Mais si celle de La Harpe est mauvaise, et si pourtant elle est meilleure que celle du petit Sabatin, celle-ci est donc détestable?

MARMONTEL.

Cela se peut.

CHAMPFORT.

Et pourquoi couronner une pièce détestable?

MARMONTEL.

Et pourquoi n'avoir pas fait cette question-là, quand on a couronné la vôtre? etc. etc.

C'est ainsi que Marmontel fouettoit le petit ballon Champfort, tandis que de son côté le public n'épargnoit pas le derrière de l'Académie.

Voilà l'histoire de la honte de l'Académie françoise; et voici l'histoire de la honte de l'Académie de peinture.

Vous savez que nous avons ici une École de

peinture, de sculpture et d'architecture, dont les places sont au concours, comme devroient y être toutes celles de la nation, si l'on étoit aussi curieux d'avoir de grands magistrats que l'on est curieux d'avoir de grands artistes. On demeure trois ans dans cette École; on y est logé, nourri, chauffé, éclairé, instruit et gratifié de trois cents livres tous les ans. Quand on a fini son triennat, on passe à Rome, où nous avons une autre École. Les élèves y jouissent des mêmes prérogatives qu'à Paris, et ils y ont cent francs de plus par an. Il sort tous les ans de l'École de Paris, trois élèves qui vont à l'École de Rome, et qui font place ici à trois nouveaux entrans. Songez, mon ami, de quelle importance sont ces places, pour des enfans, dont communément les parens, sont pauvres, qui ont beaucoup dépensé à ces pauvres parens, qui ont travaillé de longues années, et à qui l'on fait une injustice, certes, très-criminelle, lorsque c'est la partialité des juges, et non le mérite des concurrens, qui dispose de ces places.

Tout élève, fort ou foible, peut mettre au prix. L'Académie donne le sujet. Cette année, c'étoit le triomphe de David après la défaite du philistin Goliath. Chaque élève fait son esquisse, au bas de laquelle il écrit son nom. Le premier jugement de l'Académie consiste à choisir entre ces esquisses celles qui sont dignes de concourir: elles se réduisent ordinairement à sept ou huit. Les jeunes auteurs de ces esquisses, peintres ou sculpteurs, sont obligés de conformer leurs tableaux ou bas-reliefs aux esquisses sur lesquelles ils ont été admis. Alors on les renferme chacun séparément; et ils travaillent à leurs morceaux. Ces morceaux faits sont exposés au public pendant plusieurs jours; et l'Académie adjuge le prix, ou l'entrée à la pension, le samedi qui suit le jour de la Saint-Louis.

Ce jour, la place du Louvre est couverte d'artistes, d'élèves et de citoyens de tous les ordres. On y attend en silence la nomination de l'Académie.

Le prix de peinture fut accordé à un jeune homme, appelé Vincent. Aussi-tôt, il se fit un bruit d'acclamations et d'applaudissemens. Le mérite en effet avoit été récompensé. Le vainqueur élevé sur les épaules de ses camarades fut promené tout autour de la place; et après avoir joui des honneurs de cette espèce d'ovation, il fut déposé à la pension. C'est une cérémonie d'usage qui me plaît.

Cela fait, on attendit en silence la nomination du prix de sculpture. Il y avoit trois bas-reliefs de la première force. Les jeunes élèves qui les avoient faits, et qui ne doutoient point que le prix n'allât à l'un d'eux, se disoient amicalement: J'ai fait une assez bonne chose; mais tu en as fait une belle, et si tu as le prix je m'en consolerai. Eh bien! mon ami, ils en ont été privés tous les trois. La cabale l'a adjugé à un nommé Moitte élève de Pigal. Notre ami Pigal et son ami Le Moine se sont un peu déshonorés. Pigal disoit à Le Moine : Si l'on ne couronne pas mon élève, je quitterai l'Académie; et Le Moine n'a jamais eu le courage de lui répondre: S'il faut que l'Académie fasse une injustice pour vous conserver, il y aura de l'honneur pour elle à vous perdre. Mais revenons à nos assistans sur la place du Louvre.

C'étoit une consternation muette. L'élève appelé Milon, à qui le public, la partie saine de l'Académie, et ses camarades avoient déféré le prix, se trouva mal. Alors il s'éleva un murmure, puis des cris, des invectives, des huées, de la fureur ; ce fut un tumulte effroyable. Le premier qui se présenta pour sortir, ce fut le bel abbé Pommier, conseiller au parlement, et membre honoraire de l'Académie. La porte étoit obsédée ; il demanda qu'on lui fît passage. La foule s'ouvrit; et tandis qu'il la traversoit, on lui crioit : Passe, f..... âne. L'élève, injustement couronné, parut ensuite. Les plus échauffés des jeunes élèves s'attachent à ses vêtemens, et lui disent : Croûte, croûte abominable, infâme croûte, tu n'entreras pas; nous t'assommerons plutôt; et puis c'étoit un redoublement de cris et de huées à ne pas s'entendre. Le Moitte tremblant, déconcerté, disoit : Messieurs, ce n'est pas moi, c'est l'Académie; et on lui répondoit : Si tu n'es pas un indigne, comme ceux qui t'ont nommé, remonte, et va leur dire que tu ne veux pas entrer. Il s'éleva dans ces entrefaites une voix qui crioit : Mettons-le à quatre pattes, et promenons-le autour de la place avec Milon sur son dos; et peu s'en fallut que cela ne s'exécutât. Cependant les académiciens, qui s'attendoient à être sifflés, honnis, baffoués, n'osoient se montrer. Ils ne se trompoient pas. Ils le furent en effet avec le plus grand éclat possible. Cochin avoit beau crier : Que les mécontens viennent s'inscrire chez moi; on ne l'écoutoit pas, on siffloit, on honnissoit, on baffouoit. Pigal, le chapeau sur la tête et de son ton rustre que vous lui connoissez, s'adressa à un particulier qu'il prit pour un artiste, et qui ne l'étoit pas, et lui demanda s'il étoit en état de juger mieux que lui. Ce particulier, enfonçant son chapeau sur sa tête, lui répondit, qu'il ne s'entendoit point en bas-reliefs, mais qu'il se connoissoit en insolent, et qu'il en étoit un. Vous croyez peut-être que la nuit survint, et que tout s'appaisa; pas tout-à-fait.

Les élèves indignés s'attroupèrent, et concertèrent, pour le jour prochain d'assemblée, une avanie nouvelle. Ils s'informèrent exactement qui est-ce qui avoit voté pour Milon, qui est-ce qui avoit voté pour Moitte, et s'assemblèrent tous le samedi suivant sur la place du Louvre, avec tous les instrumens d'un charivari, et bonne résolution de les employer : mais ce projet ne tint pas contre la crainte du guet et du châtelet. Ils se contentèrent de former deux files, entre lesquelles tous leurs maîtres seroient obligés de passer. Dumont, Boucher, Vanloo, et quelques autres défenseurs du mérite se présentèrent les premiers ; et les voilà entourés, accueillis, embrassés, applaudis. Arrive Pigal ; et lorsqu'il est engagé entre les files, on crie *du dos* ; il se fait de droite et de gauche un demi-tour de conversion ; et Pigal passe entre deux longues rangées de dos : même salut et mêmes honneurs à Cochin, à M. et madame Vien, et aux autres.

Les académiciens ont fait casser tous les bas-reliefs, afin qu'il ne restât aucune preuve de leur injustice. Vous ne serez peut-être pas fâché de connoître celui de Milon ; et je vais vous le décrire.

A droite ce sont trois grands Philistins, bien contrits, bien humiliés ; l'un, les bras liés sur le dos ; un jeune Israélite est occupé à lier les bras des deux autres. Ensuite, David est porté sur son char par des femmes, dont une prosternée embrasse ses jambes, d'autres l'élèvent, une troisième sur le fond le couronne. Son char est attelé de deux chevaux fougueux, à la tête de ces chevaux, un écuyer les contient par la bride, et se dispose à remettre les rênes au triomphateur. Sur le devant, un vigoureux Israëlite tout nu, enfonce la pique dans la tête de Goliath, qu'on voit énorme, renversée, effroyable, les cheveux épars sur la terre. Plus loin, à gauche, ce sont des femmes qui dansent, qui chantent, qui accordent leurs instrumens. Parmi celles qui dansent, il y a une espèce de bacchante frappant du tambour, déployée avec une légèreté et une grace infinie, jambes et bras en l'air. Elle a la tête tournée vers le spectateur qui la voit du-reste par le dos; sur le devant, une autre danseuse qui tient son enfant par la main. L'enfant danse aussi; mais il a les yeux attachés sur l'horrible tête; et son action est mêlée de terreur et de joie. Sur le fond, des hommes, des femmes, la bouche ouverte, les bras levés, et en acclamations.

Ils ont dit que ce n'étoit pas là le sujet; et on leur a répondu qu'ils reprochoient à l'élève d'avoir eu du génie. Ils ont repris le char qui n'est pas même une licence. Cochin, plus adroit, m'a écrit que chacun jugeoit par ses yeux, et que l'ouvrage qu'il avoit couronné lui montroit plus de talent; discours d'un homme sans goût, ou de peu de bonne foi. D'autres ont avoué que le bas-relief de Milon étoit excellent à-la-vérité, mais que Moitte étoit plus habile; et on leur a demandé à quoi bon le concours, si l'on jugeoit la personne, et non l'ouvrage.

Mais écoutez une singulière rencontre de circonstances ; c'est qu'au moment même où le pauvre Milon venoit d'être dépouillé par l'académie, Falconet m'écrivoit : J'ai vu chez Le Moine un élève appelé Milon, qui m'a paru avoir du talent et de l'honnêteté ; tâchez de me l'envoyer, je vous laisse le maître des conditions. Je cours chez Le Moine. Je lui fais part de ma commission. Le Moine lève les mains au ciel, et s'écrie : La providence, la providence ! Et moi, d'un ton bourru, je reprends : La providence, la providence ; est-ce que tu crois qu'elle est faite pour réparer vos sottises ? Milon survint. Je l'invitai à me venir voir. Le lendemain, il étoit chez moi. Ce jeune homme étoit pâle, défait comme après une longue maladie. Il avoit les yeux rouges et gonflés ; et il me disoit d'un ton à me déchirer : Ah ! monsieur, après avoir été à charge à mes pauvres parens, pendant dix-sept ans ! Au moment où j'espérois ! Après avoir travaillé dix-sept ans, depuis la pointe du jour jusqu'à la nuit ! Je suis perdu. Encore, si j'avois espérance de gagner le prix, l'an prochain ; mais il y a là un Stoufle, un Foucaut ! Ce sont les noms de ses deux concurrens de cette année. Je lui proposai le voyage de Russie. Il me demanda le reste de la journée, pour en délibérer avec lui-même et ses amis. Il revint il y a quelques jours, et voici sa réponse : Monsieur, on ne sauroit être plus sensible à vos offres ; j'en

connois tout l'avantage ; mais on ne suit pas notre
talent par intérêt. Il faut présenter à l'Académie
l'occasion de réparer son injustice, aller à Rome,
ou mourir. Et voilà, mon ami, comme on décourage, comme on désole le mérite, comme on se
déshonore soi-même et son corps ; comme on fait
le malheur d'un élève et le malheur d'un autre à qui
ses camarades jetteront au nez sept ans de suite la
honte de sa réception; et comme il y a quelquefois
du sang répandu.

L'académie inclinoit à décimer les élèves. Boucher, doyen de l'académie, refusa d'assister à
cette délibération. Vanloo, chef de l'école, représenta qu'ils étoient tous innocens ou coupables;
que leur code n'étoit pas militaire ; et qu'il ne répondoit pas des suites. En effet, si ce projet avoit
passé, les décimés étoient bien résolus de cribler
Cochin de coups d'épée. Cochin, plus en faveur,
plus envié et plus haï, a supporté la plus forte
part de l'indignation des élèves et du blâme général. J'écrivois à celui-ci, il y a quelques jours :
Eh bien ! vous avez donc été bien berné par vos
élèves ! il est possible qu'ils aient tort, mais il y
a cent à parier contre un qu'ils ont raison. Ces
enfans-là ont des yeux, et ce seroit la première
fois qu'ils se seroient trompés. A-peine les prix
sont-ils exposés, qu'ils sont jugés et bien jugés par
les élèves. Ils disent : Voilà le meilleur; et c'est le
meilleur.

J'ai appris, à cette occasion, un trait singulier de Falconet. Il a un fils né avec l'étoffe d'un habile homme, mais à qui il a malheureusement appris à aimer le repos, et à mépriser la gloire. Le jeune Falconet avoir concouru ; les prix étoient exposés, et le sien n'étoit pas bon. Son père le prit par la main, le conduisit au Salon, et lui dit : Tiens, vois, et juge-toi toi-même. L'enfant avoit la tête baissée, et restoit immobile. Alors, le père se tournant vers les académiciens, ses confrères, leur dit : Il a fait un sot ouvrage ; et il n'a pas le courage de le retirer. Ce n'est pas lui, messieurs, qui l'emporte ; c'est moi. Puis, il mit le tableau de son fils sous son bras, et s'en alla. Ah ! si ce Brutus-là, qui juge son fils si sévèrement, qui estime le talent de Pigal, mais qui n'aime pas l'homme, avoit été présent à la séance de l'académie, lorsqu'on y prononça sur les prix !

Moitte, honteux de son élection, a été un mois entier sans entrer à la pension ; et il a bien fait de laisser à la haine de ses camarades le temps de tomber.

Je serois au désespoir qu'on publiât une ligne de ce que je vous écris, excepté ce dernier morceau que je voudrois qu'on imprimât et qu'on affichât à la porte de l'Académie et aux coins des rues.

N'allez pas inférer de cette histoire, que, si la vénalité des charges est mauvaise, le concours ne vaut guère mieux, et que tout est bien comme il est. Moitte est un bon élève ; et si le concours est sujet à l'erreur et à l'injustice, ce n'est jamais au point d'exclure l'homme de génie, et de donner la préférence à un sot décidé sur un habile homme. Il y a une pudeur qui retient.

Et Dieu soit loué, m'en voilà sorti. Et vous ? quand aurez-vous le bonheur d'en dire autant ? quand serez-vous remis du désordre que cet aimable, doux, honnête et timide prince de Saxe-Gotha a jeté dans votre commerce ?

PENSÉES DÉTACHÉES

SUR

LA PEINTURE, LA SCULPTURE, L'ARCHITECTURE

ET LA POÉSIE;

Pour servir de suite aux Salons.

PENSÉES DÉTACHÉES

SUR

LA PEINTURE, LA SCULPTURE, L'ARCHITECTURE

ET LA POÉSIE;

Pour servir de suite aux Salons.

Du Goût.

On retrouve les poëtes dans les peintres, et les peintres dans les poëtes. La vue des tableaux des grands maîtres est aussi utile à un auteur, que la lecture des grands ouvrages à un artiste.

Il ne suffit pas d'avoir du talent, il faut y joindre le goût. Je reconnois le talent dans presque tous les tableaux flamands; pour le goût, je l'y cherche inutilement.

Le talent imite la nature; le goût en inspire le choix; cependant j'aime mieux la rusticité que la mignardise; et je donnerois dix Wateau pour un Teniers. J'aime mieux Virgile que Fontenelle, et je préférerois volontiers Théocrite à tous les deux;

s'il n'a pas l'élégance de l'un, il est plus vrai, et bien loin de l'afféterie de l'autre.

Question qui n'est pas aussi ridicule qu'elle le paroîtra : Peut-on avoir le goût pur, quand on a le cœur corrompu.

N'y a-t-il aucune différence entre le goût que l'on tient de l'éducation ou de l'habitude du grand monde, et celui qui naît du sentiment de l'honnête ? Le premier n'a-t-il pas ses caprices ? N'a-t-il pas eu un législateur ? Et ce législateur, quel est-il ?

Le sentiment du beau est le résultat d'une longue suite d'observations; et ces observations, quand les a-t-on faites ? En tout temps, à tout instant. Ce sont ces observations qui dispensent de l'analyse. Le goût a prononcé long-temps avant que de connoître le motif de son jugement; il le cherche quelquefois sans le trouver, et cependant il persiste.

Je me souviens de m'être promené dans les jardins de Trianon. C'étoit au coucher du soleil; l'air étoit embaumé du parfum des fleurs. Je me disois : Les Tuilleries sont belles; mais il est plus doux d'être ici.

La nature commune fut le premier modèle de l'art. Le succès de l'imitation d'une nature moins commune fit sentir l'avantage du choix; et le choix le plus rigoureux conduisit à la nécessité d'embellir ou de rassembler dans un seul objet les beautés que la nature ne montroit éparses que dans un grand nombre. Mais comment établit-on l'unité entre tant de parties empruntées de différens modèles ? Ce fut l'ouvrage du temps.

Tous disent que le goût est antérieur à toutes les regles ; peu savent le pourquoi. Le goût, le bon goût est aussi vieux que le monde, l'homme et la vertu ; les siècles ne l'ont que perfectionné.

J'en demande pardon à Aristote ; mais c'est une critique vicieuse que de déduire des règles exclusives des ouvrages les plus parfaits, comme si les moyens de plaire n'étoient pas infinis. Il n'y a presqu'aucune de ces règles, que le génie ne puisse enfreindre avec succès. Il est vrai que la troupe des esclaves, tout en admirant, crie au sacrilége.

Les règles ont fait de l'art une routine ; et je ne sais si elles n'ont pas été plus nuisibles qu'utiles. Entendons-nous : elles ont servi à l'homme ordinaire ; elles ont nui à l'homme de génie.

Les pygmées de Longin, vains de leur petitesse, arrêtoient leur croissance par des ligatures. *De te fabula narratur*, homme pusillanime qui crains de penser.

Je suis sûr que lorsque Polygnote de Thasos et Myron d'Athènes quittèrent le camaïeu, et se mirent à peindre avec quatre couleurs, les anciens admirateurs de la peinture traitèrent leurs tentatives de libertinage.

Je crois que nous avons plus d'idées que de mots. Combien de choses senties, et qui ne sont pas nommées ! De ces choses, il y en a sans nombre dans la morale, sans nombre dans la poésie, sans nombre dans les beaux-arts. J'avoue que je n'ai jamais su dire ce que j'ai senti dans l'*Andrienne* de Térence et dans la *Vénus de Médicis*. C'est peut-être la raison pour laquelle ces ouvrages me sont toujours nouveaux. On ne retient presque rien sans le secours des mots, et les mots ne suffisent presque jamais pour rendre précisément ce que l'on sent.

On regarde ce que l'on sent et ce que l'on ne ne sauroit rendre, comme son secret.

Rien n'est si aisé que de reconnoître l'homme qui sent bien et qui parle mal, de l'homme qui parle bien et qui ne sent pas. Le premier est quelquefois dans les rues ; le second est souvent à la cour.

Le sentiment est difficile sur l'expression, il la cherche ; et cependant, ou il balbutie, ou il produit d'impatience un éclair de génie. Cependant cet éclair n'est pas la chose qu'il sent ; mais on l'apperçoit à sa lueur.

Un mauvais mot, une expression bizarre m'en a quelquefois plus appris que dix belles phrases.

Rien n'est plus ridicule et plus ordinaire dans la société, qu'un sot qui veut tirer d'embarras un homme de génie. Eh ! pauvre idiot, laisse-le se tourmenter, le mot lui viendra ; et quand il l'aura dit, tu ne l'entendras pas. (*Voyez* ci-après).

De la Critique.

Je voudrois bien savoir où est l'école où l'on apprend à sentir.

Il en est une autre, où j'enverrois bien des élèves; c'est celle où l'on apprendroit à voir le bien et à fermer les yeux sur le mal. Eh ! n'as-tu vu dans Homère que l'endroit où le poëte peint les puérilités dégoutantes du jeune Achille ? Tu remues le sable d'un fleuve, qui roule des paillettes d'or; et tu reviens les mains pleines de sable, et tu laisses les paillettes ?

Je disois à un jeune homme : Pourquoi blâmes-tu toujours, et ne loues-tu jamais ? *C'est*, me répondit-il, *que mon blame déplacé ne peut faire du mal qu'à un autre....* Si je ne l'avois connu pour un bon enfant, combien il se seroit trompé !

On est plus jaloux de passer pour un homme d'esprit, que l'on ne craint de passer pour un méchant. N'est-ce donc pas assez des inconvéniens de l'esprit, sans y joindre ceux de la méchanceté ? Tous les sots redoutent l'homme d'esprit; tout le monde redoute le méchant; sans en excepter les méchans.

Il est peu, très-peu d'hommes, qui se réjouissent franchement du succès de celui qui court la même carrière; c'est un des phénomènes les plus rares de la nature.

L'ambition de César est bien plus commune

qu'on ne pense ; le cœur ne propose pas même l'alternative, il ne dit pas : *aut Cæsar, aut nihil.*

Il est une certaine subtilité d'esprit très-pernicieuse ; elle sème le doute et l'incertitude. Ces amasseurs de nuages me déplaisent spécialement ; ils ressemblent au vent qui remplit les yeux de poussière.

Il y a bien de la différence entre un raisonneur et un homme raisonnable. L'homme raisonnable se tait souvent, le raisonneur ne déparle pas.

Le poëte a dit : *Trahit sua quemque voluptas.* Si l'observation de la nature n'est pas le goût dominant du littérateur ou de l'artiste, n'en attendez rien qui vaille ; et lui reconnoîtriez-vous ce goût dès sa plus tendre jeunesse, suspendez encore votre jugement. Les Muses sont femmes, elles n'accordent pas toujours leur faveur à ceux qui les sollicitent le plus opiniâtrément. Combien elles ont fait d'amans malheureux, et combien elles en feront encore ! Et pour l'amant favorisé, encore y a-t-il l'heure du berger.

La sotte occupation que celle de nous empêcher sans cesse de prendre du plaisir, ou de nous faire rougir de celui que nous avons pris ; c'est celle du critique.

Plutarque dit qu'il y eut, une fois, un homme si parfaitement beau, que, dans un temps où les arts florissoient, il mit en défaut toutes les ressources de la peinture et de la sculpture. Mais cet homme étoit un prince, il s'appeloit *Démétrius Poliorcètes*. Il n'y avoit peut-être pas une seule partie dans cet homme, que l'art ne pût encore embellir ; la flatterie n'en doutoit pas, mais elle se gardoit bien de le dire.

Un peintre ancien a dit qu'il étoit plus agréable de peindre que d'avoir peint. Il y a un fait moderne qui le prouve ; c'est celui d'un artiste qui abandonne à un voleur un tableau fini pour une ébauche.

Il y a une fausse délicatesse, si-non funeste à l'art, au-moins affligeante pour l'artiste. Un amateur qui reçoit ces juges dédaigneux dans sa galerie, les arrête inutilement devant les morceaux les plus précieux ; à-peine obtiennent-ils un regard distrait. Ils sont là comme le rat de ville à la table du rat des champs. *Omnia tangentis dente superbo*. Cela est fort beau ; mais cela est toujours fort au-dessous de ce qu'ils ont vu ailleurs. Si c'est là le motif qui ferme la porte de ton cabinet, Randon de Boisset, je te loue.

Quel que soit votre succès, attendez-vous à la critique. Si vous êtes un peu délicat, vous serez moins blessé de l'attaque de vos ennemis, que de la défense de vos amis.

De la composition, et du choix des sujets.

Rien n'est beau sans unité ; et il n'y a point d'unité sans subordination. Cela semble contradictoire ; mais cela ne l'est pas.

L'unité du tout naît de la subordination des parties ; et de cette subordination naît l'harmonie qui suppose la variété.

Il y a entre l'unité et l'uniformité la différence d'une belle mélodie à un son continu.

La symmétrie est l'égalité des parties correspondantes dans un tout. La symmétrie, essentielle dans l'architecture, est bannie de tout genre de peinture. La symmétrie des parties de l'homme y est toujours détruite par la variété des actions et des positions ; elle n'existe pas même dans une figure vue de face et qui présente ses deux bras étendus. La vie et l'action d'une figure sont deux choses différentes. La vie est dans une figure en repos. Les artistes ont attaché au mot de *mouvement* une acception particulière. Ils disent, d'une figure en repos, qu'elle a du *mouvement*, c'est-à-dire qu'elle est prête à se mouvoir.

L'harmonie du plus beau tableau n'est qu'une bien foible imitation de l'harmonie de la nature.

Le plus grand effort de l'art consiste souvent à sauver la difficulté.

C'est cet effet, qui caractérise en grande partie le technique ou le faire de chaque maître.

Celui qui demande un tableau, plus il détaille le sujet, plus il est sûr d'avoir un mauvais tableau. Il ignore combien dans le maître le plus habile l'art est borné.

Que m'importe que le *Laocoon* des statuaires

soit antérieur ou non au *Laocoon* du poëte? Il est certain que l'un a servi de modèle à l'autre.

Tout étant égal d'ailleurs, j'aime mieux l'histoire que les fictions.

La tête d'un homme sur le corps d'un cheval nous plaît; la tête d'un cheval sur le corps d'un homme nous déplaira. C'est au goût à créer des monstres. Je me précipiterai peut-être entre les bras d'une syrène; mais si la partie qui est femme étoit poisson, et celle qui est poisson étoit femme, je détournerois mes regards.

Je crois qu'un grand artiste peut me montrer avec succès les serpens repliés sur la tête des Euménides. Que Méduse soit belle, mais que son caractère m'inspire l'effroi, cela se peut; c'est une femme que j'aime à voir, mais dont je crains de m'approcher.

Ovide, dans ses *métamorphoses*, fournira à la peinture des sujets bizarres; Homère les fournira grands.

Pourquoi l'*Hippogryphe*, qui me plaît tant dans le poëme, me déplairoit-il sur la toile? J'en vais dire une raison bonne ou mauvaise. L'image, dans mon imagination, n'est qu'une ombre passagère. La toile fixe l'objet sous mes yeux, et m'en inculque la difformité. Il y a, entre ces deux imitations, la différence d'*il peut être* à *il est*.

La fable des habitans de l'isle de Délos métamorphosés en grenouilles, est un sujet propre pour une grande pièce d'eau.

Jamais un peintre de goût n'occupera son pinceau des *compagnons d'Ulysse changés en pourceaux*. Le Carrache l'a fait pourtant au palais Farnèse.

Ne me représentez jamais le Pô, ou ôtez-lui sa tête de Taureau.

Lucien parle d'une contrée où les habitans avoient le malheureux avantage de détacher leurs yeux de leurs têtes, et d'emprunter ceux de leurs voisins quand ils avoient égaré les leurs. = Où est cette contrée ? = Et vous qui me faites cette question, de quel pays êtes-vous ?

Horace a dit : *Nec pueros coram populo Medea trucidet ;* et Rubens m'a montré *Judith sciant la tête d'Holopherne*. Ou Horace a dit, ou Rubens a fait une sottise.

Soyez terrible, j'y consens ; mais que la terreur que vous m'inspirez soit tempérée par quelque grande idée morale.

Si tous les tableaux de martyrs, que nos grands maîtres ont si sublimement peints, passoient à une postérité reculée, pour qui nous prendroit-elle ? Pour des bêtes féroces ou des antropophages.

Pourquoi est-ce que les ouvrages des anciens ont un si grand caractère ? C'est qu'ils avoient tous fréquenté les écoles des philosophes.

Tout morceau de sculpture ou de peinture doit

être l'expression d'une grande maxime, une leçon pour le spectateur ; sans quoi il est muet.

Deux qualités essentielles à l'artiste, la morale et la perspective.

La plus belle pensée ne peut plaire à l'esprit, si l'oreille est blessée. De là, la nécessité du dessin et de la couleur.

Dans toute imitation de la nature, il y a le technique et le moral. Le jugement du moral appartient à tous les hommes de goût ; celui du technique n'appartient qu'aux artistes.

Quelque soit le coin de la nature que vous regardiez, sauvage ou cultivé, pauvre ou riche, désert ou peuplé, vous y trouverez toujours deux qualités enchanteresses, la vérité et l'harmonie.

Transportez Salvator-Rose dans les régions glacées voisines du pôle ; et son génie les embellira.

N'inventez de nouveaux personnages allégoriques qu'avec sobriété, sous peine d'être énigmatique.

Préférez, autant qu'il vous sera possible, les personnages réels aux êtres symboliques.

L'allégorie, rarement sublime, est presque toujours froide et obscure.

La nature est plus intéressante pour l'artiste que pour moi ; pour moi ce n'est qu'un spectacle, pour lui c'est encore un modèle.

Il y a des licences accordées au dessin, et peut-être au bas-relief, qu'on refuse à la peinture. La vigueur du coloris fait sortir la fausseté, ou le hideux, ou le dégoûtant de l'objet.

L'artiste moderne vous montrera le fils d'Achille adressant la parole à la malheureuse Polixène ; et il sera froid. L'artiste antique vous le montrera saisissant la chevelure de sa victime et prêt à la frapper ; et il sera chaud. L'instant où il lui enfonceroit son glaive dans la poitrine inspireroit de l'horreur.

Je ne suis pas un capucin ; j'avoue cependant que je sacrifierois volontiers le plaisir de voir de belles nudités, si je pouvois hâter le moment où la peinture et la sculpture, plus décentes et plus morales, songeront à concourir, avec les autres beaux arts, à inspirer la vertu et à épurer les mœurs. Il me semble que j'ai assez vu de tetons et de fesses ; ces objets séduisans contrarient l'émotion de l'ame, par le trouble qu'ils jettent dans les sens.

Je regarde *Suzanne ;* et loin de ressentir de l'horreur pour les vieillards, peut-être ai-je desiré d'être à leur place.

Monsieur de la Harpe, vous avez beau dire ; il faut agiter, tourmenter, émouvoir. On a écrit au-dessous de la muse tragique : φόβος καὶ ἐλεὸς ; et vous ne m'inspirerez ni la terreur, ni la pitié, si vous manquez de chaleur, pas plus que vous n'éleverez mon ame, si la vôtre est vide de noblesse.

Longin conseille aux orateurs de se nourrir de pensées grandes et nobles. Je ne dédaigne pas ce conseil; mais le lâche se bat inutilement les flancs, pour être brave : il faut l'être d'abord, et se fortifier seulement avec le commerce de ceux qui le sont. Il faut reconnoître son cœur, quand on les lit ou qu'on les écoute; en être étonné, c'est s'avouer incapable de parler, de penser et d'agir comme eux. Heureux celui qui, parcourant la vie des grands hommes, les approuve et ne les admire point, et dit : *ed anch' io son pittor!*

Il faut sacrifier aux graces, même dans la peinture de la mauvaise humeur et du souci.

Rien de plus piquant qu'un accessoire mélancolique dans un sujet badin.

>   Vivamus, mea Lesbia, atque amemus;
>   Rumoresque senum severiorum
>   Omnes unius æstimemus assis.
>   Soles occidere et redire possunt :
>   Nobis, quum semel occidit brevis lux,
>   Nox est perpetua una dormienda.
>   Da mihi basia mille, deinde centum.

Quelque talent qu'il y ait dans un ouvrage malhonnête, il est destiné à périr, ou par la main de l'homme sévère, ou par la main de l'homme superstitieux ou dévot. = Quoi ! vous seriez assez barbare pour briser la *Vénus aux belles fesses ?* = Si je surprenois mon fils se polluant aux pieds de cette statue, je n'y manquerois pas. J'ai vu une fois une clef de montre imprimée sur les cuisses d'un plâtre voluptueux.

Un tableau, une statue licencieuse est peut-être plus dangereuse qu'un mauvais livre ; la première de ces imitations est plus voisine de la chose. Dites-moi, littérateurs, artistes, répondez-moi ; si une jeune innocente avoit été écartée du chemin de la vertu par quelques-unes de vos productions, n'en seriez-vous pas désolés ; et son père vous pardonneroit-il, et sa mère n'en mourroit-elle pas de douleur ? Que vous ont fait ces parens honnêtes, pour vous jouer de la vertu de leurs enfans et de leur bonheur ?

Je voudrois que le remords eût son symbole, et qu'il fût placé dans tous les ateliers.

La sérénité n'habite que dans l'ame de l'homme de bien ; il fait nuit dans celle du méchant.

Je n'aime pas qu'Apollon, poursuivant Daphné, soit respectueux. Il est nu; et la nymphe qu'il poursuit est nue. S'il retire son bras en arrière, s'il craint de la toucher, c'est un sot ; s'il la touche, l'artiste est un indécent. La touchât-il avec le revers de la main, comme on le voit dans le tableau de Layresse, le spectateur dira : Seigneur Apollon, vous ne l'arrêterez pas comme cela ; si vous craignez qu'elle ne s'enfuye pas assez vîte, vous vous y prenez fort bien. = Mais peut-être que le dieu avoit la peau du dessus de la main douce, et celle du dedans rude. == Laissez-moi en repos ; vous n'êtes qu'un mauvais plaisant.

Vous entrez dans un appartement, et vous dites : Il y a bien du monde ; ou on étouffe ici ; ou il n'y a personne. Eh bien ! si vous avez ce tact, qui n'est pas rare, votre toile ne sera ni vide ni surchargée.

Vous entrez dans un appartement, et vous dites : Qu'est-ce qui les a tous entassés dans cet endroit ? ou je les trouve bien isolés les uns des autres ? Eh bien, si vous avez ce tact, qui n'est pas rare, il y aura de l'air entre vos figures, et elles ne seront ni trop pressées ni trop éloignées.

Si l'intérêt mesure la distance de chacune à l'objet principal, elles seront à leur véritable place.

Si l'intérêt varie leur position, elles auront leur véritable attitude.

Si l'intérêt varie leur expression, elles auront leur véritable caractère.

Si l'intérêt varie la distribution des ombres et des lumières, et que chaque figure prenne de la masse générale la portion relative à leur importance, votre scène sera naturellement éclairée.

Si vos lumières et vos ombres sont larges, et que le passage des unes aux autres soit imperceptible et doux, vous serez harmonieux.

Il y a des espaces arides dans la nature, et il peut y en avoir dans l'imitation.

Quelquefois la nature est sèche, et jamais l'art ne le doit être.

Ce sont les limites étroites de l'art, sa pauvreté, qui a distingué les couleurs en *couleurs amies* et en *couleurs ennemies*. Il y a des coloristes hardis qui ont négligé cette distinction. Il est dangereux de les imiter, et de braver le jugement du goût fondé sur la nature de l'œil.

Eclairez vos objets selon votre soleil, qui n'est pas celui de la nature ; soyez le disciple de l'arc-en-ciel, mais n'en soyez pas l'esclave.

Si vous savez ôter aux passions leurs grimaces, vous ne pécherez pas en les portant à l'extrême, relativement au sujet de votre tableau ; alors toute votre scène sera aussi animée qu'elle peut et doit l'être.

Je sais que l'art a ses règles qui tempèrent toutes les précédentes ; mais il est rare que le moral doive être sacrifié au technique. Ce n'est ni à Wan-Huysum ni à Chardin que je m'adresse ; dans la peinture de genre il faut tout immoler à l'effet.

La peinture de genre n'est pas sans enthousiasme ; c'est qu'il y a deux sortes d'enthousiasme : l'enthousiasme d'ame et celui du métier. Sans l'un, le concept est froid ; sans l'autre, l'exécution est foible ; c'est leur union qui rend l'ouvrage sublime. Le grand paysagiste a son enthousiasme particulier ; c'est une espèce d'horreur sacrée.

Ses antres sont ténébreux et profonds ; ses rochers escarpés menacent le ciel ; les torrens en descendant avec fracas, ils rompent au loin le silence auguste de ses forêts. L'homme passe à travers de la demeure des démons et des dieux. C'est là que l'amant a détourné sa bien-aimée, c'est là que son soupir n'est entendu que d'elle. C'est là que le philosophe, assis ou marchant à pas lents, s'enfonce en lui-même. Si j'arrête mon regard sur cette mystérieuse imitation de la nature, je frissonne.

Si le peintre de ruines ne me ramène pas aux vicissitudes de la vie et à la vanité des travaux de l'homme, il n'a fait qu'un amas informe de pierres. Entendez-vous, monsieur Machy ?

Il faut réunir à une imagination grande et forte un pinceau ferme, sûr et facile ; la tête de Deshays à la main de son beau-père.

Toute composition digne d'éloge est en tout et par-tout d'accord avec la nature ; il faut que je puisse dire : Je n'ai pas vu ce phénomène, mais il est.

Comme la poésie dramatique, l'art a ses trois unités : de temps, c'est au lever ou au coucher du soleil ; de lieu, c'est dans un temple, dans une chaumière, au coin d'une forêt ou sur une place publique ; d'action, c'est ou le Christ s'acheminant sous le poids d'une croix au lieu de son supplice, ou sortant du tombeau vainqueur des enfers, ou se montrant aux pélerins d'Emmaüs.

L'unité de temps est encore plus rigoureuse pour le peintre que pour le poëte ; celui-là n'a qu'un instant presque indivisible.

Les instans se succèdent dans la description du poëte, elle fourniroit à une longue galerie de peinture. Que de sujets depuis l'instant où la fille de Jephté vient au-devant de son père, jusqu'à celui où ce père cruel lui enfonce un poignard dans le sein !

Ces principes sont rebattus ; où est le peintre qui les ignore ? où est le peintre qui les observe ? On a tout dit sur le costume, et il n'y a peut-être aucun artiste qui n'ait fait quelque faute plus ou moins lourde contre le costume.

Avez-vous vu la sublime composition, où *Raphaël* lève avec la main de la Vierge le voile qui couvre l'Enfant-Jésus, et l'expose à l'adoration du petit Saint-Jean qui est agenouillé à côté d'elle ? Je disois à une femme du peuple : Comment trouvez-vous cela ? = Fort mal. = Comment, fort mal ? mais c'est un *Raphaël*. = Eh bien ! votre *Raphaël* n'est qu'un âne. = Et pourquoi, s'il vous plaît ? = C'est la Vierge que cette femme-là ? = Oui, voilà l'Enfant-Jésus. = Cela est clair. Et celui-là ? = C'est Saint-Jean. = Cela l'est encore. Quel âge donnez-vous à cet Enfant-Jésus ? = Mais, quinze à dix-huit mois. = Et à ce Saint-Jean ? = Au moins quatre à cinq ans.

= Eh bien! ajouta cette femme, les mères étoient grosses en-même-temps.... Je n'invente point un conte ; je dis un fait. Un autre fait, c'est que la composition n'en fut pas moins belle pour moi.

La même femme trouvoit l'*Enfant du Silence*, du Carrache, énorme, monstrueux; et elle avoit raison. Elle étoit choquée de la disproportion de cet enfant avec sa mère délicate; et elle avoit encore raison.

C'est qu'il ne faut pas mettre la nature exagérée à côté de la nature vraie, sous peine de contradiction. Si les hommes d'Homère lancent des quartiers de roche, ses dieux enjambent les montagnes.

J'ai dit que l'artiste n'avoit qu'un instant; mais cet instant peut subsister avec des traces de l'instant qui a précédé, et des annonces de celui qui suivra. On n'égorge pas encore Iphigénie; mais je vois approcher le victimaire avec le large bassin qui doit recevoir son sang; et cet accessoire me fait frémir.

A mesure que le lieu de la scène s'éloigne, l'angle visuel s'étend, et le champ du tableau peut s'accroître. Quelle est la plus grande quantité de cet angle au fond de l'œil ? Quatre-vingt-dix degrés; au-delà de cette mesure on me montre plus d'espace que je n'en puis embrasser. De-là la nescessité d'étendre les espaces situés au-dehors de ces lignes.

Les compositions seroient monotones, si l'action

principale devoit rigoureusement occuper le milieu de la scène. On peut, on doit peut-être s'écarter de ce centre, mais avec sobriété.

Qu'est-ce qu'on entend par la balance de la composition ? J'en ai peut-être une idée fausse ; c'est de regarder la largeur du tableau comme un levier, regarder pour nulle la pesanteur des figures placées sur le point d'appui, établir l'équilibre entre les figures placées sur les bras, et diminuer ou augmenter les efforts de part et d'autre, en raison inverse des éloignemens. Peu de figures, si le sujet l'exige, et beaucoup d'accessoires ; ou beaucoup de figures et peu d'accessoires.

Pourquoi l'art s'accommode-t-il si aisément des sujets fabuleux, malgré leur invraisemblance ? C'est par la même raison que les spectacles s'accommodent mieux des lumières artificielles que du jour. L'art et ces lumières sont un commencement d'illusion et de prestige. Je penserois volontiers que les scènes nocturnes auroient sur la toile plus d'effet que les scènes du jour, si l'imitation en étoit aussi facile. Voyez à Saint-Nicolas-des-Champs Jouvenet ressuscitant le Lazare, à la lueur des flambeaux. Voyez sous le cloître des Chartreux Saint Bruno expirant, à des lumières artificielles. J'avoue qu'il y a une convenance secrète entre la mort et la nuit, qui nous touche sans que nous nous en doutions. La résurrection en est plus merveilleuse, la mort en est plus lugubre.

Je ne dispute guère contre les actions héroïques; j'aime à croire qu'elles se sont faites. J'adopte volontiers les systèmes qui embellissent les objets. Je préfère la chronologie de Newton à celle des autres historiographes, parce que, si Newton a bien calculé, Enée et Didon seront contemporains.

Il ne faut quelquefois qu'un trait pour montrer toute une figure, *et vera incessu patuit Dea*. Il ne faut quelquefois qu'un mot pour faire un grand éloge. *Alexandre épousa Roxane*. Qui étoit cette Roxane qu'Alexandre épousa? Apparemment la plus grande et la plus belle femme de son temps.

Les erreurs consacrées par de grands artistes deviennent avec le temps des vérités populaires. S'il existoit plusieurs tableaux de l'*Enfant-Jésus modelant et animant des oiseaux d'argile*, nous y croirions.

Beau sujet de tableau, c'est *Phryné traînée devant l'aréopage pour cause d'impiété, et absoute à la vue de son beau sein*: preuve, entre beaucoup d'autres, du cas que les Grecs faisoient de la beauté, ou des modèles qui servoient pour leurs dieux et leurs déesses.

Baudouin a traité ce sujet trop au-dessus de ses forces. Il n'a pas senti que les juges devoient occuper le côté gauche de la scène, et que la courtisane et son avocat devoient être à droite, l'avocat plus sur le fond, la courtisane plus voisine de moi. Il n'a pas su leur donner de l'expression; l'action de l'avocat au moment où il arrache la tunique de Phryné, n'a ni l'enthousiasme, ni la noblesse qu'elle exigeoit. Les juges, dont il étoit si naturel de varier les mouvemens, sont immobiles et froids. Je ne me rappelle pas qu'il y eût aucun concours d'assistans; cependant on alloit entendre les causes singulières dans Athènes comme dans Paris. Mais, c'est la courtisane sur-tout qu'il étoit difficile de rendre; aussi ne l'a-t-il pas rendue.

> Sumite materiam vestris, qui scribitis, æquam
> Viribus; et versate diù quid ferre recusent,
> Quid valeant humeri.

Un petit peintre d'historiettes tantôt ordinaires, tantôt galantes, ne pouvoit que faire un pauvre rôle devant un Aréopage: ce qui est arrivé à Baudouin. Il est mort épuisé de débauches. Je n'en parlerois pas ainsi, je n'en parlerois point du tout, s'il vivoit. Deshays, l'autre gendre de Boucher, avoit les mêmes mœurs, et a eu le même sort que Baudouin.

Quelque habile que soit un artiste, il est facile de discerner s'il a appelé le modèle ou travaillé de pratique; l'absence de certaines vérités de nature décèle ou son avarice ou sa vanité. = Mais, quand on a beaucoup imité cette nature, ne peut-on pas s'en passer? = Non. = Et pourquoi? = C'est que le mouvement du corps le plus imperceptible change toute la position des muscles, et produit des rondeurs où il y avoit des méplats, des méplats où il y avoit des rondeurs; toute la figure est voisine du vrai, et tout y est faux.

Ce contraste entre les figures, si sottement recommandé et plus sottement encore comparé à celui des personnages dramatiques, entendu comme il l'est par les écrivains et peut-être par les artistes, donneroit aux compositions un air d'apprêt insupportable. Allez aux Chartreux, voyez là quarante moines rangés sur deux files parallèles; tous font la même chose, aucun ne se ressemble; l'un a la tête renversée en arrière et les yeux fermés; l'autre l'a penchée et renfoncée dans son capuchon; et ainsi du reste de leurs membres. Je ne connois pas d'autre contraste que celui-là.

Quoi donc! faut-il que l'un parle, quand un autre se tait; que l'un crie, quand un autre parle; que l'un se redresse, quand un autre se courbe; que l'un soit triste, quand un autre est gai; que l'un soit extravagant, quand un autre est sage? Cela seroit trop ridicule.

Le contraste est une affaire de règle, dites-vous. Je n'en crois rien. Si l'action demande que deux figures se penchent vers la terre, qu'elles soient penchées toutes deux; et si vous les imitez d'après nature, ne craignez pas qu'elles se ressemblent.

Le contraste n'est pas plus une affaire de hasard que de règle. C'est par une nécessité, dont il est impossible de s'affranchir sans être faux, que deux figures différentes, ou d'âge, ou de sexe, ou de caractère, font diversement une même chose.

Une composition doit être ordonnée, de manière à me persuader qu'elle n'a pu s'ordonner autrement ; une figure doit agir ou se reposer, de manière à me persuader qu'elle n'a pu agir autrement.

Allez encore aux Chartreux ; voyez *la distribution des aumônes de Bruno à cent* pauvres qui se présentent autour de lui. Tous sont debout, tous demandent, tous tendent les mains pour recevoir ; et dites-moi où est le contraste entre ces figures.

Je ne sais si le contraste technique a embelli quelques compositions ; mais je suis sûr qu'il en a beaucoup gâté.

Le contraste que vous recommandez se sent ; celui qui me plaît ne se sent pas.

Ne croyez pas qu'on puisse conserver la même action, et tourner et retourner sa figure en cent diverses manières ; il n'y en a qu'une qui soit bien, parfaitement bien ; et ce n'est jamais que notre ignorance qui laisse à l'artiste le choix entre plusieurs.

Mais quoi ! me direz-vous, un homme qui ramasse une pièce d'argent à terre, un de ces mendians de *Le Sueur*, par exemple, ne la peut ramasser que d'une façon, ne peut se courber plus ou moins ? = A la rigueur, non. = Ne peut avoir ses deux jambes parallèles, ou l'une placée en avant et l'autre reculée en arrière ? = Non.

== Prendre d'une main et appuyer, ou ne pas appuyer de l'autre à terre ? Non, non. == Se précipiter avec rapidité ou ramasser avec nonchalance ? == Non, non, vous dis-je. == Mais si l'artiste n'étoit pas le maître de varier à sa fantaisie la position de ses figures, il faudroit qu'il renonçât à son talent, ou qu'à l'occasion d'une tête, d'un pied, d'une main, d'un doigt, il bouleversât toute son ordonnance. == Cela paroît ainsi; mais cela n'est pas. Heureusement pour l'artiste, nous n'en savons pas assez, pour sentir et accuser ses négligences. Daignez m'écouter encore un moment. L'artiste veut rendre d'après nature une action; il appelle le modèle; il lui dit : Faites telle chose; le modèle obéit et fait la chose de la manière apparemment qui lui est la plus commode : c'est l'organisation qui lui est propre, qui dispose de tous ses membres. Cela est si vrai, que, si l'artiste se sert d'un autre modèle, plus svelte ou plus lourd, plus jeune ou plus âgé, à qui il ordonne la même action, ce second modèle l'exécutera diversement. Que fait donc l'artiste qui lui relève ou baisse la tête, qui lui avance ou retire une jambe, ou qui lui pousse une main en avant, ou qui lui repousse l'autre en arrière ? N'est-il pas évident qu'il contrarie l'organisation de cet homme, et qu'il le gêne plus ou moins ? == Eh ! que m'importe, pourvu que cette gêne m'échappe, et que l'ensemble en soit plus parfait ? == Vous avez raison ; mais convenez qu'il y a à cet agencement artificiel d'une figure des limites assez étroites, et qu'un peu trop de licence lui donneroit un air académique où gêné, tout-à-fait maussade.

Voulez-vous que je vous raconte un fait qui m'est personnel ? Vous connoissez ou vous ne connoissez pas la statue de Louis XV placée dans une des cours de l'École-Militaire ; elle est de Le Moine. Cet artiste faisoit, un jour, mon portrait. L'ouvrage étoit avancé. Il étoit debout, immobile, entre son ouvrage et moi, la jambe droite pliée et la main gauche appuyée sur la hanche, non du même côté, du côté gauche. Mais, lui dis-je, M. Le Moine, êtes vous bien ? = Fort bien, me répondit-il. = Et pourquoi votre main n'est-elle pas sur la hanche du côté de votre jambe pliée ? = C'est que par sa pression je risquerois de me renverser ; il faut que l'appui soit du côté qui porte toute ma personne. = A votre avis, le contraire seroit absurde ? = Très-absurde. = Pourquoi donc l'avez-vous fait à votre Louis XV de l'École-Militaire ?.... = A ce mot, Le Moine resta stupéfait et muet. J'ajoutai : Avez-vous eu le modèle pour cette figure ? = Assurément. = Avez-vous ordonné cette position à votre modèle ? = Sans doute. = Et comment s'est-il placé ? est-ce comme vous l'êtes à-présent, ou comme votre statue ? = Comme je suis. = C'est donc vous qui l'avez arrangé autrement ? = Oui, c'est moi, j'en conviens. = Et pourquoi ? = C'est que j'y ai trouvé plus de grace.... = J'aurois pu ajouter : Et vous croyez que la grace est compatible avec l'absurdité ? Mais je me tus par pitié, je m'accusai même de dureté ; car pourquoi montrer à l'artiste les défauts de son ouvrage, quand il n'y a plus de remède ? C'est le contrister bien en pure perte, sur-tout quand il n'est plus d'âge à se corriger... A-présent je reviens à vous, et je vous demande si Le Moine, au-lieu d'agencer sa figure comme nous la voyons, n'auroit pas mieux fait de la rendre à-peu-près strictement d'après le modèle ? Je dis à-peu-près ; car, le modèle le plus parfait n'étant qu'un à-peu-près de la figure que l'artiste se proposoit d'exécuter, son action ne pouvoit être qu'un à-peu-près de l'action qu'il se proposoit de lui donner. = Mais les fautes sont rarement aussi grossières. = D'accord. Cependant vous entendrez souvent dire, des compositions d'un artiste : Il y a je ne sais quoi de contraint dans ses figures ; et savez-vous d'où naît cette contrainte ? De la liberté qu'il a prise de réduire l'action naturelle de son modèle aux maudites règles du technique ; car convenez qu'une imitation rigoureuse, si elle avoit quelque vice, ce ne seroit pas celui-là. = Mais s'il arrive que le modèle soit gauche, que faire ? = Sans balancer, en prendre un autre qui ne le soit pas. Tenter de corriger sa gauchérie, c'est s'exposer à tout gâter. Nous sentons bien qu'un modèle se tient mal ; mais dans les actions un peu extraordinaires, savons-nous ce qui lui manque pour se bien tenir, et le savons-nous avec cette précision que le scrupule de l'art exige ? Les Flamands et les Hollandois, qui semblent avoir dédaigné le choix des natures, sont merveilleux sur ce point. Vous verrez, dans un *Kermesse* de *Téniers*, un nombre prodigieux de figures toutes occupées à différentes actions ; les uns boivent, les autres, ou dansent, ou conversent, ou se querellent, ou se battent, ou s'en retournent en chancelant d'ivresse, ou poursuivent des femmes qui s'enfuient, soit en riant, soit en criant ; parmi tant de scènes diverses, pas une position, pas un mouvement, pas une action qui ne vous semble être de la nature. = Mais comment font les peintres de bataille ? = Il faut montrer le tableau au maréchal de Broglio, et lui demander ce qu'il en pense ; ou plutôt conserver pour ce genre de peinture toute notre indulgence accoutumée. Comment voulez-vous qu'un modèle puisse montrer, avec quelque vérité, ou le soldat furieux qui s'élance, ou un soldat pusillanime qui se sauve avec effroi, et toute la variété des actions d'une journée sanglante ? Le morceau produit-il une impression profonde ? ne pouvez-vous ni en détacher, ni lui continuer vos regards ? Tout est bien. N'entrons dans aucun détail minutieux. Avec des pieds négligés et des mains estropiées ou informes, une belle bataille est toujours un prodige d'imagination et d'art. Et puis, comment accuser de contrainte des mouvemens au milieu d'une mêlée, où chaque individu entouré de toutes parts de menaces et de péril, a la mort à droite, à gauche, par-devant, par-derrière, et ne sait où trouver de la sécurité ? On sent qu'alors la position doit être vacillante, incertaine et tourmentée, excepté dans celui que la fureur emporte, et qui va s'enfoncer lui-même dans la poitrine le glaive de son ennemi. Il a dit: Vaincre ou mourir; et, en conséquence de cette résolution, son mouvement est franc, son action décidée, et sa position ne souffre de gêne que par les obstacles qu'il rencontre.

J'ai dit quelque part que les mœurs anciennes étoient plus poëtiques et plus pittoresques que les nôtres; j'en dis autant ici de leurs batailles. Quelle comparaison du plus beau *Wander Meulen* avec un tableau de *Le Brun*, tel que le *Passage du Granique* ! Les mœurs en s'adoucissant, l'art militaire en se perfectionnant, ont presque anéanti les beaux-arts.

La peinture est tellement ennemie de la symmétrie, que, si l'artiste introduit une façade dans son tableau, il ne manquera pas d'en rompre la monotonie par quelque artifice, ne fût-ce que par l'ombre de quelque corps, ou par l'incidence oblique de la lumière. La partie éclairée semble s'avancer vers l'œil, et la partie ombrée s'en éloigner.

La proportion produit l'idée de force et de solidité.

L'artiste évitera les lignes parallèles, les triangles, les quarrés, et tout ce qui approche des figures géométriques, parce qu'entre mille cas où le hasard dispose des objets, il n'y en a qu'un seul où il rencontre ces figures. Pour les angles aigus, c'est l'ingratitude et la pauvreté de leurs formes qui les proscrit.

Il y a une loi pour la peinture de genre, et pour les grouppes d'objets pêle-mêle entassés. Il faudroit leur supposer de la vie, et les distribuer comme s'ils s'étoient arrangés d'eux-mêmes, c'est-à-dire, avec le moins de gêne et le plus d'avantage pour chacun d'eux.

Celui qui fait la statue dans le *Festin de Pierre* se tient roide, prend une attitude contrainte, imite le bloc de marbre de son mieux; mais c'est donc une mauvaise statue qu'il veut imiter ? Et pourquoi n'en imiteroit-il pas une bonne ? En ce cas, il doit s'arranger d'après son rôle comme une statue de grand maître, avoir de l'expression, de la vie, de la noblesse, de la grace. La seule qualité qui lui soit propre avec l'ouvrage de l'art, c'est l'immobilité, qui ne contredit pas le mouvement. Est-ce que Sisyphe, qui pousse la ro[...] le haut du rocher, ne se meut pas ?

Il ne faut pas croire que les êtres inanimés

soient sans caractères. Les métaux et les pierres ont les leurs. Entre les arbres, qui n'a pas observé la flexibilité du saule, l'originalité du peuplier, la roideur du sapin, la majesté du chêne ? Entre les fleurs, la coquetterie de la rose, la pudeur du bouton, l'orgueil du lys, l'humilité de la violette, la nonchalance du pavot ? *Lentove papavera collo.*

La ligne ondoyante est le symbole du mouvement et de la vie ; la ligne droite est le symbole de l'inertie ou de l'immobilité. C'est le serpent qui vit, ou le serpent glacé.

Un sujet, sur lequel je proposerois à un compositeur de s'exercer, c'est celui de *Joseph expliquant son songe à ses frères* rangés autour de lui, et l'écoutant en silence. C'est là qu'il apprendroit à ordonner, à contraster et à varier les positions et les expressions. J'en ai vu le dessin, d'après *Raphaël*.

Les quatre chevaux d'un quadrige ne se ressemblent pas.

Les grouppes se lient dans toute la composition, comme chaque figure dans le grouppe.

Les chevaux de l'Aurore, ceux qui emportent le char du Soleil, s'acheminent vers un terme donné. La fougue irrégulière ne leur convient donc pas.

Carle-Vanloo modeloit en argile les figures de ses grouppes, afin de les éclairer de la manière la plus vraie et la plus piquante. Layresse peignoit ses figures, les découpoit et les assembloit de la manière la plus avantageuse pour le grouppe. J'approuve l'expédient de Vanloo ; j'aime à le voir promener sa lumière autour de son grouppe d'argile. Je craindrois que le moyen de Layresse ne rendît l'ensemble, si-non maniéré, du-moins froid.

C'est une action commune à plusieurs figures qui forment le grouppe; les ombres et la lumière achèvent la liaison, mais ne la font pas.

Si l'on veut définir par l'effet le manque de repos dans un tableau, c'est une prétention égale de toutes les figures à mon attention. C'est une compagnie de beaux-esprits qui parlent tous à-la-fois sans s'entendre, qui me fatiguent et qui me font fuir, quoiqu'ils disent d'excellentes choses.

Il y a le repos de l'esprit dont je viens de parler, et le repos des couleurs et des ombres, des couleurs ternes ou brillantes, le repos de l'œil.

Dans la description d'un tableau, j'indique d'abord le sujet; je passe au principal personnage, de là aux personnages subordonnés dans le même grouppe; aux grouppes liés avec le premier, me laissant conduire par leur enchaînement, aux expressions, aux caractères, aux draperies, au coloris, à la distribution des ombres et des lumières, aux accessoires, enfin à l'impression de l'ensemble. Si je suis un autre ordre, c'est que ma description est mal faite, ou le tableau mal ordonné.

Il faut bien de l'art pour faire couper avec grace une figure par la bordure. Cette figure ne sort jamais; elle rentre toujours dans le lieu de la scène.

Téniers a fait la satyre la plus forte des repoussoirs. Il y en a sans-doute dans ses tableaux; mais on ne sait où ils sont. Il exécute une composition à trente ou quarante personnages, comme le Guide, le Corrège ou le Titien font une Vénus toute nue. Les teintes, qui discernent et arrondissent les formes, se fondent les unes dans les autres si imperceptiblement, que l'œil croit n'en appercevoir qu'une seule du même blanc. De même, dans Téniers, le spectateur cherche ce qui donne de la profondeur à la scène, ce qui sépare cette profondeur en une infinité de plans, ce qui fait avancer et reculer ses figures, ce qui fait circuler l'air autour d'elles; et il ne le trouve pas.

C'est qu'il en doit être d'un tableau comme d'un arbre, ou de tout autre objet isolé dans la nature, où tout se sert réciproquement de repoussoir.

Deux discours à prononcer, l'un dans une académie, l'autre dans une place publique, sont comme les deux Minerves, l'une de Phydias, et l'autre d'Alcamène. Les traits de l'une seroient trop délicats et trop fins pour être vus de loin; les traits de l'autre trop informes, trop grossiers pour être vus de près. Heureux le littérateur ou l'artiste qui plaît à toutes les distances !

On peut donner à un paysage l'apparence concave ou l'apparence convexe. Celle-ci, s'il y a un sujet qui occupe le devant de la scène, alors le fond se terminera en un espace vaste et presqu'illimité. Celle-là, si le paysage est le sujet principal, l'espace nu est alors sur le devant, le paysage occupe et termine le fond. Je fais abstraction des percées que l'auteur se sera ménagées.

Rubens et Le Corrège ont employé ces deux formes. *La Nuit* du Corrège est concave ; son *Saint George* est convexe.

L'apparence concave disperse et étend les objets sur le fond ; l'apparence convexe les rassemble sur le devant. L'une convient donc au paysage historique, et l'autre au paysage pur et simple.

Layresse prétend qu'il est permis à l'artiste de faire entrer le spectateur dans la scène de son tableau. Je n'en crois rien ; et il y a si peu d'exceptions, que je ferois volontiers une règle générale du contraire. Cela me sembleroit d'aussi mauvais goût, que le jeu d'un acteur qui s'adresseroit au parterre. La toile renferme tout l'espace, et il n'y a personne au-delà. Lorsque Susanne s'expose nue à mes regards, en opposant aux regards des vieillards tous les voiles qui l'enveloppoient,

Susanne est chaste, et le peintre aussi; ni l'un ni l'autre ne me savoient là.

Il ne faut jamais interrompre de grandes masses par de petits détails; ces détails les rapetissent en m'en donnant la mesure. Les tours de Notre-Dame seroient bien plus hautes, si elles étoient tout unies.

Je ne crois pas qu'il puisse y avoir plus d'une percée dans un paysage; deux couperoient la composition, et rendroient l'œil aussi perplexe qu'un voyageur à l'entrée de deux chemins.

La composition la plus étendue ne comporte qu'un très-petit nombre de divisions capitales, une, deux, trois tout au plus. Autour de ces divisions quelques figures isolées, quelques grouppes de deux ou trois figures font un très-bel effet.

Le silence accompagne la majesté. Le silence est quelquefois dans la foule des spectateurs; et le fracas est sur la scène. C'est en silence que nous sommes arrêtés devant *les batailles* de *Le Brun*. Quelquefois il est sur la scène; et le spectateur se met le doigt sur les lèvres, et craint de le rompre.

En général, la scène silencieuse nous plaît plus que la scène bruyante. Le Christ au jardin des Oliviers, l'ame triste jusqu'à la mort, délaissé de ses disciples endormis autour de lui, m'affecte bien autrement que le même personnage flagellé, couronné d'épines, et abandonné aux risées, aux outrages et à la criaillerie de la canaille juive.

Otez aux tableaux flamands et hollandois la magie de l'art; et ce seront des croûtes abominables. *Le Poussin* aura perdu toute son harmonie; et *le Testament d'Eudamidas* restera une chose sublime.

Que voit-on dans ce tableau d'Eudamidas? le moribond sur la couche; à côté, le médecin qui lui tâte le pouls; le notaire qui reçoit ses dernières volontés; sur les pieds du lit, la femme d'Eudamidas assise, et le dos tourné à son mari; sa fille, couchée à terre entre les genoux de sa mère, et la tête penchée dans son giron. Il n'y a point là de cohue. La multiplicité ou la foule est bien voisine du désordre. Et quels sont ici les accessoires? pas d'autres que l'épée et le bouclier du principal personnage, attachés à la muraille du fond. Le grand nombre d'accessoires est bien voisin de la pauvreté. Cela s'appelle des *bouche-trous* en peinture et des *frères-chapeaux* en poésie.

Le silence, la majesté, la dignité de la scène sont des choses peu senties par le commun des spectateurs. Presque toutes *les Saintes Familles de Raphaël*, du-moins les plus belles, sont placées dans des lieux agrestes, solitaires et sauvages; et quand il a choisi de pareils sites, il savoit bien ce qu'il faisoit.

Toutes les scènes délicieuses d'amour, d'amitié, de bienfaisance, de générosité, d'effusion de cœur, se passent au bout du monde.

Peindre comme on parloit à Sparte.

En poésie dramatique et en peinture, le moins de personnages qu'il est possible.

La toile, comme la salle à manger de Varron, jamais plus de neuf convives.

Les peintres sont encore plus sujets au plagiat que les littérateurs. Mais les premiers ont ceci de particulier, c'est de décrier et le maître et le tableau qu'ils ont copié. N'est-il pas vrai, M. Pierre?

Je regardois la cascade de Saint-Cloud; et je me disois: Quelle énorme dépense pour faire une jolie chose, tandis qu'il en auroit coûté la moitié moins pour faire une belle chose! Qu'est-ce que tous ces petits jets-d'eau, toutes ces petites chûtes de gradins en gradins, en comparaison d'une grande nappe s'échappant de l'ouverture d'un rocher ou d'une caverne sombre, descendant avec fracas, rompue dans sa chûte par des énormes pierres brutes, les blanchissant de son écume, formant dans son cours de profondes et larges ondes; les masses rustiques du haut, tapissées de mousse, et couvertes, ainsi que les côtés, d'arbres et de broussailles distribués avec toute l'horreur de la nature sauvage? Qu'on place un artiste en face de cette cascade, qu'en fera-t-il? Rien. Qu'on lui montre celle-ci; et aussi-tôt il tirera son crayon.

Cet exemple n'est pas le seul, où, pour s'assurer si l'ouvrage de l'art est de bon ou de mauvais goût, de grand goût ou de petit goût, il ne s'agit que d'en faire le sujet de l'imitation de la peinture. S'il est beau sur la toile, dites qu'il est beau en lui-même.

Le poëte dit :

> Il n'est point de monstre odieux,
> Qui par l'art imité ne puisse plaire aux yeux.

J'en excepte les têtes de nos jeunes femmes, coiffées comme elles le sont à-présent.

Elzheimer, victime de la manière finie et précieuse, mais lente et peu lucrative, mourut consumé de chagrin et accablé de misère, presqu'au sortir de la prison où ses dettes l'avoient conduit. Le prix actuel de trois de ses tableaux l'auroit enrichi.

Dans toute composition en général, l'œil cherche le centre, et aime à s'arrêter sur le plan du milieu.

Les artistes appellent *réveillons*, des accidens de lumières qui rompent la monotonie d'un endroit de la toile. Tous ces réveillons sont faux. On diroit qu'il en est d'un tableau comme d'un ragoût, auquel on peut toujours ôter ou donner une pointe de sel.

Quand on a bien choisi la nature, il est difficile de s'y conformer trop rigoureusement; autant de coups de pinceau donnés pour l'embellir, autant d'efforts malheureux pour lui ôter son originalité. Il y a une teinte de rusticité, qui convient singulièrement aux ouvrages d'imitation, en quelque genre que ce soit, parce que la nature la conserve dans ses ouvrages, à-moins qu'elle n'en ait été effacée par la main de l'homme. La nature ne fait point d'arbres en boule; c'est le ciseau du jardinier, commandé par le goût gothique de son maître; et les arbres en boule vous plaisent-ils beaucoup? L'arbre des forêts le plus régulier a toujours quelques branches extravagantes; gardez-vous de les supprimer, vous en feriez un arbre de jardin. (*Voyez ci-dessous.*)

Du coloris, de l'intelligence des lumières, et du clair-obscur.

Est-il vrai qu'il y ait plus de dessinateurs que de coloristes? Si cela est vrai, quelle en est la raison?

Il y a plus de logiciens que d'hommes éloquens, j'entends vraîment éloquens. L'éloquence n'est que l'art d'embellir la logique.

Il y a plus de gens de sens, que d'hommes d'esprit; j'entends le vraîment bel-esprit. L'esprit n'est que l'art d'habiller la raison.

Le chancelier Bacon et Corneille ont démontré

que le bel-esprit n'étoit pas incompatible avec le génie. Ce sont des montagnes, au pied desquelles croissent des marguerites.

Nous avons notre clair-obscur comme les peintres, si son principal effet est d'empêcher l'œil de s'égarer, en le fixant sur certains objets.

Faute d'une lumière large, nos ouvrages papillotent comme les leurs.

Voulez-vous savoir ce que c'est que papilloter? opposer l'*Esther devant Assuérus* au *Paralytique* de Greuze, Cicéron à Sénèque.

Tacite est *le Rembrandt* de la littérature : des ombres fortes et des clairs éblouissans.

Faites comme *le Tintoret*, qui, pour soutenir sa couleur, plaçoit à côté de son chevalet quelque morceau du *Schiavone*. Un jeune élève suivit ce conseil, et ne peignit plus.

Ennius n'avoit vu que l'ombre d'Homère.

Ah! si *le Titien* eût dessiné et composé comme *Raphaël!* Ah! si *Raphaël* eût colorié comme *le Titien!*... C'est ainsi qu'on rabaisse deux grands hommes.

Je l'ai vu ce *Ganimède* de *Rembrandt* : il est ignoble; la crainte a relâché le sphincter de sa vessie; il est polisson : l'aigle qui l'enlève par sa jaquette met son derrière à nu; mais ce petit tableau éteint tout ce qui l'environne. Avec quelle vigueur de pinceau et quelle furie de caractère cet aigle est peint!

Je vous entends : il falloit penser comme *Léocharès*, et peindre comme *Rembrandt*... Oui, il falloit être sublime de tout point.

Il faut que la lumière, soit naturelle, soit artificielle, soit une; des compositions, éclairées en-même-temps par des lumières différentes, sont très-communes.

On ramène toute la magie du clair-obscur à la grappe de raisin; et c'est une idée très-belle, et qui peut être simplifiée. La scène la plus vaste n'est qu'un grain de la grappe; fixez le point de l'œil, et dégradez les ombres et les lumières comme vous le verrez sur ce grain. Tracez sur votre toile le cercle terminateur de la lumière et de l'ombre.

Au-lieu de votre principal grouppe, mettez en perspective un prisme de la grandeur de votre première figure; continuez les lignes de ce prisme à tous les points qui terminent votre toile; et soyez sûr de ne pécher ni contre l'entente des lumières, ni contre la véritable diminution des objets.

Je ne prétends point donner des règles au génie. Je dis à l'artiste : Faites ces choses ; comme je lui dirois : Si vous voulez peindre, ayez d'abord une toile.

Ainsi trois sortes de lignes préliminaires : la ligne terminatrice de la lumière, la ligne de la balance des figures, et les lignes de la perspective.

La pratique des couleurs réelles et des couleurs locales ne peut s'obtenir que d'une longue expérience.

Combien de choses l'artiste doit avoir vues, combinées, agencées dans son imagination, avant que de passer le pouce dans sa palette; et cela sous peine de peindre et de repeindre sans cesse!

Le maître tâtonne moins que son élève; mais il tâtonne aussi.

Combien de beautés et de défauts inattendus naissent ou disparoissent sous le pinceau!

Je sais ce que cela deviendra, est un mot qui n'est que d'un musicien, d'un littérateur, ou d'un artiste consommé.

Le vrai de la nature est la base du vraisemblable de l'art.

C'est la couleur qui attire, c'est l'action qui attache; ce sont ces deux qualités qui font pardonner à l'artiste les légères incorrections du dessin; je dis à l'artiste peintre, et non à l'artiste sculpteur. Le dessin est de rigueur en sculpture; un membre, même foiblement estropié, ôte à une statue presque tout son prix.

Les mains de Daphné, dont les doigts poussent des feuilles de laurier sous le pinceau de *Le Moine*, sont pleines de grace; il y a dans la distribution de ces feuilles une élégance que je ne puis décrire. Je doute qu'il eût jamais rien fait de Lycaon métamorphosé en loup. Les cornes naissantes sur la tête d'Actéon auroient été moins ingrates. La différence de ces sujets se sent mieux qu'elle ne s'explique.

Layresse donne le nom de *seconde couleur* à la demi-teinte placée sur la partie claire du côté du contour, procédé qui fait fuir vers le fond les parties convexes des corps, et qui leur donne de la rondeur.

Il y a les teintes de clair et les demi-teintes de clair; les teintes d'ombres et les demi-teintes d'ombres: système compris sous la dénomination générale de *dégradation de la lumière*, depuis le plus grand clair jusqu'à l'ombre la plus forte.

Il y a plusieurs moyens techniques pour affoiblir et fortifier, hâter ou retarder cette dégradation sur sa route :

Par les ombres accidentelles, par les reflets, par les ombres passagères, par les corps interposés; mais quel que soit celui des moyens qu'on emploie, la dégradation n'en subsiste pas moins, soit qu'on la fortifie, soit qu'on l'affoiblisse; soit qu'on la retarde, soit qu'on l'accélère. Dans l'art, ainsi que dans la nature, rien par saut : *nihil per saltum;* et cela sous peine de faire ou des trous d'ombre, ou des ronds de clair, et d'être découpé.

Ces trous d'ombre et ces ronds de clair ne se trouvent-ils pas dans la nature? je le crois. Mais qui vous a prescrit d'être l'imitateur rigoureux de la nature?

Qu'est-ce qu'un fond? C'est, ou un espace sans

bornes où toutes les couleurs des objets se confondent au loin, finissent par produire la sensation d'un blanc grisâtre; ou c'est un plan vertical qui reçoit la lumière ou directe ou glissante, et qui dans l'un et l'autre cas est assujetti aux règles de la dégradation.

Ainsi qu'on l'a dit de la lumière et des ombres, les termes de *teintes* et de *demi-teintes* se disent d'une même couleur.

La teinte, qui sert de passage de la lumière à l'ombre, ou le dernier terme de la dégradation de la lumière, est plus large que celle de la lumière couchée vers le contour dans la partie claire. *Layresse* l'appelle *demi-teinte*.

Tous ces préceptes ne peuvent être bien entendus que par l'artiste, qui devroit en marquer la pratique, la baguette à la main, dans une galerie, sur différens ouvrages.

C'est un artifice fort adroit que d'emprunter d'un reflet cette demi-teinte, qui semble entraîner l'œil au-delà de la partie visible du contour. C'est bien alors une magie; car le spectateur sent l'effet, sans en pouvoir deviner la cause.

Rien n'est plus sûr : l'habitude perpétuelle de regarder les objets éloignés et voisins, d'en mesurer l'intervalle par la vue, a établi dans notre organe une échelle enharmonique de tons, de semi-tons, de quart de tons, tout autrement étendue et tout aussi rigoureuse que celle de la musique par l'oreille; et l'on peint faux pour l'œil, comme l'on chante faux pour l'oreille.

L'entente des reflets dans une grande composition, ou l'action et la réaction des corps éclairés les uns sur les autres, me semble d'une difficulté incompréhensible, tant pour la multitude que pour la mesure de ces causes. Je crois que, sur ce point, le plus grand peintre doit beaucoup à notre ignorance.

C'est aux reflets que l'ombre doit sa clarté et son plus ou moins de clarté.

Il me semble que *Rembrandt* auroit dû écrire au bas de toutes ses compositions : *Per foramen vidit et pinxit;* sans quoi on n'entend pas comment des ombres aussi fortes peuvent entourer une figure aussi vigoureusement éclairée.

Mais les objets sont-ils faits pour être vus par des trous ? Si la lumière forte descend brusquement, et perce les ténèbres d'une caverne, c'est un accident dont je permets l'imitation à l'artiste; mais je ne souffrirai jamais qu'il s'en fasse une règle.

Par les reflets, la lumière primitive peut se replier sur elle-même et devenir plus forte par accident. Exemple : En-même-temps que la lumière primitive tombe sur un objet, cet objet peut encore recevoir le reflet d'un mur blanc. Je demande si l'objet ne doit pas avoir alors plus d'éclat que la lumière primitive ? Il peut donc, et il doit donc arriver par accident, que la lumière primitive ne soit pas la plus forte lumière de la composition.

On n'a peut-être jamais dit aux élèves, dans aucune école, que l'angle de réflexion de la lumière, ainsi que des autres corps, étoit égal à l'angle d'incidence.

Le point lumineux étant donné, et l'ordonnance du tableau, je vois dans ma tête une multitude de rayons réfléchis qui se croisent entre eux et qui croisent la lumière directe. Comment l'artiste réussit-il à débrouiller toute cette confusion? S'il ne s'en soucie pas, comment sa composition me plaît-elle?

Qu'a de commun la lumière, et même la couleur d'un corps isolé et exposé à la lumière directe du soleil, avec la lumière et la couleur du même corps assailli de tous côtés par les reflets plus ou moins forts d'une multitude d'autres corps diversement éclairés et colorés? Franchement je m'y perds; et j'imagine quelquefois qu'il n'y a de beaux tableaux que ceux de la nature.

Qu'est-ce qu'un corps rouge? Newton vous répondra: C'est un corps qui absorbe tous les autres rayons, et qui ne vous renvoie que les rouges.

Que résulte-t-il du mélange de deux couleurs? une troisième qui n'est ni l'une ni l'autre. Le verd est le résultat du bleu et du jaune.

Comment concilier la pratique de ces faits physiques avec la théorie des reflets qui combinent une multitude de diverses couleurs à-la-fois. Je m'y perds encore, et reviens à la même conclusion, que j'oublierai au premier coup-d'œil que je jetterai sur mon Vernet; mais ce ne sera pas sans me dire : Ce Vernet si harmonieux n'a peut-être pas sur toute sa surface un seul point qui, rigoureusement parlant, ne soit faux. Cela m'afflige; mais il faut oublier la richesse de la nature et l'indigence de l'art, ou s'affliger.

Je me lève avant l'astre du jour. Je promène mes regards sur un paysage varié par des montagnes tapissées de verdure; de grands arbres touffus s'élèvent sur leurs sommets; de vastes prairies sont étendues à leurs pieds; ces prairies sont coupées par les détours d'une rivière qui serpente. Là, c'est un château; ici, c'est une chaumière. Je vois arriver de loin le pâtre avec ses troupeaux; il sort à-peine du hameau, et la poussière me dérobe encore la vue de ses animaux. Toute cette scène silencieuse et presque monotone, a sa couleur terne et réelle. Cependant l'astre du jour a paru, et tout a changé par une multitude innombrable et subite de prêts et d'emprunts; c'est un autre tableau, où il ne reste pas une feuille, pas un brin d'herbe, pas un point du premier. Mets la main sur la conscience, Vernet, et réponds moi : Es-tu le rival du soleil ? Et ce prodige est-il aussi au bout de ton pinceau ?

Les *rehauts* sont des effets nécessaires du reflet, ou ils sont faux.

Vénus est plus blanche au milieu des trois Graces, que seule ; mais cet éclat qu'elle en reçoit, elle le leur rend.

Les reflets d'un corps obscur sont moins sensibles que les reflets d'un corps éclairé ; et le corps éclairé est moins sensible aux reflets que le corps obscur.

L'air et la lumière circulent et jouent entre les poils hérissés de la hure d'un sanglier, entre les flocons touffus de la toison de la brebis, entre les inégalités de l'étoffe velue, entre les grains d'une terrasse sabloneuse. C'est l'absence de ce jeu qui donne le mat aux clairs du satin, une sorte de crudité à ses ombres et à celles de toutes les étoffes glacées.

Les nuances diversement sensibles, résultantes de la palette complette d'un artiste se comptent ; elles ne vont pas au-delà de huit cent dix-neuf.

On dit que le rouge et le blanc sont antipathiques. Mais est-ce *Wan-Huysum* qui le dit? Si *Chardin* me l'assure, je le croirai.

Santerre, dont le coloris étoit tendre et vrai, n'employoit que cinq couleurs. Les anciens n'en ont employé que quatre, le rouge, le jaune, le blanc et le noir. Peut-être faut-il y joindre le bleu et le verd donnés par le mélange du bleu et du jaune.

Le peintre est puni de la multiplicité de ses couleurs, par le désaccord plus ou moins prompt de son tableau, suite nécessaire de l'action et de la réaction des matières les unes sur les autres. Le même châtiment est réservé au coloriste perplexe qui tourmente sa palette.

Le Géorgion, grand coloriste, selon le témoignage de *de Piles*, tiroit toutes ses carnations, quelle que fût la différence d'âge et de sexe, de quatre couleurs principales.

Si de sculpteur, et de grand sculpteur qu'il est, *Falconet* eût été peintre, il eût, je crois, été peu soucieux du choix de ses couleurs; il auroit dit, s'il eût été conséquent: Eh! que m'importe que mon tableau reste harmonieux, s'il ne se désaccorde que quand je n'y serai plus?

Ces yeux d'émail, ces cheveux dorés et tous ces riches ornemens des statues anciennes me paroissent une invention de prêtres sans goût; invention qui est sortie des temples pour infecter la société.

Néron fit dorer et gâter la statue d'Alexandre. Cela ne me déplaît pas; j'aime qu'un monstre soit sans goût. La richesse est toujours gothique.

Les connoisseurs font grand cas des eaux-fortes des peintres; et ils ont raison.

Quoique toute ma réflexion soit tournée vers les principes spéculatifs de l'art, cependant, lorsque je rencontre quelques procédés qui tiennent à sa magie pratique, je ne puis m'empêcher d'en faire note. Voyez ce que dit *Layresse*, ce maître plus jaloux, à ce qu'il m'a semblé, de la perpétuité de son art que de sa propre réputation : ce *bleuâ-*

» tre, qu'on appelle le tendre, le délicat, ne doit
» point être mis sur la toile quand on empâte le
» tableau; mais noyé dans les teintes à la dernière
» main. On ne le fera point de bleu mélangé de
» gris et de blanc ; mais on le répandra en trem-
» pant la pointe du pinceau dans le spalte tempéré
» et dans l'outremer.... C'est le même faire pour
» les reflets ou réflexions de la lumière ».

Voulez-vous faire des progrès sûrs dans la connoissance si difficile du technique de l'art? Promenez-vous dans une galerie avec un artiste, et faites-vous expliquer et montrer sur la toile l'exemple des mots techniques; sans cela, vous n'aurez jamais que des notions confuses de *contours coulans*, de *belles couleurs locales*, de *teintes vierges*, de *touche franche*, de *pinceau libre, facile, hardi, moelleux, faits avec amour*, de ces *laissés* ou *négligences heureuses*. Il faut voir et revoir la qualité à coté du défaut; un coup-d'œil supplée à cent pages de discours.

Les traités élémentaires de peinture, au rebours des traités élémentaires des autres sciences, ne sont intelligibles que pour les maîtres.

Un artiste, qui n'étoit pas sans talent, fit le portrait d'un général d'armée; le bâton de Commandant qu'il tenoit dans sa main étoit si vif de lumières, qu'on avoit beau fixer ses yeux sur la figure, le bâton les rappeloit toujours.

Sans l'harmonie, ou, ce qui est la même chose,

sans la subordination, il n'est pas possible de voir l'ensemble ; l'œil est forcé de sautiller sur la toile.

De l'antique.

Les exercices de la gymnastique produisoient deux effets ; ils embellissoient le corps, et rendoient le sentiment de la beauté, populaire.

Rubens faisoit un cas infini des anciens, qu'il n'imita jamais. Comment un si grand maître s'en tint-il toujours aux formes grossières de son pays ? Cela ne s'entend pas.

Par-tout où il est honteux de servir de modèle à l'art, l'artiste fera rarement de belles choses On n'aime pas assez la musique, tant qu'on est scrupuleux sur les paroles.

Les jeunes Lacédémoniennes dansoient toutes nues, et les Athéniennes les appeloient *montre-cul*. Elles le montroient bien en pure perte pour les beaux-arts qui n'étoient exercés à Sparte que par des étrangers ou des esclaves.

Question. Il est certain que, plus les parties fatiguent, plus les muscles se gonflent et se détachent. Le lutteur de profession n'a pas le bras droit aussi arrondi, aussi coulant que le bras gauche. Si vous peignez un lutteur, corrigerez-vous ce défaut ?

L'*Hercule* de *Glycon* a le cou très-fort, relativement à la tête et aux jambes.

Ces belles antiques, vous les voyez, mais vous

n'avez jamais entendu le maître ; mais vous ne l'avez point vu le ciseau à la main ; mais l'esprit de l'école est perdu pour vous ; mais vous n'avez pas sous vos yeux l'histoire en bronze ou en marbre des progrès successifs de l'art, depuis son origine grossière jusqu'au moment de sa perfection. Vous êtes, relativement à ces chefs-d'œuvre, ce que le physicien est relativement aux phénomènes de la nature.

L'étude profonde de l'anatomie a plus gâté d'artistes qu'elle n'en a perfectionnés. En peinture comme en morale, il est bien dangereux de voir sous la peau.

Qu'apprendre de l'antique ? A discerner la belle nature. Négliger l'étude des grands modèles, c'est se placer à l'origine de l'art, et aspirer à la gloire de créateur.

Le choix de la nature est indifférent à *Pigal* ; il a cependant fait une fois un *Mercure* et une *Vénus* dignes des anciens. Estime-t-il, n'estime-t-il pas ces ouvrages ?

Sa *Vierge* de Saint-Sulpice a les narines serrées et les autres défauts du visage de sa femme.

Si je demandois à un artiste : Lorsque tu fais succéder dans ton atelier tant de modèles, que cherches-tu ? Je ne serois ni choqué, ni surpris, s'il me répondoit : Je cherche une antique.

Antoine *Coypel* étoit certainement un homme d'esprit, lorsqu'il a dit aux artistes : « Faisons, s'il » se peut, que les figures de nos tableaux soient

» plutôt les modèles vivans des statues antiques,
» que ces statues les originaux des figures que
» nous peignons ». On peut donner le même conseil aux littérateurs.

On a reproché au *Poussin* de copier l'antique ; cela peut être vrai du dessin et des draperies, mais non des passions. En ce cas, a-t-il mal fait ?

Ceux qui désapprouvent la tête de la *Vénus aux belles fesses*, ne savent pas ce qu'elle fait.

Sur soixante mille statues antiques qu'on trouve à Rome et aux environs, une centaine de belles, une vingtaine d'exquises.

Le *Laocoon* et l'*Apollon* ont tous deux la jambe gauche plus longue que la droite ; le premier, de quatre minutes, ou un tiers de partie ; le second, de près de neuf minutes. La *Vénus de Médicis* a la jambe qui ploie près d'une partie trois minutes de plus que la jambe qui porte. La jambe droite du plus grand des enfans du Laocoon a presque neuf minutes de plus que la gauche. On explique cela par l'endroit d'où ces figures devroient être vues. Ces parties paroissant de là en raccourci, auroient semblé défectueuses. L'altération de la nature est bien hardie, et cette explication d'*Audran* sujette à bien des difficultés. Cependant, il n'est pas à présumer que les auteurs de ces incomparables morceaux se soient trompés d'inadvertance. Quel est l'artiste de nos jours qui oseroit en faire autant ? Quel est celui qui l'auroit osé, sans être blâmé ? Que nous serions heureux, si nos contemporains vouloient nous juger, comme si nous étions morts il y a trois mille ans !

Ceux qui ont attaqué la tête de la Vénus de Médicis, n'ont pas, ce me semble, saisi l'esprit de la figure. Le caractère d'une femme qui se dérobe à des regards indiscrets, peut-il être trop sévère ? Comment appelez-vous cette Vénus ? = *Vénus pudique.* = Eh bien ! tout est dit.

Le peintre *Timanthe*, d'après le poëte Euripide, a voilé la tête d'Agamemnon. C'est bien fait; mais cet artifice ingénieux fut usé dès la première fois; et il n'y faut pas revenir.

Ils ne veulent pas que Vénus s'arrache les cheveux sur le corps d'Adonis, ni moi non plus. Cependant, le poëte a dit :

> Inornatos laniavit Diva capillos ;
> Et repetita suis percussit pectora palmis.

D'où vient cela, si ce n'est que les coups qu'on imagine blessent moins que ceux qu'on voit ?

Ce qui m'affecte spécialement dans ce fameux grouppe du Laocoon et de ses enfans, c'est la dignité de l'homme, conservée au milieu de la profonde douleur. Moins l'homme qui souffre se plaint, plus il me touche. Quel spectacle que celui de la femme forte dans les tourmens !

Falconet s'est bien moqué du *Páris d'Euphra-*

nor, où l'on reconnoissoit l'arbitre de trois déesses, l'amant d'Hélène, et le meurtrier d'Achille. Quoi donc ! est-ce que cette figure ne pouvoit pas réunir la finesse dans le regard, la volupté dans l'attitude, et quelques traits caractéristiques de la perfidie ? Quand je le regarde, lui, j'y vois bien plus de choses; je vois, dans sa physionomie, l'esprit, l'ironie, le cynisme, la brusquerie, la fausse douceur, l'envie, l'hypocrisie, la fausseté; et s'il falloit entrer dans le détail, je désignerois chaque trait de sa personne analogue à chacune de ces passions. Ce qui me conduit à croire que, si l'on cherchoit une figure qui n'eût qu'un seul et unique caractère, peut-être ne la trouveroit-on pas.

Le point important de l'artiste, c'est de me montrer la passion dominante si fortement rendue, que je n'aye pas la tentation d'y en démêler d'autres qui y sont pourtant. Les yeux disent une chose, la bouche en dit une autre, et l'ensemble de la physionomie une troisième.

Et puis, l'artiste n'a-t-il aucun droit à compter sur mon imagination ? Et lorsqu'on nous a prononcé le nom d'un homme connu par ses bonnes ou ses mauvaises mœurs, ne lisons-nous pas tout courant sur son visage l'histoire de sa vie ?

Falconet, qui chicane Pline, auroit-il été plus indulgent pour *Gomazzo*, qui dit d'une maquette du *Christ enfant* de Léonard de Vinci, que *nella si vide la simplicità e purità del Fanciullo accompanata da un certo che dimostra sapienza, intelletto e maestà; e l'aria che pure è di Fanciullo tenero e pare haver del vecchio savio, cosa veramente eccellente.*

Croyez-vous qu'il fût indifférent pour le *Jupiter* de Phidias, que le spectateur ignorât ou connût les beaux vers d'Homère : *Il consent du mouvement de ses noirs sourcils; sa divine chevelure s'agite sur sa tête immortelle, et tout l'Olympe est ébranlé ?* On voit tout cela dans le *Jupiter* de Phidias.

La colère du *St.-Michel* du Guide est aussi noble, aussi belle que la douleur du *Laocoon*.

Qu'est-ce que le Dieu du peintre ? c'est le vieillard le plus majestueux que nous puissions imaginer. Si le modèle nous en est inconnu dans la nature, c'est vraiment Dieu.

Qui est-ce qui a vu Dieu ? c'est Raphael, c'est le Guide.

Qui est-ce qui a vu Moïse ? c'est Michel-Ange.

Si vous en exceptez quelques-unes, presque toutes les figures antiques ont la tête un peu surbaissée. C'est le caractère de la réflexion ou de la qualité propre à l'homme; l'homme est l'animal réfléchissant.

Je crois qu'il faut plus de temps pour apprendre à regarder un tableau, qu'à sentir un morceau de poésie. Peut-être en faut-il davantage pour bien juger une gravure.

De la grace, de la négligence, et de la simplicité.

La grace n'appartient guère qu'aux natures délicates et foibles. Omphale a de la grace, Hercule n'en a pas. La rose, l'œillet, le calice de la tulipe ont de la grace; le vieux chêne, dont la racine se perd dans la nue, n'en a point; sa branche ou sa feuille en a peut-être.

L'enfant a de la grace; il la conserve dans l'âge adulte; elle s'affoiblit dans l'âge viril, et se perd dans la vieillesse.

Il y a la grace de la personne, et la grace de l'action. Ce Dupré, qui dansoit avec tant de grace, n'en avoit plus en marchant.

Tout ce qui est commun est simple; mais tout ce qui est simple n'est pas commun. La simplicité est un des principaux caractères de la beauté; elle est essentielle au sublime.

Horace a dit : *Je veux être concis, et je deviens obscur.* On pourroit ajouter : Je veux être simple, et je deviens plat.

L'originalité n'exclut pas la simplicité.

Une composition est pauvre avec beaucoup de figures, et une autre est riche avec quelques-unes.

Le peiné est l'opposé du facile; le facile a cependant coûté quelquefois bien de la peine. *Mul-*

tùm sudavit, et alsit, frustràque laborat, ausus idem.

La nature n'est jamais peinée ; son imitation l'est souvent.

Boileau compose, Horace écrit ; Virgile compose, Homère écrit.

Les raccourcis sont savans ; ils sont rarement agréables.

Le négligé d'une composition ressemble au déshabillé du matin d'une jolie femme ; dans un instant, la toilette aura tout gâté.

Il y a des graces nonchalantes, et des nonchalances sans grace.

La nonchalance embellit une petite chose, et en gâte toujours une grande.

Au temps chaud, les êtres animés sont dans la nonchalance. C'est alors que la condition du moissonneur paroît dure.

Les beaux paysages nous apprennent à connoître la nature, comme un portraitiste habile nous apprend à connoître le visage de notre ami.

Cicéron dit à l'orateur Marcus-Brutus : *Sed quædam etiam negligentia est diligens.* Ce passage, commenté par un homme de goût, seroit un ouvrage plein de délicatesse. Ces négligences ont lieu dans tous les beaux arts ou tous les genres d'imitation. = Et la nature, leur modèle, n'en a-t-elle point ? = Mais en quoi consistent-elles ?

Qu'est-ce qu'un poëte négligé ? c'est celui qui sème de temps-en-temps de la prose lâche et molle à travers de beaux vers ; il est *semi-poëta*. Cette prose lâche et molle ajoute de l'énergie à la poésie qui la touche. C'est un valet dont l'habit mesquin relève le riche vêtement de son maître. Le maître marche devant, son valet le suit.

> J'ai vu de près le Styx, j'ai vu les Euménides ;
> Déjà venoient frapper mes oreilles timides
> Les affreux cris du chien de l'empire des morts.

Pourquoi la nature n'est-elle jamais négligée ? C'est que, quelque soit l'objet qu'elle présente à nos yeux, à quelque distance qu'il soit placé, sous quelque aspect qu'il soit apperçu, il est comme il doit être, le résultat des causes dont il a éprouvé les actions.

Du naïf, et de la flatterie.

Pour dire ce que je sens, il faut que je fasse un mot, ou du-moins que j'étende l'acception d'un mot déjà fait ; c'est *naïf*. Outre la simplicité qu'il exprimoit, il y faut joindre l'innocence, la vérité et l'originalité d'une enfance heureuse qui n'a point été contrainte ; et alors le naïf sera essentiel à toute production des beaux-arts ; le naïf se discernera dans tous les points d'une toile de *Raphaël* ; le naïf sera tout voisin du sublime ; le naïf se retrouvera dans tout ce qui sera très-beau; dans une attitude, dans un mouvement, dans une draperie, dans une expression. C'est la chose, mais la chose pure, sans la moindre altération. L'art n'y est plus.

Tout ce qui est vrai n'est pas naïf; mais tout ce qui est naïf est vrai, mais d'une vérité piquante, originale et rare. Presque toutes les figures du *Poussin* sont naïves, c'est-à-dire parfaitement et purement ce qu'elles doivent être. Presque tous les vieillards de *Raphaël*, ses femmes, ses enfans, ses anges, sont naïfs, c'est-à-dire qu'ils ont une certaine originalité de nature, une grace avec laquelle ils sont nés, que l'institution ne leur a point donnée.

La manière est dans les beaux-arts, ce que l'hypocrisie est dans les mœurs. *Boucher* est le plus grand hypocrite que je connoisse; il n'y a pas une de ses figures à laquelle on ne pût dire : Tu veux être vraie, mais tu ne l'es pas. La naïveté est de tous les états : on est naïvement héros, naïvement scélérat, naïvement dévot, naïvement beau, naïvement orateur, naïvement philosophe. Sans naïveté, point de vraie beauté. On est un arbre, une fleur, une plante, un animal naïvement. Je dirois presque que de l'eau est naïvement de l'eau, sans quoi elle visera à l'acier poli ou au cristal. La naïveté est une grande ressemblance de l'imitation avec la chose, accompagnée d'une grande facilité de faire : c'est de l'eau prise dans le ruisseau, et jetée sur la toile.

J'ai dit trop de mal de *Boucher*; je me rétracte. Il me semble avoir vu de lui des enfans bien naïvement enfans.

Le naïf, selon mon sens, est dans les passions violentes comme dans les passions tranquilles, dans l'action comme dans le repos. Il tient à presque rien ; souvent l'artiste en est tout près ; mais il n'y est pas.

Ce qui sauve du dédain les *Téniers* et presque toutes les compositions des écoles hollandoise et flamande, outre la magie de l'art, c'est que les figures ignobles en sont bien naïvement ignobles.

C'est à Dusseldorf ou à Dresde que j'ai vu un *sanglier* de *Snyder*. Il est en fureur ; le sang et la lumière se mêlent dans ses yeux, son poil est hérissé, l'écume tombe de sa gueule ; je n'ai jamais vu une plus effrayante et plus vraie imitation. Le peintre n'auroit jamais fait que cet animal, qu'il seroit compté parmi les savans artistes.

En quelque genre que ce soit, il vaut encore mieux être extravagant que froid.

J'ai vu à Dusseldorf *le Saltimbanque* de *Gérard Dow*. C'est un tableau qu'il faut voir, et dont il est impossible de parler. Ce n'est point une imitation, c'est la chose, mais avec une vérité dont on n'a pas d'idée, avec un goût infini. Il y a dans ses figures des traits si fins, qu'on les chercheroit inutilement dans un genre plus élevé. Je n'ai jamais vu la vie plus fortement rendue.

Il n'est pas étonnant que presque tous les tableaux hollandois et flamands soient petits ; ils ont été faits pour leurs demeures.

Est-ce que la distribution intérieure de nos appartemens, n'a pas fait tomber de nos jours la grande peinture ? La sculpture se soutient, parce que son ciseau ne coupe guère le marbre que pour des temples et des palais.

Les corrections qu'un maître fait à ses premières idées, les Italiens les appellent *pentimenti*, expression qui me plaît.

Les *pentimenti* de Rembrandt ont enflé son œuvre de plusieurs volumes in-folio.

Je voudrois bien que l'on m'expliquât pourquoi les revers des plus belles médailles anciennes sont presque tous négligés. Seroit-ce une flatterie ? A-t-on voulu que rien ne luttât contre l'image du prince ?

Il y a aussi la flatterie de la peinture ; elle séduit au premier coup-d'œil ; mais on s'en dégoûte bientôt.

J'ai parlé de la flatterie relativement au faire. Il y en a une autre relative au moral ; l'allégorie est sa ressource. On fait une allégorie à la louange de celui dont on n'a rien à dire de précis. C'est une espèce de mensonge, que son obscurité sauve du mépris.

Il est bien singulier que tous nos petits littérateurs répètent tous les jours le seul hémistiche d'Horace qu'ils sachent : *Ut pictura poësis erit ;* qu'ils admirent tous les jours le drame en peinture, et qu'ils le chassent de la scène. *O imitatores, servum pecus !* Celui qui passa du tragique au comique, fit bien une autre enjambée.

Il est du galimatias en peinture ainsi qu'en poésie. Voyez *le Tombeau du maréchal d'Harcourt* à Notre-Dame.

Vénus avec la tortue, c'est Vénus sédentaire et chaste ; avec le dauphin ou les colombes, c'est Vénus libertine.

Il y a plusieurs tableaux de *Layresse*, précieux par leur beauté, mais si obscurs, que personne n'a pu encore en expliquer le sujet.

De la beauté.

Au moment où l'artiste pense à l'argent, il perd le sentiment du beau.

Tout ce que l'on a dit des lignes elliptiques, circulaires, serpentines, ondoyantes, est absurde. Chaque partie a sa ligne de beauté, et celle de l'œil n'est point celle du genou.

Et quand la ligne ondoyante seroit la ligne de beauté du corps humain, entre mille lignes qui ondoyent, laquelle faut-il préférer ?

On dit : Que votre contour soit franc ; on ajoute : Soyez vaporeux dans vos contours. Cela se contredit-il ? Non ; mais cela ne se concilie que sur le tableau.

Les Italiens désignent ce vaporeux par l'expression *sfumato*; et il m'a semblé que par le *sfumato* l'œil tournoit autour de la partie dessinée, et que l'art indiquoit ce qu'on est obligé de cacher, mais si fortement, que sans voir on croyoit voir au-delà du contour. Si je me trompe dans la définition d'une chose de pratique, j'espère que les artistes se rappelleront que je suis littérateur et non peintre. J'ai dit ce que j'ai vu, que là les contours me sembloient noyés dans une vapeur légère.

Deux phénomènes bien voisins, c'est que la peinture cherche à montrer les objets sous un aspect un peu poudreux, et que les eaux-fortes nous plaisent souvent plus que les morceaux exécutés d'un burin ferme. Cela est vrai, sur-tout des paysages. Rien n'est plus piquant qu'un beau visage sous une gaze légère.

Supposez-vous devant une sphère. L'endroit où vous cessez de voir est vague, indécis ; ce n'est point une ligne tranchée, nette, que celle de la vision. Cette limite varie selon la forme du corps ; elle a plus d'étendue au bras rond d'une femme, qu'au bras nerveux et musclé d'un porte-faix. Le contour ici en est plus *ressenti* ; là, plus *fuyant*. Je m'amuse à employer les termes de l'art, du-moins comme je les entends.

La beauté n'a qu'une forme.

La beauté n'est que le vrai, relevé par des circonstances possibles, mais rares et merveilleuses. S'il y a des dieux, il y a des diables; et pourquoi ne s'opéreroit-il pas des miracles par l'entremise des uns et des autres ?

Le bon n'est que l'utile, relevé par des circonstances possibles et merveilleuses.

C'est le plus ou moins de possibilité qui fait la vraisemblance. Ce sont les circonstances communes qui font la possibilité.

L'art est de mêler des circonstances communes dans les choses les plus merveilleuses, et des circonstances merveilleuses dans les sujets les plus communs.

Ici les termes *merveilleux* et *extraordinaires* sont synonimes. Ainsi, il y a le merveilleux qui fait rire ou pleurer; son caractère est de produire l'étonnement ou la surprise.

Causez quelquefois avec l'érudit; mais consultez l'homme délicat et sensible.

Des formes bizarres.

Quand je sais que presque tous les peuples de la terre ont passé par l'esclavage, pourquoi serois-je rebuté des Caryatides ? Mon semblable me choque moins, la tête courbée sous le poids d'un entablement, que baisant la poussière sous les pas d'un tyran.

Je ne suis blessé ni des colonnes accouplées

qui fortifient en moi l'idée de sécurité, ni des colonnes cannelées qui renflent ou qui allègent à la volonté de l'artiste et selon le choix de la cannelure.

Pour les gaines, je vous les abandonnerois volontiers, s'il ne m'étoit arrivé cent fois de n'appercevoir que la moitié d'une figure. Ce sont des ornemens d'assez bon goût, dans un bosquet touffu, qui n'en laisse appercevoir que la partie supérieure.

Du costume.

Lorsque le vêtement d'un peuple est mesquin, l'art doit laisser là le costume. Que voulez-vous que fasse un statuaire de vos vestes, de vos culottes et de vos rangées de boutons ?

N'est-ce pas encore une belle chose à imiter, qu'une perruque de palais ou de faculté ?

Il est une Vénus dont M. Larcher, ni, je crois, l'abbé de La Chaux n'ont parlé ; c'est Vénus *mammosa*, la Vénus aux grosses mamelles, la seule à qui les écoles flamande et hollandoise ont sacrifié.

Les Graces compagnes de Vénus Uranie sont vêtues ; les Graces compagnes de Vénus, déesse de la volupté, sont nues.

Vêtement de trois sortes de femmes romaines : La *stola* blanche pour les femmes distinguées, a *stola* noire pour les affranchies, et la robe bigarrée pour les femmes du commun. Je ne ferai jamais un grand reproche à l'artiste d'ignorer ou de négliger ces distinctions gênantes.

Différens caractères des peintres.

Kniphergen, Van-Goyen, paysagistes, et Percellis, peintre de marine, gagèrent à qui feroit le mieux un tableau dans la journée, au jugement de leurs amis présens à cette espèce de lutte.

Kniphergen place la toile sur le chevalet; et semble prendre sur sa palette, des cieux, des lointains, des rochers, des ruisseaux, des arbres tout faits.

Van-Goyen jette sur la sienne du clair, du brun; et forme un chaos d'où l'on voit sortir avec une célérité incroyable, une rivière, un rivage et des bestiaux remplis de différentes figures.

Cependant Percellis demeuroit immobile et pensif; mais l'on vit bientôt que le temps de la méditation n'avoit pas été perdu. Il exécuta une marine, qui enleva les suffrages. Ses rivaux n'avoient pensé qu'en faisant; Percellis avoit pensé, avant que de faire. J'ai lu ce trait dans Hagedorn.

Et je suis sûr que nos artistes diront que ces trois peintres firent trois mauvais tableaux. Cependant Cicéron fit *ex abrupto* une très-belle oraison, ce qui est bien aussi surprenant que l'exécution d'un beau tableau.

Voici le jugement de Vernet sur lui-même : « J'ai, dans mon genre, un artiste qui m'est supérieur dans chaque partie ; mais je suis le second dans toutes ».

Chaque peintre a son genre. Un amateur demandoit un lion à un peintre de fleurs. Volontiers, lui dit l'artiste ; mais comptez sur un lion qui ressemblera à une rose comme deux gouttes d'eau.

Chaque graveur a son peintre ; ne le tirez pas de là, ou comptez sur un *Rembrandt* qui ressemblera à un *Titien* comme deux gouttes d'eau.

Cependant *Wille* est *Rigaud* avec *Rigaud*, *Netscher* avec *Netscher*. Mais y a-t-il beaucoup d'artistes qui, tels que *Cochin*, aient saisi les règles générales de tous les genres de peinture, et qui ne se soient égarés dans aucune école ?

Quoiqu'il n'y ait qu'une nature, et qu'il ne puisse y avoir qu'une bonne manière de l'imiter, celle qui la rend avec le plus de force et de vérité ; cependant on laisse à chaque artiste son faire ; on n'est intraitable que sur le dessin. Il n'y a qu'une bonne manière de l'imiter. = Est-ce que chaque écrivain n'a pas son style ? = D'accord. = Est-ce que ce style n'est pas une imitation ? = J'en conviens ; mais cette imitation, où en est le modèle ? Dans l'ame, dans l'esprit, dans l'imagination plus ou moins vive, dans le cœur plus ou moins chaud de l'auteur. Il ne faut donc pas confondre un modèle intérieur avec un modèle extérieur. = Mais n'arrive-t-il pas aussi quelquefois que le littérateur ait à peindre un site de nature, une bataille ; alors son modèle n'est-il pas extérieur ? = Il l'est ; mais son expression n'est pas physiquement de la couleur ; ce n'est ni du bleu, ni du vert, ni du gris, ni du jaune ; sans quoi l'expression ne seroit aucunement à son choix ; sans quoi, si la richesse de la langue s'y prêtoit, et qu'elle possédât huit cent dix-neuf teintes de la palette, il faudroit qu'il employât le seul qui rendroit précisément la teinte de l'objet, sous peine d'être faux. Le peintre est précis ; le discours qui peint est toujours vague. Je ne puis rien ajouter à l'imitation de l'artiste ; mon œil ne peut y voir que ce qui y est. Mais dans le tableau du littérateur, quelque fini qu'il puisse être, tout est à faire pour l'artiste qui se proposeroit de le transporter de son discours sur la toile. Quelque vrai que soit Homère dans une de ses descriptions, quelque circonstancié que soit Ovide dans une de ses métamorphoses ; ni l'un ni l'autre ne fournit à l'artiste un seul coup de pinceau, une seule teinte, même lorsqu'il spécifie la couleur. Le peintre n'est-il pas bien avancé du côté du faire lorsqu'il a lu dans Ovide, que *les cheveux d'Atalante, noirs comme l'ébène, flottoient sur ses épaules blanches comme l'ivoire ?* Le poëte commande au peintre ; mais l'ordre qu'il lui donne ne peut être exécuté que par l'expérience, l'étude de longues années et le génie. Le poëte a dit : *Quos ego !.... sed motos præstat componere fluctus* ; et voilà son tableau fait. Reste à faire celui de *Rubens*.

Il est des tableaux, dont la première ébauche est faite d'un pinceau si chaud, qu'ils ne supportent pas plus l'analyse que certains morceaux lyriques.

Le portrait est si difficile, que *Pigal* m'a dit n'en avoir jamais fait aucun, sans être tenté d'y renoncer. En effet, c'est sur le visage que réside spécialement la vie, le caractère et la physionomie.

Faire le portrait à la lampe, on sent mieux les éminences et les méplats. L'ombre est plus forte aux méplats ; la lumière plus vive aux éminences.

C'est l'exécution des détails, qui apprend si les masses sont ou ne sont pas justes. Si les masses sont trop grandes, il y a trop d'espace pour les détails ; si elles sont trop petites, l'espace manque aux détails.

Un peintre se connoît-il en sculpture ? Un sculpteur se connoît-il en peinture ? Sans-doute ; mais le peintre ignore ce qui reste à faire au sculpteur, et le sculpteur ce qui reste à faire au peintre. Ils sont mauvais juges du point qu'on atteint dans l'art, et de l'espérance qu'on peut concevoir de l'artiste.

DÉFINITIONS.

Accident.

Le mot d'*accident* ne se dit guère que de la lumière. On l'emploie pour faire valoir un objet, une partie d'objet. L'*accident* a sa raison dans le tableau; si-non, il est faux.

Accessoires.

C'est un grand art, de savoir négliger les *accessoires*. La nécessité de ces négligences montre l'indigence de l'art. La nature est quelquefois ingrate, jamais négligée.

Les *accessoires* trop soignés rompent la subordination.

Dans toutes les médailles antiques les revers sont négligés.

Il est plus permis de négliger les *accessoires* dans les grandes compositions que dans les petites.

Le Poussin rapportoit, des campagnes voisines du Tibre, des cailloux, de la mousse, des fleurs, etc. et il disoit : *Cela trouvera sa place.*

Accord.

L'*accord* d'un tableau se dit de la lumière et des couleurs.

OMISSIONS.

Du goût.

Presqu'aucun des arts de luxe qui puisse atteindre à quelque dégré de perfection, sans la pratique et des écoles publiques de dessin. Il n'en faut pas une, il en faut un grand nombre. Une nation où l'on apprendroit à dessiner comme on apprend à écrire, l'emporteroit bientôt sur les autres dans tous les arts de goût.

Quel nom donner à un inventeur ? Le nom d'homme de génie. Quel nom reste-t-il pour ceux qui portent les inventions grossières à ce point de perfection qui nous étonne ? Le même. C'est ainsi que l'écho des siècles va, répétant successivement l'épithète sublime, qui ne convient peut-être pas même au dernier instant.

Minerve, d'âge en âge, jette sa flûte ; et il est toujours un Marsyas qui la ramasse. Le premier de ce nom fut écorché.

De la composition.

Mylius, jeune peintre, tenoit l'école de Gérard Dow dans sa vieillesse. Il enseignoit pour le vieillard, et lui donnoit le prix des leçons. Pendant la dernière guerre, il étoit allé porter des médicamens au père d'un de ses amis. Le père étoit malade aux environs de Léipsick. Le fils l'étoit à

Léipsick. Mylius fut pris par les Prussiens comme espion, et jeté dans un cachot, au sortir duquel il mourut.

Quelle multitude de beaux sujets fourniroient à la peinture les atrocités des Prussiens en Saxe, en Pologne, par-tout où ils se sont rendus maîtres !

Il est difficile de concilier dans une figure de femme la grace avec la grandeur de la taille, et avec la force dans l'homme.

N'excéder jamais sans nécessité la grandeur de huit têtes.

Les attachemens solides des membres sont de l'âge viril ; les attachemens las et lâches sont de la vieillesse. On ne les voit point dans les enfans.

Ni trop de fougue, ni trop de timidité. La fougue strapasse, la timidité tâtonne. La connoissance préliminaire de ce qu'on tente donne de la hardiesse et de la facilité.

Toutes les parties du corps ont leur expression. Je recommande aux artistes celle des mains. L'expression, comme le sang et les fibres nerveuses, serpente et se manifeste dans toute une figure.

Il faut copier d'après Michel-Ange, et corriger son dessin d'après Raphaël.

Que la tête soit tournée vers l'épaule la plus haute, me paroît un principe de mécanique. Je n'en excepte que l'homme moribond. L'artiste peut, à sa fantaisie, jeter sa tête en avant, en arrière, du côté qui lui conviendra le mieux.

Je me trompe : je crois qu'il faut en excepter l'homme occupé à certaines fonctions. Je ne sais si le flûteur des Tuilleries n'a pas la tête penchée sur l'épaule la plus basse. Je vérifierai ce fait.

Qu'une femme soit poursuivie par un ravisseur, et qu'elle ait son bras droit élevé et porté en avant, certainement l'épaule de ce côté sera plus haute que de l'autre ; et c'est précisément par cette raison que, si la crainte lui fait tourner la tête pour voir si l'homme qui la poursuit est proche d'elle ou en est éloigné, elle regardera par-dessus son épaule gauche.

Un artiste qui aura la théorie des muscles, sera plus sûr, dans l'action d'un muscle, de bien rendre le mouvement de son antagoniste.

L'ART DE PEINDRE,

POËME

PAR M. WATELET.

Si je laisse paroître mon ouvrage, ce n'est pas pour satisfaire un desir de réputation, qui seroit, sans-doute, peu fondé ; mais j'avoue que je ne suis pas indifférent sur son sort. Sans être insensible aux avantages d'avoir fait un bon ouvrage, je n'y mets aucune prétention indiscrete.

C'est dans le mouvement, qui agit sans cesse dans tous les êtres, et qui est le caractère le plus noble des ouvrages de la nature, que l'artiste va puiser les beautés de l'expression.

En composant mon poëme, j'ai consulté Boileau comme un maître ; en le publiant, je le regarde comme un juge.

Discours préliminaire pesant, sans idées, louche quelquefois.

PREMIER CHANT.

Du Dessin.

Une invocation est toujours un morceau d'enthousiasme. Le poëte a médité. Son esprit fécondé veut produire. Ses pensées en tumulte, comme les enfans d'Eole sous le rocher qui les contient, font effort pour sortir. Il voit l'étendue de son sujet. Il appelle à son secours quelque divinité qui le soutienne. Il voit cette divinité. Elle lui tend la main. Il marche.

L'invocation de ce poëme n'a aucun de ces caractères. Il a bien pensé, comme Lucrèce, à inviter Vénus à assoupir à jamais le terrible dieu de la guerre, lorsqu'elle le tiendroit dans ses bras; mais quelle comparaison entre ces vers-ci, qui ne sont pourtant pas les plus mauvais de l'invocation :

Qu'aux charmes de ta voix, qu'aux accords de ta lyre,
La paix, l'heureuse paix, reprenne son empire,
Enchaîne la Discorde ; et qu'au fond des enfers
Le démon des combats gémisse dans les fers.
Calme les dieux armés et la foudre qui gronde ;
D'un seul de tes regards fais le bonheur du monde;
Et s'il est un séjour digne de tes bienfaits,
Daigne sur ma patrie en verser les effets.

Point d'images, point de tableaux. Je ne vois ni le front serein de la Paix, ni la bouche écumante et les yeux effarés de la Discorde, ni les chaînes de fer qui tiennent les bras du démon de la guerre retournés sur son dos. Rien ne vit là-dedans. Rien ne se meut. Ce sont des idées communes, froides et mortes.

Quelle comparaison, dis-je, entre ces vers et ceux de Lucrèce !

> Nam tu sola potes tranquillâ pace juvare
> Mortales, quoniam belli fera mœnera Mavors
> Armipotens gerit, in gremium qui sæpè tuum se
> Rejicit, æterno devinctus volnere amoris :
> Atque ita suspiciens tereti cervice repostâ
> Pascit amore avidos inhians in te, dea, visus :
> Eque tuo pendet resupini spiritus ore.
> Hunc tu, Diva, tuo recubantem corpore sancto
> Circumfusa super, suaves ex ore loquelas
> Funde. . . . .

« O Vénus ! ô mère des dieux et des hommes !
» toi qui présidas à la formation des êtres, et qui
» veilles à leur conservation et à leur bonheur,
» écoute-moi. Lorsque le terrible dieu des com-
» bats, couvert de sang et de poussière, viendra
» déposer à tes pieds ses lauriers et ses armes,
» et perdre entre tes bras les restes de sa fureur ;
» lorsque ses yeux, attachés sur les tiens, y puise-
» ront les désirs et l'ivresse ; lorsque, la tête
» renversée sur tes genoux, il sera comme sus-
» pendu par la douceur de ton haleine, penche-
» toi. Qu'il entende ta voix enchanteresse. Fais

» couler dans ses veines ce charme, auquel rien
» ne résiste. Amollis son cœur. Assoupis-le; et
» que l'univers te doive une paix éternelle ».

Au-reste, jamais nos invocations n'auront, à la tête de nos poëmes, la grace qu'elles ont à la tête des poëmes anciens. On avoit appris au poëte, quand il étoit jeune, à adorer Jupiter, Pallas ou Vénus; sa mère l'avoit pris par la main, et l'avoit conduit au temple. Il avoit entendu les hymnes et vu fumer l'encens, tandis que le sang des victimes égorgées teignoit les mains du prêtre et les pieds du dieu. Cette croyance étoit réelle pour lui; au-lieu que nous n'avons qu'un culte simulé pour ces divinités passées.

Notre poëte invite sa divinité à briser le joug de la mode. Je demande s'il étoit possible d'avoir un peu de verve, de rencontrer la mode sans la peindre, et si cette image ne pouvoit pas être aussi agréable que celle de la renommée dans Virgile ? Il ne falloit pas la nommer, mais employer vingt vers à me la montrer. Un des caractères, auxquels on voit que la nature a signé un homme poëte, c'est la nécessité qui l'attache à certaines idées, si par hasard il passe à côté d'elles. Moins notre auteur se proposoit d'être poëte dans le cours de son ouvrage, plus il devoit l'être dans son exorde.

Il parle ensuite du trait, de l'imitation, de l'antique, des proportions, du raccourci, de l'étude de l'anatomie, de la perspective, et des lumières. Le champ, ce me semble, étoit vaste. Il y avoit là de quoi montrer des idées, quand on en a. Mais point d'idées. Point de préceptes frappans. Point d'exemples : rien, rien du tout. Ce chant est detestable, soit qu'on le considère du côté de l'art de peindre, soit qu'on le considère comme un morceau de poésie. L'auteur esquive son sujet, en se jetant dans une longue digression sur l'extinction et le renouvellement des beaux-arts. On y parle bien de l'imitation de la belle nature. Mais pas un mot sur la nature ; pas un mot sur l'imitation ; pas un mot sur ce que c'est que la belle nature. O le pauvre poëte !

SECOND CHANT.

De la couleur.

Si le poëme m'appartenoit, je couperois toutes les vignettes, je les mettrois sous des glaces, et je jetterois le reste au feu. Le premier chant commence par : *Je chante l'art de peindre.* Le second commence par ces mots ridicules : *J'ai chanté le dessin.* Ma foi, je ne sais pas où.

On dit que le poëte a vaincu du-moins la difficulté du sujet. Mais la difficulté ne consistoit pas à mettre en vers les préceptes de la peinture, c'est en vers clairs. Or, il y en a une quantité qui sont presqu'inintelligibles. Le poëte est à côté de la pensée. Son expression est vague. Exemple :

Des objets éloignés considérez la teinte.
L'ombre en est adoucie et la lumière éteinte.
Vous rassemblez en-vain tous vos rayons épars ;
Le but trop indécis échappe à vos regards.
Le terme qui les fixe a-t-il moins d'étendue ?
Chaque nuance alors, un peu moins confondue,
Développe à vos yeux, qui percent le lointain,
D'un clair-obscur plus net l'effet moins incertain.
D'un point plus rapproché vous distinguez des masses.
Votre œil plus satisfait mesure des surfaces.
Déjà près du foyer, les ombres et les jours
Se soumettent au trait, décident les contours.
Enfin plus diaphane, en un court intervalle
L'air n'altère plus rien de la couleur locale.

Si tout cela n'est pas du galimatias, il ne s'en manque guère ; et il faut avoir bien de la pénétration, pour y trouver quelques pensées nettes et précises. Le poëte s'entendoit apparemment ; mais il a manqué d'imagination et d'expression, dans les endroits même d'où un homme ordinaire se seroit tiré. Exemple :

C'est ainsi que, formant l'ordre de ses ouvrages,
La nature a tout joint par les plus fins passages.
Toujours d'un genre à l'autre on la sent parvenir,
Sans en voir jamais un commencer ou finir.
Le terme est incertain, le progrès insensible.
Nous voyons le tissu ; la trame est invisible.

En bonne foi, est-ce ainsi qu'il est permis de s'exprimer sur l'harmonie universelle des êtres ? Et quand on ne sait pas répandre le charme de la poésie sur un aussi beau sujet, que sait-on ?

La lumière, docile à la loi qui l'entraîne,
D'une distance à l'autre établit une chaîne.

Qu'est-ce que cela signifie ?

S'il y a quelques comparaisons heureuses, il n'en sait tirer aucun parti. S'il touche une fleur du bout du doigt, elle meurt. Ah ! si Voltaire avoit eu à me montrer le saule éclairé de la lumière des eaux, et les eaux teintes de sa verdure ; le pourpre se détachant des rideaux, et sa nuance allant animer l'albâtre des membres d'une femme nue !

La matière de ce chant n'est pas moins féconde que celle du chant précédent. Il s'agit de la dégradation de la lumière, du choix des bonnes couleurs, de l'art des reflets ; de l'ombre, des oppositions, et des différens points du jour dans la nature.

Il y a quelque génie à voir assigné à chacun de ces points une scène qui lui fût propre ; mais le talent d'Homère n'auroit pas été de trop pour se tirer de là. Il falloit fondre ensemble les beautés propres à l'art. Il est vrai que, si l'exécution eût répondu aux sujets, ce morceau seroit devenu d'un charme inconcevable ; au-lieu qu'il est froid, sans force, sans couleur, et qu'on regrette partout une main habile.

TROISIÈME CHANT.

De l'invention pittoresque.

Cet homme débute toujours d'une façon maussade. *Je chante l'art de peindre.... J'ai chanté le dessin.... Quelle divinité me rappelle au Parnasse.....*

Ce chant m'a paru un peu moins froid que les autres. Le poëte y traite du choix du sujet, de l'ordonnance relative aux effets de l'art, de la disposition des figures, de leur équilibre, de leur repos, de leur mouvement, de l'art de draper, du costume et du contraste. Tout cela est bien pauvre d'idées. On n'apprend rien, on ne retient rien, on n'en peut rien citer.

QUATRIÈME CHANT.

De l'invention poétique.

Je ne sais pourquoi on trouve, sous ce titre, l'art de peindre à fresque, la peinture à l'huile, la détrempe, la miniature, le pastel, l'émail, la mosaïque. De ces différens genres, le poëte passe à l'histoire, aux ruines, aux paysages; il ébauche tout cela; et pas un mot de génie qui caractérise. Il va traiter de l'expression. Voyons comment il s'en tirera. Il esquisse l'entrevue d'Hector et d'Andromaque. Vous croyez peut-être qu'il vous montrera Andromaque désolée, abattue, ayant perdu l'espérance d'arrêter son époux; Hector, touché, allant donner à son enfant le dernier embrassement qu'il recevra de lui; l'enfant, ne reconnoissant pas son père, effrayé de son casque, et se renversant sur le sein de sa nourrice; la nourrice, versant des larmes. Cela est dans Homère; mais cela n'est pas ici. Les différens âges ne sont pas mieux caractérisés. Tout art d'imitation a un côté relatif aux mœurs; mais sur-tout la peinture. Il n'en est pas question. On dit bien, en général, que les passions font varier les traits du visage; mais ne falloit-il pas me montrer ces visages des passions, me les peindre? Cela eût été difficile; mais un poëme sur la peinture est une chose très-difficile.

Je conclus, de ce qui précède, qu'il n'y a dans celui-ci aucun des deux points qu'un poëte doit atteindre, s'il veut être loué.

Le poëme est suivi de quelques réflexions en prose, sur les proportions, l'ensemble, l'équilibre ou le repos des figures, leur mouvement, la beauté, la grace, la couleur, la lumière, l'harmonie, le clair-obscur, l'effet, l'expression, les passions et le génie.

K*

Des proportions.

L'auteur prétend que l'imitation s'est portée d'abord à faire les copies égales aux objets, comme à un travail plus facile. Je ne sais s'il est vrai que cela soit plus facile. Il n'y a qu'une façon pour une copie d'être égale à l'objet; et c'est ajouter une condition unique à la condition de ressembler. Il est vrai que l'on a le secours des mesures. On a pris une partie du corps humain pour mesure de toutes les autres. C'est, selon les uns, ou la face ou la tête. Mais chaque âge a ses proportions; chaque sexe, chaque état, etc. L'auteur auroit bien dû observer que la proportion n'est pas la même pour les figures nues, que pour les figures habillées; elle est un peu plus grande pour celles-ci, parce que le vêtement les rend plus courtes.

De l'ensemble, ou de la proportion convenable à toutes les parties.

Tout détruit l'ensemble dans une figure supposée parfaite; l'exercice, la passion, le genre de vie, la maladie; il paroît qu'il n'y eut jamais qu'un homme, et dans un instant, en qui l'ensemble fut sans défaut; c'est l'Adam de Moyse, au sortir de la main de Dieu. Mais ne peut-on pas dire, en prenant l'ensemble sous un point

de vue plus pittoresque, qu'il n'est jamais détruit
ni dans la nature où tout est nécessaire, ni dans
l'art, lorsqu'il sait introduire dans ses productions
cette nécessité ? Mais quelle suite d'observations,
quel travail cette science ne demande-t-elle pas ?
En revanche le succès de l'ouvrage est assuré.
Cette nécessité introduite fait le sublime. Elle se
sent plus ou moins par celui qui regarde. Ce n'est
pas peut-être qu'à parler à la rigueur, nous ne
l'admirions où elle n'est pas. Je vais tâcher d'être
plus clair. Supposons pour un moment la nature
personnifiée; et plaçons-la devant l'Antinoüs ou
la Vénus de Médicis. Je couvre la statue d'un
voile qui ne laisse échapper que l'extrémité d'un
de ses pieds; et je demande à la nature d'achever
la figure sur cette extrémité donnée. Hélas! peut-
être en travaillant d'après la nécessité de ses loix,
au-lieu de produire un chef-d'œuvre, un objet
d'admiration, le modèle d'une belle femme, n'exé-
cuteroit-elle qu'une figure estropiée, contre-faite;
une molécule insensible donnée, tout est donné
pour elle; mais il n'en est pas ainsi de nous. La
force d'une petite modification qui, pour la nature,
entraîne et détermine le reste, nous échappe et
ne nous touche pas. Nous ignorons son effet sur
l'ensemble et le tout. Il n'y auroit qu'un moyen
d'obtenir de la nature, mise à l'ouvrage, une statue
telle que l'artiste l'a faite. Ce seroit, avec l'extrémité du pied de la statue, de lui montrer aussi

le statuaire. Or il y a une chaîne, en conséquence de laquelle un tel artiste n'a pu produire qu'un tel ouvrage. Oh ! combien notre admiration est imbécille ! Elle ne peut jamais tomber que sur des masses isolées et grossières.

La connoissance de l'anatomie n'en est que plus nécessaire. Il faut s'attacher principalement à l'ostéologie et à la myologie.

L'impossibilité pour le modèle de garder une position constante dans un transport de passion, rend sur-tout la myologie nécessaire. Si l'artiste connoît bien les muscles, il saisit tout-à-coup les parties et les endroits qui s'enflent ou se dépriment, s'alongent ou se raccourcissent. Il ne tâtonne point ; il va sûrement et rapidement. Le seul inconvénient contre lequel l'artiste doit être en garde, c'est l'affectation de se montrer savant anatomiste, et d'être dur et sec.

L'on dit l'ensemble d'une figure ; on dit aussi l'ensemble d'une composition. L'ensemble de la figure consiste dans la loi de nécessité de nature, étendue d'une de ses parties à l'autre. L'ensemble d'une composition, dans la même nécessité, dont on étend la loi à toutes les figures combinées.

Du mouvement et du repos des figures.

Il n'y a rien dans ce paragraphe qui ne soit de vérité éternelle. C'est une application des principes de la mécanique à l'art de représenter les corps, ou isolés ou grouppés, ou nus ou en repos.

De la beauté.

L'auteur la regarde comme un reflet de l'utilité ; et il a raison.

De la grace.

Je n'aime pas sa définition ; c'est, selon lui, l'accord des mouvemens du corps avec ceux de l'ame. J'aimerois mieux l'accord de la situation du corps en repos ou en mouvement, avec les circonstances d'une action. Tel homme a de la grace à danser, qui n'en a point à marcher. Tel autre n'en a ni à danser ni à marcher, qui en est tout plein sous les armes ; et un troisième se présente de bonne grace avec un fleuret, qui se présente de très-mauvaise grace avec une épée.

Il est facile d'être maniéré en cherchant la grace. Il y a un moyen sûr d'éviter cet inconvénient ; c'est de remonter jusqu'à l'état de nature.

L'auteur fait ici une supposition très-bien choisie, et qu'il suit avec goût. C'est une jeune fille innocente et naïve, vue par un indifférent, vue par son père, et vue par son amant. Il montre l'intérêt et la grace s'accroître dans cette figure, selon les spectateurs auxquels il la présente.

De l'harmonie de la lumière et des couleurs.

Cette harmonie s'établit par les reflets entre les couleurs les plus antipathiques. Ainsi, à proprement parler, il n'y a point d'antipathie de couleurs dans la nature; et il y en a d'autant moins dans l'art que le peintre est plus habile. Jetez les yeux sur une campagne, voyez s'il y a rien qui choque votre œil. La nature établit, entre tous les objets, une sorte de tempérament qu'il faut imiter. Mais ce n'est pas tout. Jamais les couleurs de l'artiste ne pouvant égaler, soit en vivacité, soit en obscurité, celles de la nature, l'artiste est encore obligé de se faire une sorte d'échelle, où ses couleurs soient entre elles comme celles de la nature. La peinture, pour ainsi dire, a son soleil, qui n'est pas celui de l'univers. Mais le soleil de la nature n'ayant pas toujours le même éclat, n'y auroit-il pas des circonstances où il seroit celui du peintre; et les tableaux faits dans ces circonstances n'auroient-ils pas un dégré de vérité, qui manqueroit aux autres?

Chaque artiste ayant ses yeux, et par conséquent sa manière de voir, devroit avoir son coloris. Mais il y a, par malheur, un coloris d'école et d'atelier, auquel le disciple se conforme, quoiqu'il ne fût point fait pour lui. Qu'est-ce qui lui arrive alors? De se départir de ses yeux, et de peindre avec ceux de son maître. De-là tant de cacophonie et tant de fausseté.

De l'effet.

C'est, ce me semble, l'impression générale du tableau, considérée relativement à la magie de la peinture. Ainsi, le tableau que je prendrois pour une scène réelle, seroit celui qui auroit le plus d'effet; mais entre les scènes réelles de la nature, il y en a qui frappent par elles-mêmes plus que d'autres. Ainsi, le choix du sujet, du moment, tout étant égal d'ailleurs, peut encore donner à un tableau plus d'effet qu'à un autre.

De l'expression et des passions.

L'expression naît du talent de saisir le caractère propre à chaque être; or, tout être animé ou inanimé a son caractère. L'expression s'étend donc à tous les objets. La passion ne se dit au contraire que des objets animés et vivans. L'auteur s'occupe ici à décrire ce que les diverses passions produisent dans les êtres animés. Je ne sais pourquoi il n'a pas fait entrer ce détail dans son poëme.

En général, s'il eût jeté dans les chants ce que j'y cherchois, il n'auroit point eu de notes à faire.

Je trouve que, dans son poëme, il n'y a rien pour les artistes ni pour les gens de goût; et que les gens du monde feront bien de lire ses notes. Pour les artistes, le plus mince d'entre eux sait bien au-delà.

LA PEINTURE,

POËME EN TROIS CHANTS,

PAR M. LE MIERRE.

Pour apprécier cet homme-ci, il faudroit savoir ce qu'il doit à Dufresnoi, à l'abbé de Marsy, à M. Watelet : car son mérite se réduira à peu de chose, par-tout où il ne lui restera que celui de traducteur. Quelque obligation qu'il puisse avoir à mon ignorance ou à ma paresse, je vais le traiter comme original; je vais le juger comme si personne n'avoit encore écrit de la peinture, et qu'il eût tiré son ouvrage entier de son propre fonds. Il se trouvera assez d'autres bonnes ames sans moi, qui, sous prétexte de dépouiller le geai des plumes du paon, lui arracheront les siennes. Le geai Le Mierre! cette idée me fait rire. Vous ne sauriez croire combien notre poëte ressemble à cet oiseau, qui a le cri dur et aigu, les plumes brillantes et ébouriffées, l'air vain, et l'allure bizarre.

Son poëme est en trois chants. Je vous ferai d'abord une analyse très-succinte de chacun ; ensuite je vous en dirai mon avis, dont vous serez le maître de vous éloigner tant qu'il vous plaira. Je suis un peu quinteux, comme vous savez ; la moindre variation qui survient dans mon thermomètre physique ou moral, le souris de celle que j'aime, un mot froid de mon ami, une petite bêtise de ma fille, un léger travers de sa mère, suffisent pour hausser ou baisser à mes yeux le prix d'un ouvrage. Après cet aveu que je vous fais, pour l'acquit de ma conscience, je lis et j'écris.

CHANT PREMIER.

Argument.

Il expose son sujet. Il invoque ; et son invocation, adressée à Dibutade, à qui l'amour apprit à tracer un profil, le place naturellement à l'origine de la peinture et aux premiers essais de la sculpture, qu'il soupçonne antérieurs au dessin. Vous l'en croirez, ou ne l'en croirez pas ; c'est votre affaire. Quant à moi, pour un enfant qui s'amusoit à modeler, j'en ai vu cent griffonner des chiens, des oiseaux, des têtes, à la craie, au charbon, à la plume. Il passe aux différens genres de peinture ; l'histoire, le paysage, le portrait, la fresque, les bambochades ; de-là, à l'étude de l'anatomie, à la connoissance des proportions, au choix et à l'imitation de la nature. Il fait l'éloge et la critique de Rubens. Il récrée l'odorat de Le Sueur et de Lebrun d'un petit grain d'encens. Il traite de la décadence de l'art dans l'ancienne Rome, de sa renaissance dans Rome la nouvelle. Il montre la peinture et la sculpture sauvant les débris de leurs chefs-d'œuvre de dessous les pieds des barbares. Il montre Michel-Ange interrogeant le génie antique, qui élève sa tête poudreuse d'entre les ruines de l'Ausonie; et c'est la fin de son premier chant.

Examen.

L'exposition de son sujet est mauvaise : il faut être simple; Horace l'a dit; mais il ne faut pas être plat. Voici comme il débute.

> Je chante *l'art heureux* dont *le puissant génie*
> *Redonne à l'univers une nouvelle vie* ;
> Qui par *l'accord savant* des couleurs et des traits
> *Imite et fait saillir* la forme des objets,
> Et prêtant à l'image une vive imposture,
> Laisse hésiter nos yeux *entre elle* et la nature.

Qu'est-ce que le puissant génie d'un art heureux ? Qu'est-ce que redonner à l'univers une nouvelle vie ? Comme cela est sec et dur ! Ce n'est pas seulement de la prose médiocre. Lucain a bien mieux dit de l'art d'écrire, que celui-ci de l'art de peindre.

Et c'est d'eux que nous vient cet art ingénieux
De peindre la parole et de parler aux yeux ;
Et par les traits divers des figures tracées
Donner de la couleur et du corps aux pensées.

En revanche, il y a de la verve dans l'invocation.

Du sein de ces déserts, lieux jadis renommés,
Où, parmi les débris des palais consumés,
Sur les tronçons épars des colonnes rompues,
Les traces de ton nom sont encore apperçues ;
Lève-toi, Dibutade, anime mes accens ;
Embellis les leçons éparses dans mes chants,
Mets dans mes vers ce feu, qui sous ta main divine
Fut d'un art enchanteur la première origine.

Ici, je reconnois le ton de la poésie. Séparez les mots, renversez les phrases ; quoi que vous fassiez, vous trouverez les membres dispersés d'un poëte.

Remarquez, une fois pour toutes, et rappelez-vous par la suite, que je soulignerai tous les endroits où je serai mécontent, soit de l'harmonie, soit de l'expression.

Il dit du génie :

Il veut, et tout s'anime ; il touche, et dans l'instant
L'eau coule, un mont s'élève, une plaine s'étend,
Le jour luit.

Et cela est beau.

A la rapidité près, avec laquelle il ébauche les différens genres de peinture, je n'y vois rien de rare, ni de piquant; aucun texte pourtant n'étoit aussi fécond. Quelques vers techniques heureux; des tableaux, mais communs, mais gâtés, ici par une expression impropre, là par une idée louche; du rithme, j'entends celui qui peint le mouvement; jamais celui qui marque la passion, et qui naît des entrailles et de l'ame. Il m'entretient du portrait, de cette foible consolation d'un amant séparé de celle qu'il aime, de ces restes précieux d'un ami qui n'est plus, de ces images révérées d'une nation qui regrette son bienfaiteur; et il ne lui échappe pas un mot qui aille au cœur, qui sollicite une larme! Le poëte ne sent pas, je vous le jure.

Il dit de la fresque :

Le dôme a disparu, c'est la céleste voûte.

Il dit au dessinateur :

Dessine en ton cerveau, c'est la première toile.

Pourquoi ces vers simples, énergiques et clairs ne sont-ils pas plus fréquens ?

Il prescrit au peintre de diviser sa toile par carreaux; et voici comme il s'exprime :

Par espaces réglés que la toile *blanchisse*.

Il parle de la distance et de son effet sur les corps ; et il dit :

*Tu vois que les objets élevés sous la main
S'applatissent à l'œil par le moindre lointain ;
Imite de ces corps les formes raccourcies.*

Il parle de la balance des figures ; et voici ses vers :

*Sur leurs bases entre eux que les corps balancés
Se répondent des points où tu les as placés.*

Est-ce-là du françois ? Est-ce-là de la poésie ? Je sais que ces idées sont difficiles à rendre ; mais celui qui écrit d'un art, s'en impose la tâche.

Je ne finirois pas, si je vous citois tous les endroits où le poëte touche au galimatias. Il faut se mettre à la gêne pour lui trouver du sens ; encore n'est-on pas sûr d'avoir rencontré celui qu'il avoit en vue.

Le morceau sur l'anatomie est un tissu de phrases énigmatiques ; c'est le ramage entortillé du sphynx ; c'est encore le croassement insupportable du corbeau.

A propos d'Apelle, qui dépouilla les plus belles femmes de la Grèce, pour composer des charmes particuliers à chacune, le modèle de la beauté, il rassemble autour de l'artiste les mortelles et les immortelles ; il en demande pardon à celles-ci : Eh ! mon ami, tu te méprends ; ce n'est pas aux déesses qui ne se sont pas remuées de leur place, c'est au sens commun que tu dois demander pardon.

Si quelqu'un en conversation disoit, des compositions confuses, que :

Des grouppes mal conçus
Montrent une mêlée *au milieu des tissus.*

Si quelqu'un, en louant Le Brun d'avoir, dans son Massacre des Innocens, évité les formes outrées de Rubens, et restitué aux femmes leur organisation molle et délicate, disoit qu'il sut

Adoucir *la stature* des mères.

Je vous le demande, croyez-vous que l'homme de goût pût s'empêcher de rire ?

Ce premier chant, où la nature offroit des richesses sans nombre, est pauvre. On y sent à chaque instant l'ignorance de la langue et la disette d'idées; on en sort fatigué des cahots de la versification. Point de nombre, nulle sévérité de goût; de la hardiesse; nulle précision : il me semble que je me suis égaré dans les ténèbres. L'effervescence du jeune homme qui va à toutes jambes : un peintre qui seroit dans son genre ce que le poëte est dans le sien, ne seroit pas froid; et c'est tout l'éloge qu'on en pourroit faire.

CHANT SECOND.

Argument.

Ce chant s'ouvre par une apostrophe au soleil, source de la lumière et des couleurs. La peinture indigente n'en eut que deux à son origine: peu-à-peu la palette s'enrichit. Le poëte traite des couleurs naturelles des objets. A cette occasion, il auroit pu faire quelques beaux vers sur les tableaux exécutés aux Gobelins avec la laine, à la Chine avec les plumes des oiseaux, ici avec les pastels. Il a oublié ces trois genres de peinture, et le nom de la Rosalba ne se trouve point dans son poëme; cependant ce nom en valoit bien un autre. Le pastel, cet emblême si vrai de l'homme, qui n'est que poussière et doit retourner en poussière! Il s'occupe ensuite de la recherche, de la préparation, du soin et de l'emploi des couleurs artificielles. C'étoit là l'endroit de la peinture en émail, qui reçoit des chaux métalliques et du feu un éclat qui brave le temps; de la peinture en cire ou de l'encaustique, que les anciens ont inventée, et qu'on a retrouvée de nos jours; de la peinture sur le verre, qui a occupé les mains de plusieurs grands maîtres. Plus les manœuvres sont singulières, plus elles prêtent à la poésie. Il passe à l'harmonie, sujet qui auroit bien dû l'avertir d'être harmonieux; la bouquetière Glycère en donna les premiers principes à son amant

Pausias. Ici, il fait une sortie contre les femmes, qui cachent sous le carmin la plus vive et la plus touchante des couleurs. Éloge du Titien. Art de peindre les ciels, les eaux, la mer, les tempêtes, l'air, la lumière. Apologie du clavecin oculaire du père Castel, Jésuite. Formation, charme et étude de l'arc-en-ciel; choix du climat. Et tout au travers de cela, différens détails relatifs à l'art et hors de son objet, ce dont les rigoureux défenseurs de la méthode le blâmeront, et moi je le louerai. Rien ne convient tant à un poëte que les écarts; ils ne me déplaisent pas même en prose; ils ôtent à l'auteur l'air de pédagogue, et donnent à l'ouvrage un caractère de liberté, qui est tout-à-fait de bon goût. L'image d'un homme qui erre en se promenant au gré des lieux et des objets qu'il rencontre, s'arrêtant ici, là précipitant sa marche, m'intéresse tout autrement que celle d'un voyageur courbé sous le poids de son bagage, et qui s'achemine, en soupirant après le terme de sa journée; ou, si vous aimez mieux la comparaison de celui qui cause et de celui qui disserte, vous pouvez vous en tenir à cette dernière.

Examen.

L'apostrophe au soleil est chaude, courte et assez belle.

Globe resplendissant, océan de lumière,
De vie et de chaleur source immense et première,

Qui lances tes rayons *par les plaines* des airs,
De la hauteur des cieux aux profondeurs des mers,
Et *seul fais* circuler cette matière pure,
Cette sève de feu qui *nourrit* la nature ;
Soleil, par ta chaleur l'univers fécondé
Devant toi s'embellit de lumière inondé.
Le mouvement renait, les distances, *l'espace ;*
Tu te lèves, tout luit ; tu nous fuis, tout *s'efface.*

Une observation que je ne veux pas perdre, parce qu'elle est importante ; c'est que ce poëte n'a pas un grain de morale et de philosophie dans sa tête. Il est si bien enfoncé dans sa peinture, qu'il ne s'avise jamais de se replier sur lui-même, de me ramener à mes devoirs, à mes liaisons, à mon père, à ma mère, à ma femme, à mon ami, à mon amie, à mon origine, à la fin qui m'attend, au bonheur, à la misère de la vie. Je ne connois pas de poëme où il y ait moins de mœurs, et, diroit peut-être Chardin, moins.... Mais laissons cela, Chardin est caustique.

Mêmes qualités et mêmes défauts, soit dans la description des couleurs naturelles, soit dans la préparation des couleurs artificielles. Toujours de l'obscurité, toujours une belle page déshonorée par de mauvais vers, un vers heureux et facile gâté par un mot impropre ; c'est le vice général du poëte.

Voyez l'endroit où il défend à l'artiste le moment où le soleil occupant le méridien ne laisse point d'ombres aux corps; il m'a paru bien. Croiriez-vous bien que ce poëte a une sorte de séduction ? Il est si bouillant, il marche si vîte, qu'il ne laisse presque pas le temps de le juger. Il dit des premières notions de l'harmonie :

Tu créas le dessin, Amour; c'est encor toi
Qui vas du coloris nous enseigner la loi.
O champs de Sicyone ! ô rive toujours chère !
Tu vis naître à-la-fois Dibutade et Glycère;
Glycère de sa main *assortissant* les fleurs,
Instruisit Pausias dans l'accord des couleurs;
Tandis qu'elle tressoit ces festons, ces guirlandes
Qui servoient aux autels de parure et d'offrandes,
Son amant les traçoit d'un pinceau délicat,
Égaloit sur la toile et fixoit leur éclat.

Il est plein d'apostrophes; mais elles sont naturelles et courtes. Il ne se refuse à aucune métaphore; son style est brut. Il ne sent pas lui-même ses défauts; la chaleur de tête l'emporte : on voit qu'il veut aller bien ou mal.

Je vous défie d'entendre ses premiers vers contre l'usage du rouge, sans avoir envie de vous boucher les oreilles.

Mais quel vase léger et rempli de carmin
Thémire à ce miroir tient ouvert sous sa main !
Elle prend le pinceau, mais la toile !... Ah ! Thémire !
Thémire, arrête donc.

Ah ! M. Le Mierre, le choc discordant de ces

mots étoit capable de lui faire tomber la brosse et la tasse d'effroi.

Thémire... ce carmin désormais innocent,
Qu'aux mains de la peinture il deviendra puissant !

Est-il possible de dire plus platement ?

Imite, imite Églé : dans cet âge qui vole,
De l'aimable pudeur conservant le symbole ;
Au lever du soleil, à l'approche du soir,
La mousse pour toilette, un ruisseau pour miroir,
Contre un saule penchée, au bord d'une onde pure,
Du hâle sur son teint elle efface l'injure.

Cela n'est pas merveilleux ; la syntaxe française est un peu négligée ; l'eau rafraîchit la peau, mais elle n'ôte pas le hâle ; tout au contraire, elle y dispose. Mais il n'y faut pas regarder avec vous de si près.

Le Mierre n'a qu'une seule des qualités du poëte, la chaleur de l'imagination ; il ignore absolument l'harmonie. Il tombe dans les défauts que les novices évitent d'instinct, quelquefois au mépris de la langue. Je n'ai pas encore rencontré une peinture touchante, un vers d'ame, un mot sensible ; jamais il ne me ramène en moi-même. Je m'arrête devant ses tableaux, mais je ne suis point tenté de m'écrier avec Enée à l'aspect de ses propres malheurs représentés sur les murs du temple de Carthage :

Sunt lacrymæ rerum, et mentem mortalia tangunt.

Le malheur trouve donc des larmes par-tout !
Par-tout les ames s'ouvrent à la commisération.

Jamais il ne s'avise de s'arrêter lui-même devant ses images, de s'en effrayer, d'en pleurer. Il ne réfléchit point, il ne fait point réfléchir; sans cela cependant point d'effet, point de beautés solides. S'il n'est point froid, il est encore moins pathétique. Il s'en tient à des incidens communs; il ne s'est pas douté qu'un incident commun bien rendu en peinture est encore une belle chose; mais qu'il n'en est pas de même en poésie. Son éloge du Titien est commun. Quelle différence de ce maître, lorsqu'il me montre Vénus entre les bras d'Adonis, ou Jupiter tombant en pluie d'or dans la tour de Danaé, et ces images sous le pinceau de Le Mierre ! Cependant on ne me persuadera pas que la tâche de l'artiste ne fût tout autrement difficile que celle du poëte. Le Mierre cherche à rendre la chose et jamais l'impression; c'est-à-dire qu'il oublie qu'il est poëte, et qu'il laisse son rôle pour faire celui de peintre.

Voici sur le talent de rendre les ciels, quelques vers techniques que vous estimerez.

Tout dépend de cet art : de reflets en reflets
C'est le ciel qui commande au reste des objets.
Avant que d'y porter une main téméraire,
Parcours long-temps des yeux les champs de l'atmosphère,
Conforme la couleur à ce fond transparent;
Sur ce vague subtil, sur ce fluide *errant*

Qui par-tout environne et balance la terre:
Ne laisse du pinceau qu'une trace légère,
Fais plus sentir que voir l'impalpable élément :
Si tu sais peindre l'air, tu peins le mouvement.

Cela n'est pas sans incorrection, sans louche; un censeur rigide pourroit encore chagriner le poëte; mais le sujet est difficile, et je suis indulgent.

Vous serez encore plus content du morceau qui suit, sur la manière de peindre les anges.

Un ange descend-il des voûtes éternelles ?
Si je le reconnois, ce n'est point à ses ailes ;
Qu'insensible en son vol, sa molle agilité
Revêtisse les airs et leur fluidité ;
Qu'il *ressemble*, au milieu de la céleste plaine,
Au nuage argenté que le zéphyr promène :
Loin ces anges pesans qui dans un air épais
Semblent au haut du ciel nager sur des marais,
Qui de leurs membres lourds *surchargent l'air qu'ils fendent*
Et qui tombent des cieux plutôt qu'ils n'en descendent.

Ah! si tout étoit écrit et soigné comme cela !

L'harmonie des sons lui fournit une transition heureuse à celles des couleurs.

Qu'entends-je? O doux accens! ô sons harmonieux!
Concert digne en effet de l'oreille des dieux !
Les lauriers toujours verds, dont le Pinde s'ombrage,
Agitent de plaisir leur sensible feuillage.

Voilà de la poésie, M. Le Mierre.

Dans quel contraste heureux sont modulés les sons!
Ainsi dans les couleurs sache opposer les tons.

Cela n'en est plus; voilà le galimatias qui commence, et qui ne finira pas si-tôt. Le poëte s'embarque dans les découvertes optiques de Newton. Il parle avec une telle assurance des phénomènes des sons et de la lumière, qu'on croiroit qu'il s'entend, et que les ignorans croiront l'entendre, et s'écrieront: *Oh! que cela est beau!* Pour d'Alembert, à qui il s'adresse sur la fin, il lui dira: *Je ne sais ce que tu me proposes, et tu ne sais ce que tu dis.* Fiat lux.

Le mécanisme du clavecin oculaire du père Castel est rendu à étonner. Loriot le referoit sur la description, si l'instrument en valoit la peine.

La pensée d'attribuer la différence des climats au séjour des dieux exilés sur la terre est ingénieuse et poétique; et je trouve fort bon que le poëte dise:

Qu'honorés par leurs pas, ces *magnifiques* lieux
Gardent la trace encor du passage des dieux.

Je préfère ce second chant au premier. J'oubliois de vous dire qu'il y avoit un phénomène très-difficile à rendre; ce sont les reflets des objets de la nature au fond des eaux, les images affoiblies des arbres opposés par leurs racines, les nuées se promenant sur nos têtes et à la même distance au-dessous de nos pieds : voyez comme il s'en est tiré; mais de la douceur! Ce poëte-ci n'est pas un homme à éplucher mot à mot, syllabe à syllabe; il n'est pas en état de supporter cette critique. Vous êtes trop heureux que je sois las : si cet ouvrage s'étoit offert dans le moment de la ferveur, lorsqu'en partant, vous me ceignîtes le tablier de votre boutique, je vous ruinois en copie ; mais s'occuper de peinture, au sortir du Salon, cela ne se peut pas. Ce poëme ne vous dégoûtera pas de la lecture de mes papiers, j'en suis sûr.

CHANT TROISIEME.

Argument.

Voilà l'esquisse faite, il s'agit d'achever le tableau ; il s'agit de l'expression, des passions, du mouvement, des conditions, du caractère ; il s'agit de sentir. Le poëte se déchaîne contre l'atrocité des sujets chrétiens. Il fait l'éloge de Berghem ; il passe aux animaux, aux monstres, aux grotesques. Il insiste avec raison sur l'unité d'action ; mais celle du temps plus rigoureuse pour le peintre qui n'a qu'un clin-d'œil, que pour le poëte ; mais celle de lieu, il n'en parle pas. Eloge du Poussin. Orages, déluges, incendie, sacrifices : ô le beau champ à parcourir ! Sacrifice d'Iphigénie, batailles, allégories, costumes. Apologie de Michel-Ange. Son éloge et celui de l'Albane, du Corrège, des Carraches, du Tintoret, de Le Sueur, d'Holbein, des Bassans, des Wouvermans, de Claude Lorrain, de Rembrandt, du Primatice, de Vandyck, de Vinci, du Guide, du Dominicain et de Raphaël. Eh! monsieur Le Mierre, pourquoi avoir oublié les Jordans, mais sur-tout Téniers, Téniers, peut-être le maître en peinture de tous ces gens-là? Cela me fâche, entendez-vous; j'aime cet artiste, qui a cela de particulier, qu'il sait employer toute la magie de l'art, sans qu'on la devine; qui sait faire grand en petit, et dont un morceau de deux pieds en quarré peut s'étendre sur une toile immense, sans rien perdre de son mérite. Ecrire un poëme de la peinture, où le nom de Téniers ne se trouve pas! Allez chez M. le baron de Thiers, chez M. le duc de Choiseul, ou dans une autre galerie; mettez-vous à genoux devant le premier Téniers qu'on vous montrera; et demandez pardon à toute l'école flamande. Ce Wouvermans, que vous admirez tant, est bien loin de là : si vous n'êtes qu'un curieux, achetez un Wouvermans; si vous êtes un peintre, achetez un Téniers. Description de la transfiguration de Raphaël. Métamorphose du poëte Le Mierre en cygne; son assomption au ciel; et la fin de son ouvrage.

Examen.

Ce chant est certainement le meilleur des trois. Le poëte dit, et dit bien :

Le moment du génie est celui de l'esquisse;
C'est là qu'on voit la verve et la chaleur du plan

L *

Et du peintre inspiré le plus sublime élan.
Redoute un long travail : une pénible *couche*
Amortiroit le feu de la première touche.
Souviens-toi que tu dois souvent du même jet
Imprimer la couleur et la forme et l'effet.

Toutes les figures d'un tableau sont autant d'êtres auxquels il faut communiquer l'action, le mouvement, le langage énergique des muets. C'est bien pensé, monsieur Le Mierre ; et je recommande à tous les artistes d'avoir sans cesse votre maxime présente à l'esprit. Poëtes, voyez votre personnage arriver sur la scène, et consultez son visage avant que de le faire parler ; peintres, ayez entendu son discours, avant que de le peindre.

Il y a des vers techniques très-bien faits, même des endroits charmans sur l'expression, les caractères et les passions, et toujours de la chaleur et de la rapidité. Lisez attentivement le morceau qui suit ; et dites-m'en votre avis.

Conserve aux passions toute leur violence,
Fais-les parler encor jusques dans leur silence ;
Laisse-nous entrevoir ces combats ignorés,
Ces mouvemens secrets dans l'ame concentrés.
Antiochus périt du mal qui le consume ;
Tous les secours sont vains : le cœur plein d'amertume,
Son père lève au ciel ses regards obscurcis ;
Auprès d'Antiochus Erasistrate assis,
Interrogeant le pouls de ce prince immobile,
Ne sent battre qu'à-peine une artère débile :
La reine, l'œil humide et d'un front ingénu,
Paroît ; le pouls s'élève, et le mal est connu.

Eh bien! qu'en pensez-vous? = Cela est rapide, mais aride, mais sec. = Vous êtes difficile. = Rien ne s'adresse à l'ame. = Vous avez raison; c'est que le poëte n'en a pas. = Ces expressions douces, ces accens fugitifs, ce nombre flexible et varié de la poésie de Racine et de Voltaire; cette harmonie qui va au cœur, qui remue les entrailles; cet art qui fait imaginer, voir, sentir, entendre, concevoir des choses que le poëte ne dit point, et qui remuent plus fortement que celles qu'il exprime.... Il est vrai, cela n'y est pas.

Le cœur vil et pervers, sous le vice abattu,
Jamais d'un trait profond ne peignit la vertu.

Cela est vrai, monsieur Le Mierre; et jamais un homme de pierre ne fit de la chair. Voilà peut-être le seul trait moral qui ait échappé au poëte. Il est jeune, et il ignore apparemment qu'un ouvrage, quel qu'il soit, ne peut réussir sans moralité.

Nous voici arrivés à l'endroit où le poëte passe la brosse sur toutes les scènes de férocité que la peinture expose dans nos temples. Poëte, tu prétends sentir le prix de ces chefs-d'œuvre, et tu oses y porter la main! Ah! tu es presque aussi barbare que les fanatiques qui préparent à l'art ces terribles et sublimes imitations. En les effaçant, il falloit au-moins faire un effort, et les remplacer par d'autres aussi belles et plus intéressantes; il falloit t'emparer des mêmes sujets, et me les montrer plus pathétiques et plus grands. Peut-être alors, séduit par le charme de la poésie, et transportant tes images sur la toile, j'aurois moins regretté celles que tu détruisois. Ces fruits précieux de tant d'études, de sueurs et de veilles, je souffrirois de les abandonner à ton zèle, sans examen ? Voyons donc. Sans-doute il y a des spectacles d'horreur ; ceux, par exemple, dont la populace va repaître ses yeux cruels et son ame atroce, les jours d'exécution ; des spectacles proscrits par le goût, la décence et l'humanité. Le poëte peut me faire entendre les os du compagnon d'Ulysse craquant sous les dents de Polyphême, et me montrer le sang ruisselant aux deux côtés de sa bouche, et dégoûtant le long des poils de sa barbe sur sa poitrine : je ne le permettrai pas au peintre. Mais est-ce que le gladiateur expirant n'est pas une belle chose ? Est-ce que les veines du satyre Marsias dépouillées et tressaillantes sous le couteau d'Apollon ne sont pas une belle chose ? Est-ce que le fils de la Lacédémonienne, exposé mort sur son bouclier, aux pieds de sa mère, ne seroit pas une belle chose ? Est-ce que la férocité tranquille du prêtre, qui présente son idole au martyr étendu sur un chevalet, n'est pas une belle chose ? Est-ce que cet autre prêtre, que Deshays nous montra aiguisant froidement son couteau sur la pierre, en attendant que le préteur lui abandonnât sa victime, n'étoit pas une belle chose ? Allons doucement, monsieur Le Mierre. Ces sujets ne peuvent être traités avec succès que par de grands artistes ; c'est à ces ouvrages qu'ils doivent la célébrité dont ils jouiront à jamais. Rien n'exige autant l'étude du nu et la connoissance des raccourcis ; rien ne prête autant à l'expression, aux grands mouvemens, aux passions, à la science de l'art ; rien n'excite autant mon admiration que la vue de l'homme supérieur à toutes les terreurs. Si je m'adresse à la religion, elle me fournira d'autres armes contre l'opinion de M. Le Mierre. Cette troupe d'hommes flagellés, déchirés, est bien faite pour marcher à la suite d'un Dieu couronné d'épines, le côté percé d'une lance, les pieds et les mains cloués sur le bois. Ces tristes victimes de notre foi sont devenues les objets de notre culte ; et quoi de plus capable de me réconcilier avec les maux de la vie, la misère de mon état, que le tableau des tourmens et de la constance par lesquels les martyrs ont obtenu la couronne que tout chrétien doit ambitionner ? L'homme est-il sous l'infortune, je lui dirai, en lui montrant son Dieu: *Tiens, regarde ; et plains-toi, si tu l'oses.* Quelle est la femme dont l'aspect du Christ nu étendu sur les genoux de sa mère, n'arrête le désespoir de la perte de son fils ? Je lui dirai : *Vaux-tu mieux que celle-ci ? Ton fils valoit-il mieux que celui-là ?* Le christianisme est la religion de l'homme souffrant ; le Dieu du chrétien est le Dieu du malheureux.

Je ne saurois m'empêcher de vous copier le morceau sur le paysage et sur Berghem.

Mais si tu veux m'offrir, loin du bruit des cités,
Du spectacle des champs les tranquilles beautés,
Dégage de tout soin ton ame *libre* et *pure*,
Et mets-la dans ce *calme* où tu vois la nature :
En-vain à l'observer ton œil s'est attaché ;
L'œil sera trouble encor si le cœur n'est touché.
Eh! d'où vient que Berghem est au rang de tes maîtres?
D'où vient qu'il a reçu des déités champêtres
Le feuillage immortel qui verdit sur son front ?
Il connut, il peignit ce sentiment profond,
Il l'épancha par-tout sous ses touches divines ;
Il eut pour atelier le sommet des collines.

Ce qui manque sur-tout à cela, c'est une idée, c'est un mot qui caractérisât mieux le sublime, l'auguste de la nature sauvage ; qui inspirât du respect et qui donnât le frisson. Je me souviens d'avoir autrefois invité Loutherbourg à quitter le séjour des villes ; si vous comparez ma prose avec les vers de M. Le Mierre, je doute qu'il y gagne. Cependant en-même-temps que vous froncerez le sourcil sur ces expressions plates, ces tours prosaïques enlacés avec les vraies images de la poésie, reconnoissez au-moins, l'adresse avec laquelle il coupe son discours et sauve la monotonie de nos rimes, et le nombre fatigant et symmétrique de de notre vers : cela est sensible dans cet endroit, et plus encore dans quelques autres. Encore une fois, la rapidité, la verve et la chaleur sont, si-non l'unique, certainement le principal mérite de l'auteur. Il s'y entend mieux que M. de Saint-Lambert, dont la marche est plus uniforme ; mais aussi, sans cela, qui pourroit supporter la rudesse, les cahots, l'obscurité, la barbarie gothique de ce Lemierre ? Cet homme me ramène à l'origine de notre poésie, aux Théophile, aux Ronsard, aux Du Bartas ; il est dur comme Lucrèce, mais il n'est pas poëte, violent, profond, pathétique, élevé, varié comme lui. Mon ami, comment se résoud-on à écrire d'un art imitatif de la nature, sans savoir faire un vers sublime ? Comment se résoud-on à écrire d'un art commémoratif du bonheur et du malheur de l'espèce humaine, sans savoir faire un vers touchant ? Comment se résoud-on à écrire d'un art qui s'amuse aussi de nos ridicules et de nos folies, sans savoir faire un vers plaisant ? Comment se résoud-on à écrire d'un art qui s'occupe de l'histoire de nos vices et de nos vertus, sans savoir faire un vers moral ? Cet homme s'est imaginé que la peinture n'étoit que l'art de la lumière et des ombres ; il n'a pas vu au-delà : cependant son poëme se lit et se lira sans ennui. C'est qu'il y a une vertu qui couvre beaucoup de péchés, de la chaleur et de la rapidité ; c'est qu'il y a un caractère marqué ; c'est qu'on y voit une tête qui se tourmente ; c'est qu'il ébauche hardiment ; c'est qu'il pense, et que sa plume va; c'est qu'il est sans manière et sans apprêt; c'est qu'il est lui.

J'aurois bien quelques vers heureux à glaner dans ce qu'il dit des animaux, des êtres chimériques, des grotesques, des ruines, des tempêtes, des incendies, des naufrages; mais ses tableaux restent toujours au-dessous des originaux qu'il copie; l'imagination en est moins étonnée que ballotée, l'oreille plus étourdie qu'enchantée.

Il faut être bien vain ou bien mal-avisé pour tenter, après Lucrèce, le sacrifice d'Iphigénie. Voici le tableau de Le Mierre.

Iphigénie en pleurs (1) sous le bandeau mortel,
De festons couronnée avance (2) vers l'autel.
Tous les fronts sont empreints de la douleur (3) des ames;
Clytemnestre se meurt dans les bras de ses femmes (4).
Sa fille laisse voir un désespoir soumis (5);
Ulysse est consterné (6); Ménélas, tu frémis (7);

---

(1) *En pleurs?* Cela est faux.
(2) *Avance*, c'est *s'avance*.
(3) Quel vers !
(4) Voilà une mère qui se meurt bien mesquinement.
(5) Quelle image peut-on faire de ce désespoir soumis ?
(6) Ulysse qui avoit déterminé le père ! Cela est faux, et contraire au sens commun.
(7) *Tu frémis?* Dis, *tu rougis*. Mais Ménélas n'avoit garde de se montrer là.

Calchas même est touché (1) : mais le père, le père !...
D'atteindre à sa douleur (2) l'artiste désespère ;
Il cherche, hésite (3) ; enfin le génie a parlé :
Comment nous montre-t-il Agamemnon ? voilé.

Et voilà ce qu'on appelle des vers ?

Arrêtez maintenant vos yeux sur ce coin du tableau de Lucrèce ; et jugez.

Cui simul infula virgineos circumdata comptus
Ex utrâque pari malarum parte profusa est ;
Et mœstum simul ante aras adstare parentem
Sensit, et hunc propter ferrum celare ministros ;
Adspectuque suo lacrymas effundere cives :
Muta metu, terram genibus summissa petebat.

La voilà couronnée de fleurs ; les voiles funèbres qui ceignent son front descendent le long de ses deux joues. Son père, accablé de douleur, est debout devant les autels ; elle l'apperçoit ; elle apperçoit les prêtres qui lui dérobent la vue du couteau sacré ; elle voit les larmes qui coulent de tous les yeux ; la terreur de la mort s'empare d'elle, elle reste sans voix, la force l'abandonne, elle tombe sur ses genoux.

Le poëte latin n'est pas escarpé comme le poëte

---

(1) Faux : le prêtre est toujours dur comme ses dieux.

(2) Comme cela est dit !

(3) Et cela ?

Salon de 1767. TOME II.

francais, et il a bien une autre séve. Mais dites-moi donc pourquoi, dans les morceaux importans que nous traitons, après les anciens, ils nous laissent toujours si loin d'eux ? Voilà une cruelle malédiction !

Je suis tout-à-fait du sentiment de l'auteur sur l'allégorie ; c'est la ressource des têtes indigentes ; et il faut avoir bien du génie pour en tirer quelque chose d'intéressant, de grand, et pour réunir à ce mérite celui de la clarté. Ce qui m'en plaît, c'est qu'à cette sortie il fait succéder un morceau entièrement allégorique, et qui fourniroit à un artiste une bonne composition.

Il est une stupide et lourde déité ;
Le Tmolus autrefois fut par elle habité ;
L'Ignorance est son nom : la Paresse pesante
L'enfanta sans douleur au bord d'une eau dormante ;
Le Hasard l'accompagne, et l'Erreur la conduit ;
De faux pas en faux pas la Sottise la suit.

Ses principes sur le costume et les licences conviennent également à la poésie et à la peinture. Voyez le morceau sur le costume ; j'espère que vous en serez satisfait.

Je vous fais grace des éloges des peintres. Il les caractèrise chacun par un trait qui leur est propre. Il parle de l'illusion de l'art qui en impose aux animaux, mauvais connoisseurs ; aux hommes, à l'artiste même. Il raconte l'histoire du peintre qui avoit promis sa fille à celui qui le surpasseroit dans l'art, et de l'élève qui peignit une mouche sur la gorge d'une Vénus qui étoit sur le chevalet de son maître, et qui la peignit si vraie, que le maître y fut trompé.

L'élève alors tremblant paroît, tombe à genoux :
C'est moi... C'est toi! Qu'entends-je ? Il se tait, s'embarrasse :
Admire, réfléchit, *le relève*, *l'embrasse* :
Sois l'époux de ma fille. Ah! vous comblez mes vœux!
L'*Amour rit,* l'art triomphe, et trois cœurs sont heureux.

Ensuite il s'extasie sur les effets de la peinture, et sur l'éternité acquise à ses productions par les secours de la gravure. Il auroit bien dû exhorter les artistes jaloux de leur réputation, à ne pas dédaigner les graveurs. Dans les sujets sacrés, où la nature n'offre point de modèle, il conseille à l'artiste de rentrer en lui-même, et d'y rester jusqu'à ce que son imagination exaltée lui ait offert quelque caractère digne des êtres immortels qu'il doit attacher à la toile. Il célèbre le fameux tableau de la transfiguration de Raphaël ; il se transfigure lui-même ; et dans son ivresse, il s'écrie :

Moi-même je le sens, ma voix s'est *renforcée ;*
Des esprits plus subtils montent à ma pensée ;
Mon sang s'est enflammé plus rapide et plus pur ;
Ou plutôt j'ai quitté ce vêtement obscur ;
Ce corps mortel et vil a revêtu des ailes ;
Je plane, je m'élève aux sphères éternelles :

Déjà la terre au loin *n'est plus qu'un point sous moi:*
Génie ! oui d'un coup-d'œil tu m'égales à toi ;
Un foyer de lumière eclaire l'étendue.
Artiste, suis mon vol au-dessus de la nue ;
Ce feu pur dans l'éther jaillissant par éclats,
Trace en sillons de flamme : INVENTE, TU VIVRAS.

Il ne me déplaît point qu'un poëte, plein d'enthousiasme et d'admiration pour lui-même, sente ses membres se couvrir de plumes, s'élève dans les airs sous la forme d'un cygne, plane, et voye sous ses pieds les nations émerveillées de son chant; mais c'est à la condition qu'avant de se guinder si haut, ses concitoyens l'auront montré du doigt dans la rue, en se disant entre eux : C'est Horace, c'est Ovide, c'est Malherbe, c'est lui qui a fait un ouvrage sublime. Reste à savoir si le jour pour montrer M. Le Mierre du doigt est pris.

Au-reste, si vous voulez accepter ce dernier morceau pour échantillon, analysez-le ; et vous saurez le bien et le mal qu'on peut dire du poëme entier. C'est par-tout un beau vers, puis un mauvais qui le dépare; une belle idée, avec une expression louche qui la défigure ; un mélange d'assez bonnes choses, pour qu'on ne puisse rien blâmer tout-à-fait ; et d'assez mauvaises ou médiocres, pour qu'on ne puisse rien louer sans restriction ; un ton rocailleux et barbare, des images ou communes ou manquées, des pensées louches ou mal rendues, rarement l'expression vraie, presque jamais d'harmonie; mais de la rapidité, de la vitesse, de l'imagination, et nulle sensibilité; de la hardiesse, et pas un trait sublime. M. Watelet, M. de Saint-Lambert et M. Le Mierre, fondus ensemble, feroient à-peine un grand poëte. M. Watelet est instruit, mais il est froid ; M. de Saint-Lambert est harmonieux, mais il est monotone ; M. Le Mierre est chaud, mais il est inégal et barbare. Je cherche le sentiment profond du vrai, la manière de voir originale et forte ; et je ne la trouve point.

La prose de M. Le Mierre ne prévient pas en faveur de sa poésie. Lisez sa préface ; et si vous y trouvez un mot qui vous fasse rêver, vous me l'indiquerez : ses notes ne sont qu'un peu meilleures.

A la tête de chaque chant il y a une estampe de Cochin, qui prouve que le dessinateur en sait dans son art un peu plus que le poëte dans le sien ; ce sont vraiment trois beaux tableaux, et d'un grand maître.

Si je n'avois pas été épuisé de fatigue et d'ennui, comme un confesseur à la fin du carême ; j'en aurois usé avec M. Le Mierre comme avec M. de Malfilâtre, c'est-à-dire, que j'aurois suivi et rempli son plan à ma manière.

EXTRAIT

D'UN OUVRAGE ANGLOIS

SUR LA PEINTURE.

Je viens de lire la traduction d'un petit ouvrage anglois, sur la Peinture, qu'on se propose de faire imprimer. Il est rempli de raison, d'esprit, de goût et de connoissances. La finesse et la grace même n'y manquent point. C'est, pour le tour, l'expression et la manière, un ouvrage tout-à-fait à la françoise. L'auteur s'appelle M. Webb. Voici les idées qui m'ont sur-tout frappé à la lecture (*).

(*) On ne trouve, dans l'ouvrage de Webb, qu'une très-petite partie des pensées que Diderot lui attribue ici; encore n'y sont-elles pas présentées sous la forme qu'elles ont prise en passant dans son imagination. C'est un livre qu'il a refait à sa manière, et dans lequel il a vu tout ce qui n'étoit que dans sa tête. Ce n'est pas le seul exemple qu'on en trouve dans les divers extraits qu'il faisoit pour la correspondance de Grimm. **NOTE DE L'ÉDITEUR.**

Ce qui fait qu'en s'appliquant beaucoup, on avance peu dans la connoissance de la peinture, c'est qu'on voit trop de tableaux. N'en voyez qu'un très-petit nombre d'excellens ; pénétrez-vous de leur beauté ; admirez-les, admirez-les sans cesse, et tâchez de vous rendre compte de votre admiration.

Un autre défaut, c'est d'estimer les productions sur le nom des auteurs. Cependant, les bons ouvrages d'un artiste médiocre sont assez souvent supérieurs aux ouvrages médiocres d'un artiste excellent.

Dans quelque genre que vous travailliez, peintre, que votre composition ait un but ; que vos expressions soient vraies, diversifiées et subordonnées avec sagesse ; votre dessin, large et correct; vos proportions, justes ; vos chairs, vivantes; que vos lumières aient de l'effet ; que vos plans soient distincts ; votre couleur, comme dans la nature ; votre perspective, rigoureuse ; et le tout, simple et noble.

La connoissance en peinture suppose l'étude et la connoissance de la nature.

Troisième défaut des prétendus connoisseurs, c'est de laisser de côté le jugement de la beauté ou des défauts, pour se livrer tout entiers à ce qui caractérise et distingue un maître d'un autre : mérite d'un brocanteur, et non de l'homme de goût. Et puis, le nombre des artistes à reconnoître est si petit, et leur caractère tient quelquefois à des choses si techniques, qu'un sot peut sur ce point laisser en arrière l'homme qui a le plus d'esprit.

Regardez un tableau, non pour vous montrer, mais pour devenir un connoisseur. Ayez de la sensibilité, de l'esprit et des yeux ; et sur-tout, croyez qu'il y a plus de charme et plus de talent à découvrir une beauté cachée, qu'à relever cent défauts.

Vous serez indulgent pour les défauts ; et les beautés vous transporteront, si vous pensez combien l'art est difficile, et combien la critique est aisée.

Si une admiration déplacée marque de l'imbécillité, une critique affectée marque un vice de caractère. Exposez-moi plutôt à paroître un peu bête que méchant.

La peinture des objets même fut la première écriture.

Si l'on n'eût pas inventé les caractères alphabétiques, on n'auroit eu, pendant des temps infinis, que de mauvais tableaux.

On prouve, par les ouvrages d'Homère, que l'origine de la peinture est antérieure au siège de Troye.

Le bouclier d'Achille prouve que les anciens possédoient alors l'art de colorer les métaux.

Il y a deux parties importantes dans l'art, l'imitative et l'idéale. Les hommes excellens dans l'imitation sont assez communs ; rien de plus rare que ceux qui sont sublimes dans l'idée.

L'homme instruit connoît les principes; l'ignorant sent les effets.

La multitude juge comme la bonne femme qui regardoit deux tableaux du martyre de Saint-Barthelemy, dont l'un excelloit par l'exécution, et l'autre par l'idée. Elle dit du premier, celui-là me fait grand plaisir ; et du second, mais celui-ci me fait grand'peine.

La peinture peut avoir un silence bien éloquent.

Alexandre pâlit à la vue d'un tableau de Palamède trahi par ses amis. C'est qu'il voyoit Aristonique dans Palamède.

Porcia se sépare de Brutus, sans verser une larme ; mais le tableau des adieux d'Hector et d'Andromaque tombe sous ses yeux, et brise son courage.

Une courtisane d'Athènes est convertie au milieu d'un banquet, par le spectacle heureux et tranquille d'un philosophe dont le tableau étoit placé devant elle.

Enée, appercevant les peintures de ses propres malheurs sur les portes et les murs des temples africains, s'écrie dans Virgile :

Sunt lacrymæ rerum, et mentem mortalia tangunt.

Les premières statues furent droites, les yeux

en dedans, les pieds joints, les jambes collées, et les bras pendans de chaque côté.

On imita d'abord le repos ; ensuite, le mouvement. En général, les objets de repos nous plaisent plus en bronze ou en marbre ; et les objets mus, en couleur et sur la toile.

La diversité de la matière y fait quelque chose. Un bloc de marbre n'est guère propre à courir.

L'art est à la nature, comme une belle statue à un bel homme.

Il y a entre les couleurs des affinités naturelles qu'il ne faut pas ignorer. Les reflets sont une loi de la nature, qui cherche à rétablir l'harmonie rompue par le contraste des objets.

Troublez les couleurs de l'arc-en-ciel ; et l'arc-en-ciel ne sera plus beau.

Ignorez que le bleu de l'air, tombant sur le rouge d'un beau visage, doit, en quelques endroits obscurs, y jeter une teinte imperceptible de violet ; et vous ne ferez pas des chairs vraies.

Si vous n'avez pas remarqué que, lorsque les extrémités d'un corps touchent à l'ombre, les parties éclairées de ce corps s'avancent vers vous ; les contours des objets ne se sépareront jamais bien de votre toile.

Il y a des couleurs que notre œil préfère ; il n'en faut pas douter. Il y en a que des idées accessoires et morales embellissent. C'est par cette raison que la plus belle couleur qu'il y ait au monde, est la rougeur de l'innocence et de la pudeur sur les joues d'une jeune et belle fille.

Lorsque je me rappelle certains tableaux de Rembrandt et d'autres, je demeure convaincu qu'il y a, dans la distribution des lumières, autant et plus d'enthousiasme que dans aucune autre partie de l'art.

La peinture idéale a dans son clair-obscur quelque chose au-delà de la nature ; et par conséquent autant d'imitation rigoureuse que de génie, et autant de génie que d'imitation rigoureuse.

Les anciens tentoient rarement de grandes compositions ; une ou deux figures, mais parfaites. C'est que la peinture marchoit alors sur les pas de la sculpture.

Moins les anciens employoient de figures dans leurs compositions, plus il falloit qu'elles eussent d'effet. Aussi, excelloient-ils par l'idée. Tant que l'idée sublime ne se présentoit pas, le peintre se promenoit, alloit voir ses amis, et laissoit là ses pinceaux.

L'un peint les enfans de Médée qui s'avancent, en tendant leurs petits bras à leur mère, et en souriant au poignard qu'elle tient levé sur eux.

Un autre, c'est Aristide, peint, dans le sac d'une ville, une mère expirante, son petit enfant se traîne sur elle, et la mère blessée au sein, l'écarte, de peur qu'au-lieu du lait qu'il cherche, il ne suce son sang.

Un troisième s'est-il proposé de vous faire concevoir la grandeur énorme du cyclope endormi ? il vous montre un pâtre qui s'en est approché doucement, et qui mesure l'orteil du cyclope avec la tige d'un épi de blé. Cet épi est une mesure commune entre le pâtre et le cyclope ; et c'est la nature qui l'a donnée.

Ce n'est pas l'étendue de la toile ou du bloc qui donne de la grandeur aux objets. L'Hercule de Lysippe n'avoit qu'un pied ; et on le voyoit grand comme l'Hercule Farnèse.

La simplicité, la force et la grace sont les qualités propres des ouvrages de l'antiquité ; et la grace étoit la qualité propre d'Apelle entre les artistes anciens.

Le Corrège, quand il excelle, est un peintre digne d'Athènes. Apelle l'auroit appelé son fils.

Personne n'osa achever la Vénus d'Apelle. Il n'en avoit peint que la tête et la gorge ; mais cette tête et cette gorge faisoient tomber la palette des mains aux artistes qui approchoient du tableau.

Il est difficile d'allier la grace et la sévérité. Notre Boucher a de la grace ; mais il n'est pas sévère.

Les Athéniens avoient défendu l'exercice de la peinture aux gens de rien.

Faire entrer la considération des beaux-arts dans l'art de gouverner les peuples, c'est leur donner une importance dont il faut que les productions se ressentent.

Une observation commune à tous les siècles illustres, c'est qu'on y a vu les arts d'imitation s'échauffant réciproquement, s'avancer ensemble à la perfection. Un poëte, qui s'est promené sous le dôme des Invalides, revient dans son cabinet lutter contre l'architecte, sans s'en appercevoir. Sans y penser, je mesure mon enjambée, diroit Montaigne, à celle de mon compagnon de voyage.

Les siècles d'Alexandre, d'Auguste, de Léon X, et de Louis XIV ont produit des chefs-d'œuvre en tout genre.

Il y avoit entre les poëtes et les peintres anciens un emprunt et un prêt continuel d'idées. Tantôt, c'étoit le peintre ou le statuaire qui exécutoit d'après l'idée du poëte ; tantôt, c'étoit le poëte qui écrivoit d'après l'ouvrage du peintre ou du statuaire.

C'est ce qu'un habile Anglois s'est proposé de démontrer dans un ouvrage, qui suppose bien des connoissances et bien de l'esprit. Cet ouvrage est intitulé *Polymétis*. On y voit les dessins des plus beaux morceaux antiques, et vis-à-vis, les vers des poëtes.

Sur le climat brûlant de la Grèce, les hommes étoient presque nus, ils étoient nus dans les gymnases, nus dans les bains publics. Les peintres alloient en foule dessiner la taille de Phryné et la gorge de Thaïs. L'état de courtisane n'étoit point avili. C'étoit d'après une courtisane, qu'on faisoit la statue d'une déesse. C'étoient la même gorge, les mêmes cuisses, sur lesquelles on avoit porté ses mains dans une maison de plaisir ; les mêmes lèvres, les mêmes joues qu'on avoit baisées ; le même cou qu'on avoit mordu, les mêmes fesses qu'on avoit vues, qu'on reconnoissoit, et qu'on adoroit encore dans un temple et sur des autels. La licence des mœurs dépouilloit à chaque instant les hommes et les femmes ; la religion étoit pleine de cérémonies voluptueuses ; les hommes qui gouvernoient l'Etat étoient amateurs enthousiastes des beaux-arts. Une courtisane, célèbre par la beauté de sa taille, devenoit-elle grosse ? toute la ville étoit en rumeur ; c'étoit un modèle rare et perdu ; et l'on envoyoit vîte à Cos chercher Hypocrate, pour la faire avorter. C'est ainsi qu'une nation devient éclairée, et qu'il y a un goût général ; des artistes qui font de grandes choses, et des juges qui les sentent.

Nous autres peuples froids et dévots, nous sommes toujours enveloppés de draperies ; et le peuple, qui ne voit jamais le nu, ne sait ce que c'est que beauté de nature, finesse de proportion.

Praxitèle fit deux Vénus, l'une drapée, l'autre nue. Cos acheta la première, qui n'eut point de réputation ; Gnide fut célèbre à jamais par la seconde.

Notre Vénus, si nous en avons une, est tout au plus la Vénus drapée de Praxitèle.

Le Poussin, qui s'y connoissoit, disoit de Raphaël, qu'entre les modernes c'étoit un aigle ; qu'à côté des anciens, ce n'étoit qu'un âne. C'est qu'il n'est pas indifférent de faire, *ut fert natura, an de industriâ*. C'est le mot du Dave de Térence, qui s'applique de lui-même à tous nos artistes.

Nos mœurs se sont affoiblies à force de se policer ; et je ne crois pas que nous supportassions, ni dans nos peintres, ni dans nos poëtes, certaines idées qui sont vraies, qui sont fortes, et qui ne pèchent, ni contre la nature, ni contre le bon goût. Nous détournerions les yeux avec horreur de la page d'un auteur ou de la toile d'un peintre qui nous montreroit le sang des compagnons d'Ulysse coulant aux deux côtés de la bouche de Polyphême, ruisselant sur sa barbe et sur sa poitrine, et qui nous feroit entendre le bruit de leurs os brisés sous ses dents. Nous ne pourrions supporter la vue des veines découvertes et des artères saillantes autour du cœur sanglant de Marsyas écorché par Apollon. Qui de nous ne se récrieroit pas à la barbarie, si un de nos poëtes introduisoit dans un de nos poëmes un guerrier, s'adressant en ces mots à un autre guerrier, qu'il est sur le point de combattre : « Ton père et ta mère ne

» te fermeront pas les yeux. Dans un instant, les
» corneilles te les arracheront de la tête : il me
» semble que je les vois se rassembler autour de
» ton cadavre, en battant leurs aîles de joie ». Cependant, les anciens ont dit ces choses : ils ont exécuté ces tableaux. Faut-il les accuser de grossièreté ? Faut-il nous accuser, au contraire, de pusillanimité ? *Non nostrum est....*

OBSERVATIONS
SUR LA SCULPTURE,
ET SUR BOUCHARDON.

Il me semble que le jugement qu'on porte de la sculpture est beaucoup plus sévère que celui qu'on porte de la peinture. Un tableau est précieux, si, manquant par le dessin, il excelle dans la couleur; si, privé de force de coloris ou de correction de dessin, il attache par l'expression ou par la beauté de la composition : on ne pardonne rien au statuaire. Son morceau pèche-t-il par l'endroit le plus léger ? ce n'est plus rien ; un coup de ciseau donné mal-à-propos réduit le plus grand ouvrage au sort d'une production médiocre, et cela sans ressource : le peintre, au contraire, revient sur son travail, et le corrige tant qu'il lui plaît.

Mais une condition, sans laquelle on ne daigne pas s'arrêter devant une statue, c'est la pureté des proportions et du dessin : nulle indulgence de ce côté. On parloit un jour devant Falconet le

sculpteur, de la difficulté des deux arts : « La
» sculpture, dit-il, étoit autrefois plus difficile
» que la peinture ; aujourd'hui, cela a changé ».
Cependant aujourd'hui il y a un très-grand nombre d'excellens tableaux ; et l'on a bientôt compté
toutes les excellentes statues ; il est vrai qu'il y a
plus de peintres que de statuaires, et que le peintre a couvert sa toile de figures, avant que le statuaire ait dégrossi son bloc de marbre.

Une autre chose sur laquelle, mon ami, vous
serez sûrement de mon avis, c'est que le maniéré,
toujours insipide, l'est beaucoup plus en marbre
ou en bronze qu'en couleur. Oh ! la chose ridicule
qu'une statue maniérée ! Le statuaire est-il donc
condamné à une imitation de la nature plus rigoureuse encore que le peintre !

Ajoutez à cela qu'il ne nous expose guère qu'une
ou deux figures d'une seule couleur et sans yeux,
sur lesquelles toute l'attention et toute la critique des nôtres se ramasse. Nous tournons autour
de son ouvrage, et nous en cherchons l'endroit
foible.

La matière qu'il employe semble par sa solidité
et par sa durée exclure les idées fines et délicates ; il faut que la pensée soit simple, noble, forte
et grande. Je regarde un tableau ; il faut que je
m'entretienne avec une statue. La Vénus de Lemnos fut le seul ouvrage auquel Phidias osa mettre
son nom.

Toute nature n'est pas imitable par la sculpture. Si le centre de gravité s'écartoit un peu trop de la base, la pesanteur des parties supérieures feroit rompre le morceau. Sans la massue qui appuie l'Hercule Farnèse, l'exécution en auroit été impossible ; mais pour une fois où le support est un accessoire heureux, combien d'autres fois n'est-il pas ridicule ? Voyez ces énormes trophées qu'on a placées sous les chevaux de la terrasse des Tuilleries. Quelle contradiction entre ces animaux ailés qui s'en vont à toutes jambes, et ces supports immobiles qui restent !

Voilà donc le statuaire privé d'une infinité de positions qui sont dans la nature. Le lutteur antique, remarquable par sa perfection, l'est encore aux yeux des connoisseurs par sa hardiesse. Quand on le revoit, on est toujours surpris de le retrouver debout. Cependant que seroit-ce qu'un lutteur avec un appui ?

La sculpture de ronde-bosse me paroît autant au-dessus de la peinture, que la peinture est au-dessus de la sculpture en bas-relief.

Voilà, mon ami, quelques-unes des idées dont le panégyriste de Bouchardon auroit pu empâter son sec et son maigre discours. Ce discours est pourtant la production du coriphée de ceux que nous appelons amateurs ; l'un de ces hommes qui se font ouvrir d'autorité les ateliers, qui commandent impérieusement à l'artiste, et sans l'approbation desquels point de salut. Qu'est-ce donc qu'un amateur, si les autres n'en savent pas plus que le comte de Caylus ? Y auroit-il, comme ils le prétendent, un tact donné par la nature, et perfectionné par l'expérience, qui leur fait prononcer d'un ton aussi sûr que despotique : Cela est bien, voilà qui est mal, sans qu'ils soient en état de rendre compte de leurs jugemens ? Il me semble que cette critique-là n'est pas la vôtre. J'ai toujours vu qu'un peu de contradiction de ma part, et de réflexion de la vôtre, amenoit la raison de votre éloge ou de votre blâme. Je persisterai donc à croire que celui qui n'a que ce prétendu tact aveugle, n'est pas mon homme.

Edme Bouchardon naquit au mois de novembre 1698, à Chaumont en Bassigny, à quelques lieues de l'endroit où se rompit votre chaise, lorsque vous allâtes en 1759 embrasser mon père pour vous et pour moi. Vous voyez que cet artiste est presque mon compatriote.

Le père de Bouchardon, architecte et sculpteur médiocre, n'épargna rien pour faire un habile homme de son fils. Les premiers regards de cet enfant tombèrent sur le Laocoon, sur la Vénus de Médicis et sur le Gladiateur ; car ces figures sont dans les ateliers des ignorans et des savans, comme Homère et Virgile dans la bibliothèque de Voltaire et de Fréron.

Les beaux modèles sont rares par-tout, mais

sur-tout parmi nous, où les pieds sont écrasés par la chaussure, les cuisses coupées au-dessus du genou par les jarretières, le haut des hanches étranglé par des corps de baleine, et les épaules blessées par des liens étroits qui les embrassent. Le père de Bouchardon chercha à son fils, à prix d'argent, les plus parfaits modèles qu'il put trouver. Ce fils vit la nature de bonne heure, et il eut les yeux attachés sur elle tant qu'il vécut.

Pline dit d'Apelle qu'il ne passoit aucun jour sans dessiner, *nulla dies sine lineâ*. L'histoire de la sculpture en dira autant de Bouchardon. Personne aussi ne devint aussi maître de son crayon. Il pouvoit d'un seul trait interrompu suivre une figure de la tête au pied, et même de l'extrémité du pied au sommet de la tête, dans une position quelconque donnée, sans pécher contre la correction du dessin et la vérité des contours et des proportions.

Ne fît-on que des épingles, il faut être enthousiaste de son métier pour y exceller. Bouchardon le fut; il pouvoit dire aussi : *Est deus in nobis, agitante calescimus illo*. Il vint à Paris ; il entra chez le cadet des Coustous. Le maître fut surpris de la pureté du dessin de son élève, mais ne fut pas dans le cas de dire de lui, comme l'artiste grec du sien : *Nil salit Arcadico juveni*. Il ressembloit tout-à-fait de caractère à l'animal surprenant qui lui a servi de modèle pour sa statue de Louis XV ;

doux dans le repos, fier, noble, plein de feu et de vie dans l'action. Il s'applique, il dispute le prix de l'académie, il l'emporte, et il est envoyé à Rome.

Quand on a du génie, c'est là qu'on le sent. Il s'éveille au milieu des ruines. Je crois que de grandes ruines doivent plus frapper, que ne feroient des monumens entiers et conservés. Les ruines sont loin des villes; elles menacent, et la main du Temps a semé, parmi la mousse qui les couvre, une foule de grandes idées et de sentimens mélancoliques et doux. J'admire l'édifice entier; la ruine me fait frissonner; mon cœur est ému, mon imagination a plus de jeu. C'est comme la statue que la main défaillante de l'artiste a laissée imparfaite; que n'y vois-je pas? Je reviens sur les peuples qui ont produit ces merveilles, et qui ne sont plus, *et in lenocinio commendationis dolor est manûs, cum id ageret, extinctæ.*

La belle tâche que le panégyriste de Bouchardon avoit à remplir, s'il avoit été moins borné! Combien de pierres à remuer, s'il avoit eu l'outil avec lequel on remue quelque chose! A Rome, le jeune Bouchardon dessine tous les restes précieux de l'antiquité; quand il les a dessinés cent fois, il recommence. Comme les jeunes artistes copient long-temps d'après l'antique, ne pensez-vous pas que l'institution des jeunes littérateurs devroit être la même, et qu'avant que de tenter quelque chose de nous, nous devrions aussi nous occuper à traduire d'après les poëtes et les orateurs anciens ? Notre goût, fixé par des beautés sévères que nous nous serions pour ainsi dire appropriées, ne pourroit plus rien souffrir de médiocre et de mesquin.

Bouchardon demeura dix ans en Italie. Il se fit distinguer de cette nation jalouse, au point qu'entre un grand nombre d'artistes étrangers et du pays, on le préféra pour l'exécution du tombeau de Clément XI. Sans des circonstances particulières, l'apothéose de ce pontife, qui a coûté tant de maux à la France, eût été faite par un Français.

De retour en France, Bouchardon fut chargé d'un grand nombre d'ouvrages qui respirent tous le goût de la nature et de l'antiquité, c'est-à-dire la simplicité, la force, la grace et la vérité.

Les ouvrages de sculpture demandent beaucoup de temps. Les sculpteurs sont proprement les artistes du souverain ; c'est du ministère que leur sort dépend. Cette réflexion me rappelle l'infortune du Puget. Il avoit exécuté ce Milon de Versailles que vous connoissez, et qui, placé à côté des chefs-d'œuvre de l'antiquité, n'en est pas déparé. Mécontent du prix modique qu'on avoit accordé à son ouvrage, il alloit le briser d'un coup de marteau, si on ne l'eût arrêté. Le grand roi qui le sut, dit : Qu'on lui donne ce qu'il demande; mais qu'on ne l'employe plus : cet ouvrier est trop cher pour moi. Après ce mot, qui eût osé faire travailler le Puget ? Personne ; et voilà le premier artiste de la France condanmé à mourir de faim.

Ce ne fut pas ainsi que la ville de Paris en usa avec Bouchardon, après qu'il eut exécuté sa belle fontaine de la rue de Grenelle. Je dis belle pour les figures ; du-reste je la trouve au-dessous du médiocre. Point de belle fontaine où la distribution de l'eau ne forme pas la décoration principale. A votre avis, qu'est-ce qui peut remplacer la chute d'une grande nappe de cristal ? La ville récompense l'artiste d'une pension viagère, accordée de la manière la plus noble et la plus flatteuse. La délibération des échevins, qu'on a mise à la suite de l'éloge du comte de Caylus, est vraiment un morceau à lire. C'est ainsi qu'on fait faire aux grands hommes de grandes choses.

Bouchardon est mort le 27 juillet 1762, comblé de gloire et accablé de regret de n'avoir pu achever son monument de la place de Louis XV. C'est notre ami Pigal qu'il a nommé pour succéder à son travail. Pigal étoit son collègue, son ami, son rival et son admirateur. Je lui ai entendu dire qu'il n'étoit jamais entré dans l'atelier de Bouchardon, sans être découragé pour des semaines entières. Ce Pigal pourtant a fait un certain Mercure que vous connoissez, et qui n'est pas l'ouvrage d'un homme facile à décourager. Il exécutera les quatre figures qui doivent entourer le piédestal de la statue du roi, et qui représenteront quatre Vertus principales. Bouchardon lui a laissé pour cela toutes les études qu'il a faites sur ce sujet pendant les dernières années de sa vie. Rien n'est plus satisfaisant que de voir deux grands artistes s'honorer d'une estime mutuelle.

Je n'entrerai point dans l'examen des différentes productions de Bouchardon, parce que je ne les connois pas, et que le comte de Caylus qui les a toutes vues, n'en dit rien qui vaille. Un mot seulement sur son Amour qui se fait un arc de la massue d'Hercule. Il me semble qu'il faut bien du temps à un enfant pour mettre en arc l'énorme solive qui armoit la main d'Hercule. Cette idée choque mon imagination. Je n'aime pas l'Amour si long-temps à ce travail manuel; et puis, je suis un peu de l'avis de notre ingénieur, M. Le Romain, sur ces longues ailes avec lesquelles on ne sauroit voler quand elles auroient encore dix pieds d'envergure.

Je crois qu'un ancien, au-lieu de s'occuper de cette idée ingénieuse, auroit cherché à me montrer le tyran du ciel et de la terre, tranquille, aimable et terrible. Ces anciens, quand une fois on les a bien connus, deviennent de redoutables juges des modernes. Quoi qu'il m'en puisse arriver et aux autres, je vous conseille, mon ami, d'éloigner un peu toutes ces Vierges de Raphaël et du Guide, qui vous entourent dans votre cabinet. Que j'aimerois à y voir d'un côté l'Hercule Farnèse entre la Vénus de Médicis et l'Apollon Pythien ; d'un autre, le Torse entre le Gladiateur et l'Antinoüs ; ici, le Faune qui a trouvé un enfant et qui le regarde ; vis-à-vis, le Laocoon tout seul ; ce Laocoon dont Pline a dit avec juste raison : *Opus omnibus et picturæ et statuariæ artis præferendum.* Voilà les apôtres du bon goût chez toutes les nations ; voilà les maîtres des Girardon, des Coisevox, des Coustous, des Puget, des Bouchardon ; voilà ceux qui font tomber le ciseau des mains à ceux qui se destinent à l'art, et qui sentent ; voilà la compagnie qui vous convient. Ah ! si j'étois riche !

Un homme aussi laborieux que Bouchardon a dû laisser un grand nombre de dessins précieux, si j'en juge par quelques-uns que j'ai vus. Vous souvenez-vous de cet Ulysse qui évoque l'ombre de Tirésias ? Si vous vous en souvenez, dites-moi où l'artiste a pris l'idée de ces figures aériennes qui sont attirées par l'odeur du sacrifice ? Elles sont élevées au-dessus de la terre ; elles accourent ; elles se pressent. Elles ont une tête, des pieds, des mains, un corps comme nous ; mais elles sont d'un autre ordre que nous. Si elles ne sont pas dans la nature (et elles n'y sont pas), où sont-elles donc ? Pourquoi nous plaisent-elles ? Pourquoi ne suis-je point choqué de les voir en l'air, quoique rien ne les y soutienne ? Où est la ligne que la poésie ne sauroit franchir, sous peine de tomber dans l'énorme et le chimérique ? ou plutôt qu'est-ce que cette lisière au-delà de la nature, sur laquelle Le Sueur, Le Poussin, Raphaël, et les anciens occupent différens points : Le Sueur, le bord de la lisière qui touche à la nature, d'où les anciens se sont permis le plus grand écart possible ? Plus de vérité d'un côté et moins de génie ; plus de génie de l'autre côté et moins de vérité. Lequel des deux vaut le mieux ? C'est entre ces deux lignes de nature et de poésie extrêmes, que Raphaël a trouvé la tête de l'ange de son tableau d'Héliodore ; un de nos premiers statuaires, les nymphes de la Fontaine des Innocens ; et Bouchardon, les génies de son dessin de l'ombre de Tirésias évoquée.

Certainement il y a un démon qui travaille au-dedans de ces gens-là, et qui leur fait produire de belles choses, sans qu'ils sachent comment, ni pourquoi. C'est à l'éloge du philosophe à leur apprendre ce qu'ils valent. C'est lui qui leur dira : Lorsque vous avez fait monter la fumée de ce bucher toute droite ; et que vous avez jeté en arrière la chevelure de ces génies, comme si elle étoit emportée par un vent violent, savez-vous ce que vous avez fait ? C'est que vous leur avez donné effectivement toute la vîtesse du vent. Ils sont immobiles sur votre toile ; l'air tranquille n'agit point sur eux ; ils agissent donc, eux, si violemment sur l'air tranquille, que je conçois qu'en un clin-d'œil ils se porteroient, s'ils le vouloient, aux extrémités de la terre. Vous ne pensiez à cela que confusément, M. Bouchardon. Sans vous en appercevoir, vous vous conformiez aux loix constantes de la nature et aux observations de la physique ; votre génie faisoit le reste ; le philosophe vous le fait remarquer, et vous ne pouvez vous empêcher de complaire à sa réflexion.

Et voilà aussi la tâche du philosophe : car pour les parties et le mécanisme de l'art, il faut être artiste pour en apprécier le mérite. Je crois aussi qu'il est plus difficile à un homme du monde de bien juger d'une statue que d'un tableau. Qui de nous connoît assez la nature pour accuser un muscle de n'être pas exécuté juste ?

J'allai l'autre jour voir Cochin. Je trouvai sur sa cheminée cette brochure du comte de Caylus. Je l'ouvris. Je lus le titre : Éloge de Bouchardon. Un malin avoit ajouté au crayon : Ou l'art de faire un petit homme d'un grand. Ne vous avisez pas de mettre ce titre à la tête de ces lignes chétives.

L'HISTOIRE

ET

LE SECRET DE LA PEINTURE EN CIRE.

AVERTISSEMENT DE L'ÉDITEUR.

Ce traité, dont Diderot n'a fait tirer qu'un petit nombre d'exemplaires, parce qu'il ne peut être utile qu'à une certaine classe d'artistes, se trouve très-difficilement. Il est même peu connu des gens de lettres qui, en général, plus ou moins étrangers aux arts, en parlent superficiellement, n'en jugent pas mieux, et n'en suivent même l'invention et les progrès qu'avec ce foible intérêt qu'on met à toutes les choses vers lesquelles la nature n'entraîne pas avec violence. Quoique cette brochure, à laquelle Diderot avoit eu de bonnes raisons de ne point mettre son nom, ait dans la forme, le style, les idées et les réflexions, ce caractère original dont tous ses écrits offrent l'empreinte plus ou moins distincte, je ne me rappelle pas qu'on la lui ait attribuée lorsqu'elle parut : et même encore aujourd'hui, si l'on en excepte l'artiste pour lequel il la fit, et un célèbre chymiste (*) leur ami commun, on ignore qu'il en est l'auteur. C'est cependant une énigme dont le mot n'est pas difficile à deviner.

Ceux qui, à des notions générales assez exactes de l'objet de chaque science et de chaque art, veulent joindre sur certaines découvertes des idées particulières plus précises ; et savoir ce que les travaux réunis des hommes de génie ont ajouté dans chaque siècle au dépôt des connoissances humaines, liront avec plaisir ce mémoire de Diderot sur l'Encaustique des anciens recouvré. Je l'ai cherché long-temps, pour le faire réimprimer dans l'Encyclopédie méthodique, et j'ai été obligé de renoncer à ce projet : mais le hasard m'en ayant offert depuis un exemplaire, je le joins aujourd'hui à cette nouvelle édition des Œuvres de Diderot, non

---

(*) Le docteur d'Arcet.

parce qu'il est rare, mais parce qu'il est bon. Il contient sur-tout des détails curieux et ignorés sur l'origine et les procédés mécaniques d'un art qui, porté à ce dégré de perfection dont il est susceptible, mais que celui qui l'a retrouvé n'a pas encore atteint, pourroit être très-utile, et devenir même, entre les mains d'un artiste habile, ce qu'un nouveau calcul, une méthode nouvelle ou simplifiée est pour un géomètre, un instrument de plus pour reculer les limites de la science.

L'HISTOIRE

ET

LE SECRET DE LA PEINTURE EN CIRE.

I.

RIEN n'est plus contraire aux progrès des connoissances, que le mystère (*). Nous en serions encore à la recherche des arts les plus simples et les plus importans, si ceux qui les ont découverts en avoient toujours fait des secrets. Loin de nous donc cet esprit d'intérêt ou d'orgueil, qui semble conspirer avec l'imbécillité naturelle de l'homme et la briéveté de sa vie, pour perpétuer son ignorance; ce seroit un crime que de priver ses semblables de la connoissance d'un art utile; ce seroit oublier toute la misère de leur condition, que de leur envier la connoissance d'un art d'agrément.

(*) C'est un des principaux caractères de la petitesse de l'esprit.

C'est en conséquence de ces principes, que je me suis fait un devoir de publier ce que j'ai pu recueillir sur la peinture en cire. Ce mémoire aura deux objets principaux ; l'histoire, et le secret. J'exposerai l'une sans partialité ; et l'autre sans indulgence et sans réserve (*). S'il se glisse quelques erreurs involontaires dans les faits historiques, sur lesquels il a fallu s'en rapporter à la bonne-foi d'autrui ; en revanche, on peut compter que dans les procédés mécaniques, où il a toujours été possible de n'en croire que ses yeux, il n'y en aura guère d'autres que celles que nous releverons.

I I.

M. Bachelier, le seul peintre habile en fleurs que nous ayons, fit en 1749 un tableau en cire. Le sujet en étoit tiré de la fable : c'étoit Flore et Zéphyre. Il fut conduit à cette espèce de peinture par un de ces petits événemens, tels que le hasard, qui travaille sans cesse à l'avancement

---

(*) On s'en convaincra par les notes. Ces notes sont proprement un jugement rassis que nous avons porté nous-mêmes, de ce mémoire, après l'avoir écrit. Cette méthode nous a paru très-bonne, et nous conseillons à tous les auteurs d'en user, et de croire, qu'avec quelque sévérité qu'ils se traitent, ils ne laisseront encore que trop de prise à la critique.

des arts, en produit tous les jours dans les ateliers.

(1) Des enfans de la maison où il étoit pensionnaire, s'amusèrent à jouer avec des boules de cire, au défaut de volans. Une de ces boules tomba dans un godet où M. Bachelier tenoit de l'essence de térébenthine pour son usage; l'essence de térébenthine produisit son effet sur la cire; la boule fut dissoute; et tout le mérite de M. Bachelier fut alors de conjecturer, à l'aspect de cette dissolution fortuite, qu'on pourroit la substituer à l'huile qu'on emploie dans la peinture.

Il prit donc un grand gobelet; il le remplit en partie d'essence de térébenthine; il y fit dissoudre de la cire, sans observer aucune proportion entre la quantité de la cire et celle du dissolvant. La dissolution se fit à froid, dans l'espace de vingt-quatre heures (2); elle avoit la consistance d'une gelée fort claire.

Il délaya sur le porphyre des couleurs en poudre, avec sa cire dissoute; il en forma sa palette; et il se mit à peindre sur une toile imprimée à l'huile, et telle qu'on l'achète chez le marchand pour la peinture ordinaire.

Il comptoit avoir fait une découverte, et il ne négligea rien pour la relever par la perfection

---

(1) Voici comment M. Bachelier raconte le fait.
(2) Elle se fait infiniment plus vite à chaud.

de l'ouvrage. Cependant, sa peinture fut sèche(1); il eut peine à se défaire de son tableau à un prix fort modique, et il renonça à une invention qui ne lui parut favorable, ni aux progrès de l'art, ni à l'intérêt de l'artiste (2).

Il y avoit environ cinq ans que M. Bachelier, conduit par hasard à la peinture en cire, l'avoit abandonné, lorsque M. le comte de Caylus (3) présenta à l'académie la tête de Minerve, que l'on a vue chez M. Vien (4) et chez madame Geoffrin (5), et que l'on peut voir dans le ca-

---

(1) C'est un effet de la différence de l'huile des peintres, et de l'essence de térébenthine. Il s'en manque bien que l'essence de térébenthine s'étende autant que l'huile, avant que de sécher. L'essence de térébenthine est une huile essentielle volatile, que sa propriété de s'évaporer très-facilement, a mise au rang des matières appelées *siccatives* dans l'art des vernis. L'huile, telle que celle de lin, au contraire, est une huile grasse qui a les propriétés opposées. On cherche à corriger ces propriétés par une préparation ou cuisson qui la fait appeler *huile cuite*. Cette cuisson est une digestion ou distraction par un feu lent de la partie mucilagineuse qui fait le *gras* dans les huiles mucilagineuses.

(2) Cela ressemble beaucoup à la vérité.

(3) Homme de qualité, qui aime les arts, et qui les cultive.

(4) Un des bons peintres de l'Académie.

(5) Femme de goût, qui aime la société des gens de lettres, des savans et des artistes.

binet de M. Lalive de Juli (1). Le bruit momentané que ce phénomène excita retentit encore dans nos oreilles : « C'est, disoient les artistes » et les amateurs, la plus belle chose du monde ; » c'est l'*Encaustique* des anciens : c'est M. le comte » de Caylus qui l'a retrouvé ».

En effet, les tentatives de M. Bachelier étant demeurées dans un entier oubli, ce ne furent point des essais ignorés qui dirigèrent M. le comte de Caylus ; ce fut au contraire la Minerve de M. le comte de Caylus qui rappela M. Bachelier à ses premiers essais. Si la Minerve n'a été peinte qu'à la cire dissoute par l'esprit de térébenthine, comme il est vraisemblable, c'est, si l'on veut, assez peu de chose en soi ; ce n'est point du tout l'*Encaustique* des anciens ; mais c'est l'occasion des découvertes de M. Bachelier.

M. le comte de Caylus fut engagé à la recherche de la peinture en cire des anciens, par différens passages de Pline le naturaliste, où cet auteur en a fait mention, comme il a parlé de beaucoup d'autres choses, c'est-à-dire d'une manière incorrecte, obscure et laconique (2). Voici la plûpart

---

(1) Homme de goût, qui aime les sciences et les arts, qui les cultive lui-même avec succès, et qui a en sculpture et en peinture un très-beau cabinet.

(2) Ce jugement est un peu sévère ; les adorateurs des anciens en seront offensés. Mais je ne peux pas penser autrement.

de ces passages. Il dit (1), *liv. XXXV, chap. XI* : « Nous ne connoissons point celui qui pensa le premier à peindre avec des cires, et à brûler sa peinture. Quelques-uns attribuent cette invention à Aristide; ils ajoutent que Praxitèle la perfectionna. Mais les peintures *encaustiques* en cire me semblent un peu plus anciennes. Je crois celles de Polignote, de Nicanor, et d'Arcésilas de *Parium* antérieures au temps d'Aristide et de Praxitèle. Lysippe écrivoit sur les tableaux qu'il peignoit à Égine, *brûlés par Lysippe*; ce qui suppose la découverte de l'*Encaustique*. On prétend même que Pamphile, maître d'Apelle, non-seulement peignit de cette manière, mais encore qu'il en donna des leçons. Pausias de Sycionne se distingua le premier dans ce genre ». *Et dans le même chapitre, sur la fin* (2) : « Il est certain que les anciens

---

(1) Ceris pingere ac picturam inurere quis primus excogitaverit, non constat. Quidam Aristidis inventum putant, posteà consummatum à Praxitele; sed aliquantò vetustiores encausticæ picturæ exstitere, ut Polignoti, et Nicanoris et Arcesilai Pariorum. Lysippus quoque Eginæ picturæ suæ inscripsit, ἐνέκαυσεν quod profectò non fecisset, nisi encausticâ inventâ. Pamphilus quoque Apellis præceptor non pinxisse tantùm encausta, sed etiam docuisse, traditur Pausiat Sycionium primum in hoc genere nobilem. *Lib. XXXV, cap. XI*, edit. Harduin.

(2) « Encausto pingendi duo fuisse antiquitus ge-

» ont eu deux sortes de peintures *encaustiques;*
» l'une en cire, l'autre en ivoire et au cestre,
» c'est-à-dire, au burin (1) ». *Et dans le même*
» *livre, chap. VII* (2) : « Voilà les couleurs dont
» on teint les cires qu'on emploie dans les pein-
» tures qui se brûlent, genre de travail qui ne
» se pratique point sur les murs, mais dont on
» orne très-communément les vaisseaux ». *Et dans
le chap. XI* (3): « Il y a une troisième sorte de
» peinture *encaustique*, dans laquelle les cires,
» fondues au feu, s'appliquent au pinceau; cette
» peinture, qu'on pratique sur les vaisseaux, n'est
» altérable, ni par l'eau salée de la mer, ni par
» les vents, ni par le soleil ».

On présume que c'est en travaillant d'après ces passages, que M. le comte de Caylus a rencon-

---

nera constat, cerâ, et in ebore, cestro, id est, vi-riculo ».

(1) Cette peinture en ivoire pourroit bien n'être qu'une espèce d'égratignée ; ou comme les italiens disent de *sgraffito*, où un fond noir découvert donne les ombres, et une surface blanche hachée forme le relief des objets.

(2) « Ceræ tinguntur iisdem his coloribus ad eas picturas quæ inuruntur, alieno parietibus genere, sed classibus familiari ».

(3) « Hoc tertium accessit, resolutis igni ceris, penicillo utendi; quæ pictura in navibus, nec sole, nec sale, ventisque corrumpitur ». *Lib. XXXV. cap. XI. sect.* 41.

tré la dissolution de la cire par l'essence de térébenthine, que le hasard avoit offerte à M. Bachelier ; mais ce n'est qu'une présomption, M. le comte de Caylus n'ayant pas encore publié son secret. Quoi qu'il en soit, on connoissoit, et l'on employoit cette dissolution à divers usages, long-temps avant que M. Bachelier ne l'employât à la peinture en cire. Si M. le comte de Caylus ne possède que ce secret, M. Bachelier et lui sont arrivés au même but par des voies très-différentes : avec cette circonstance importante, qui est toute en faveur de M. le comte de Caylus, que sa découverte est authentique, qu'il est incontestablement le premier qui ait montré au public un tableau peint en cire, et que c'est à lui que ce premier pas de l'art appartient. Mais l'art de peindre avec la cire dissoute par l'essence de térébenthine, celui que M. Bachelier pratiqua en 1749, n'ayant presque rien de commun avec ses dernières découvertes, il pourroit abandonner entièrement l'invention de cet art à M. le comte de Caylus, sans partager, avec qui que ce soit, l'honneur d'avoir recouvré l'*Encaustique* des anciens. Car il sera évidemment démontré par la suite, que la Minerve que M. le comte de Caylus a fait exécuter sur bois, en 1755, et que la Flore et le Zéphyre que M. Bachelier a exécutés lui-même sur toile, en 1749, ne sont point de la peinture en cire et au feu, telle que les anciens la pratiquoient, quoique M. Bachelier ait d'abord été dans ce préjugé, et que M. le comte de Caylus y soit peut-être encore.

La loi que nous nous sommes imposée, de ne rien omettre de ce qui pourroit jeter du jour sur un événement qui ne fait que d'éclore, et qui commence à s'obscurcir, nous contraint d'entrer dans le détail minutieux de la scène suivante; elle se passa entre un artiste de la plus grande réputation et M. Bachelier, dans les premiers jours du triomphe de M. le comte de Caylus.

On s'entretenoit de la Minerve en cire de M. le comte de Caylus : c'étoit la grande nouvelle du jour. On disoit que M. de Lalive l'avoit achetée douze cents francs....

Douze cents francs, reprit M. Bachelier, *cela me paroît cher. Je fis, il y a environ cinq ans, un tableau de la même espèce, dont j'eus bien de la peine à tirer cinquante écus.*

Un tableau en cire, lui répliqua-t-on ?

En cire....

Mais êtes-vous bien sûr d'avoir peint, il y a cinq ans, un tableau en cire ?....

Si sûr que, si, dans la semaine, j'en peignois un second, et que je vous le montrasse, vous ne seriez pas plus sûr de l'avoir vu....

Il n'y a rien à répliquer à cela; il faudra voir ce second tableau; mais en l'attendant, permettez-nous de douter du premier.... Et ce premier tableau, qu'est-il devenu ?

Je n'en sais rien (*) ; *tout ce que je peux vous en dire, c'est que celui à qui je le vendis l'emportoit en Alsace, avec deux autres tableaux de ma façon, peints à la manière ordinaire....*

Sur quoi étoit-il ?....

Sur toile....

Sur toile ! en voilà bien d'une autre. Sachez que la peinture en cire, que vous vous vantez de posséder, et que vous traitez si légèrement, est un secret important, perdu depuis plusieurs siècles, que M. le comte de Caylus a cherché sur des passages de Pline le naturaliste qui en a fait mention, et qu'il a retrouvé après un grand travail et de longues expériences. Cependant, il ne peint encore que sur bois. S'il est vrai, comme vous le dites, que vous sachiez peindre en cire sur toile, vous avez été bien plus loin que lui : vous avez eu tort d'abandonner cette invention, si vous l'avez eue, et je vous conseille d'y revenir......

Eh bien ! j'y reviendrai, ajouta M. Bachelier, *puisque vous croyez qu'elle en vaut la peine ; et*

(*) Cela est fâcheux. Si l'on avoit ce tableau, il prouveroit incontestablement la vérité du fait ; mais de ce qu'on ne l'a pas, il ne s'ensuit pas que le fait soit faux. Il faut peser le reste des circonstances.

je vous en promets un échantillon avant qu'il soit peu....

En cire et sur toile ?....

En cire et sur toile (*).

M. Bachelier, engagé d'honneur à peindre un second tableau en cire, revint à sa dissolution de cire par l'essence de térébenthine ; mais comme il avoit appris en-même-temps que les anciens n'avoient eu aucune connoissance de la peinture à l'huile, il imagina que ce qui lui restoit à faire pour posséder l'*Encaustique* des anciens (car il ne prenoit pas pour moins la peinture en cire de M. le comte de Caylus et la sienne), c'étoit de se préparer une toile avec de la cire ; car celle qu'il avoit employée la première fois qu'il avoit peint en cire, avoit été imprimée à l'huile.

Pour cet effet, il prit une bassine ; il y fit fondre sur le feu une assez grande quantité de cire ; il s'étoit pourvu d'une toile de batiste, telle qu'elle sort de chez la lingère. Lorsque sa cire fut extrêmement chaude, il prit sa toile par les deux angles, et

---

(*) Cette conversation est certaine. Lorsqu'elle se tint, la Minerve de M. le comte de Caylus ne faisoit que de paroitre. Cette Minerve est sur bois ; M. Bachelier annonce un premier tableau sur toile, en promet un second, et tient parole en huit jours, sans avoir vu celui de M. le comte de Caylus. S'il n'eut pas connu la peinture en cire, il faudroit qu'il l'eût devinée sur-le-champ.

la plongea verticalement dans la bassine. La toile, en entrant dans la cire, se replia sur elle-même, et forma des ondes en zigzag, comme elle eût fait en entrant dans de l'eau. Lorsqu'il la jugea suffisamment chargée de cire, il la retira et la laissa refroidir. Quand elle fut froide, il la tendit avec des clous sur un chassis; mais il s'apperçut que dans cette manœuvre il s'y étoit fait, à chaque pli, de longues cassures horizontales.

Pour remédier à cet inconvénient, il alluma des charbons ardens dans une grande poële; il prit sa toile tendue; il la passa horizontalement à la chaleur du brasier; la cire rentra en fusion de l'un et de l'autre côté de la toile; il se mit alors à la frotter fortement avec un linge, enlevant tout ce qui faisoit épaisseur et inégalité, d'abord sur l'une des faces, puis sur l'autre, les chauffant et les frottant alternativement, jusqu'à ce qu'il n'y restât plus que la quantité de cire qui remplissoit les vides du tissu, où l'on n'appercevoit plus que la direction des fils. Comme sa toile s'étoit un peu lâchée dans cette manœuvre, il fallut la retendre.

M. Bachelier n'avoit demandé que huit jours pour faire son tableau, ce fut par cette raison qu'il n'exécuta qu'une grisaille, c'est-à-dire une peinture avec le blanc et le noir. Il broya sur le porphyre ces deux couleurs avec la cire dissoute par l'essence de térébenthine, peignit sur une toile préparée, comme nous venons de le dire, le profil d'une jeune fille de huit ans, et se hâta de porter son ouvrage à ceux qu'il avoit intérêt de convaincre qu'il ne leur en avoit point imposé, lorsqu'il avoit dit que le secret de peindre en cire lui étoit connu depuis environ cinq ans.

M. Bachelier n'avoit point encore vu la Minerve de M. le comte de Caylus; je sais même qu'il ne l'a point vue depuis; et il ne s'étoit pas écoulé plus de huit jours depuis qu'il s'étoit engagé à peindre ce tableau. L'artiste peu crédule avec lequel il s'étoit entretenu, ne le regarda pas sans surprise. On le porta chez M. le marquis de Marigni; il passa de-là chez madame Geoffrin, où il fut exposé au jugement de la société des artistes qui s'y rassemblent. On remarqua qu'il étoit *sur toile*; et l'on en fut satisfait. Mais, comme l'exécution en étoit toute fraîche, et que l'essence de térébenthine n'avoit pas encore eu le temps de s'évaporer, ni la peinture, celui de prendre une consistance qu'elle ne pouvoit recevoir que de l'évaporation et du temps, M. le comte de Caylus observa qu'elle s'attachoit au doigt; mais il n'auroit point été dans le cas de faire cette observation judicieuse, si M. Bachelier eût employé trois mois à peindre son morceau, et trois mois peut-être à le faire sécher (*).

Pour montrer qu'on pouvoit peindre indistinc-

(*) Il ne faut pas plus de huit jours pour sécher un tableau de cette espèce, après qu'il est achevé.

tement sur les deux côtés de sa toile, M. Bachelier avoit jeté une caricature (1) sur le revers de son profil : c'étoit une tête de vieillard sur le devant, avec une tête de femme dans l'éloignement, exécutées en quatre coups de brosse, avec le reste de sa couleur.

M. Bachelier entreprit ensuite un tableau avec toutes les couleurs qu'on a coutume d'employer dans la peinture. Mais il avoit conjecturé que son fond ciré souffroit une dissolution par l'application et le séjour des couleurs préparées avec la cire dissoute dans l'essence de térébenthine; que cet effet ralentissoit apparemment la dessiccation, et faisoit attacher la peinture au doigt pendant quelque temps. Pour prévenir cet inconvénient, si c'en étoit un, il se détermina à préparer sa toile autrement.

Pour bien entendre comment il fit sa nouvelle toile (2), il faut savoir en général que pour préparer les toiles imprimées à l'huile dont on se sert dans la peinture ordinaire, on a un couteau d'un pied et demi de longueur, qui a le tranchant émoussé, et dont le manche fait un angle obtus avec le

---

(1) Plusieurs personnes seront frappées de cette circonstance, qui ne signifie rien.

(2) J'aurois pu supposer la connoissance de cette manœuvre, ou l'exposer en deux mots; mais les détails d'arts ne déplaisant pas également à tout le monde, et me plaisant beaucoup, j'ai suivi mon goût.

dos; qu'on tend la toile sur un chassis; qu'on la frotte avec la pierre-ponce, pour en user les nœuds; qu'on lui donne un enduit de colle de poisson, lorsqu'elle est grosse et claire (car, si c'est une batiste ou une autre toile serrée, comme les peintres d'un genre précieux ont coutume de les prendre, l'enduit de colle devient superflu); qu'on laisse sécher cet enduit; qu'on prépare un gris, en délayant à l'huile du blanc et du noir; qu'on jette ce gris sur la toile; qu'on l'étend et le traîne sur toute sa surface avec le couteau, ce qui s'appelle *donner une impression*; qu'on laisse sécher cette première impression; qu'il faut pour cela quatre à cinq jours, selon la saison; que, quand cette impression est sèche, on en donne une seconde, qu'on laisse sécher aussi; et qu'alors la toile est préparée pour la peinture à l'huile.

M. Bachelier suivit cette manœuvre pour préparer la sienne; il ne lui donna point l'enduit de colle, cet enduit ne se donnant que pour empêcher les impressions à l'huile de passer au travers d'une toile grosse et claire : au-lieu d'un gris à l'huile, il fit traîner sur sa toile des couleurs détrempées à la cire dissoute par l'essence de térébenthine. Il lui donna deux impressions; il ne fallut pas plus d'une heure à chacune pour se sécher (*).

(*) Il me semble qu'on pourroit demander à M. Bachelier pourquoi il ne faut pas plus d'une heure

Sa toile étant ainsi préparée, il délaya toutes ses couleurs avec de la cire dissoute par l'essence de térébenthine ; il s'étoit fait faire une palette de fer-blanc, où l'ouvrier avoit pratiqué dix-huit à vingt petits enfoncemens : c'est à-peu-près le nombre des couleurs, dont un peintre a coutume de composer sa palette ; il remplit ces petits enfoncemens de ses couleurs, bien broyées et bien délayées ; il versa sur chacune quelques gouttes d'essence de térébenthine pure, pour les entretenir dans une fluidité requise ; et il se mit à peindre.

Ce troisième tableau, qui représentoit des fleurs dans un vase de porcelaine, n'est pas absolument sans défaut. Il a un peu souffert de l'impatience et des différens essais auxquels l'artiste s'est livré en le peignant : car M. Bachelier avoit déjà les vues qui devoient bientôt le conduire, si-non à la véritable peinture *Encaustique* des anciens, du-moins à une peinture qui ne peut pas en différer beaucoup (1) ; et à la découverte, si-non du vernis d'Apelle, d'un autre au-moins qui a exactement les qualités que Pline attribue à celui dont le grand peintre de l'antiquité couvroit ses tableaux (2).

---

aux *impressions* pour se sécher, et pourquoi il faut au-moins huit jours à la peinture ?

(1) Je persiste dans ce jugement.

(2) J'ai examiné ceci de plus près, et j'espère que M. Bachelier approuvera mon incertitude, quand il

Ainsi voulez-vous exécuter en cire, sur toile ou sur bois, un tableau?

1. Ayez une toile imprimée avec de la cire, dissoute par l'essence de térébenthine;

2. Prenez des couleurs en poudre;

3. Broyez-les sur le porphyre, en les délayant avec la cire dissoute dans l'essence de térébenthine;

4. Formez-en une palette;

5. Entretenez la fluidité de vos teintes sur la palette, en versant dessus quelques gouttes d'essence même de térébenthine;

6. Peignez avec la brosse et le pinceau, comme à l'ordinaire.

Nous avons donc une manière connue d'exécuter des tableaux en cire sur la toile et sur le bois (car on donne l'impression au bois comme à la toile), dont M. Bachelier fit un premier essai sur toile en 1749, qu'il abandonna, et qu'il reprit et perfectionna en 1751.

Et une manière secrète (*) d'exécuter la même peinture sur bois, ou peut-être aussi sur un gros

---

en verra plus bas les raisons. Je serois fâché d'avoir fait gâter un bon tableau par un jugement précipité. Je crois qu'il faut encore à M. Bachelier quelques expériences et du temps.

(*) Le public a conçu la plus grande opinion de ce secret; et il attend avec impatience qu'on le lui révèle.

coutil, que M. le comte de Caylus a pareillement inventée, qui est, selon toute apparence, la même que celle de M. Bachelier, qui peut toute-fois en différer, quoiqu'à l'odorat on ne puisse douter que l'essence de térébenthine n'y ait été employée, et dont nous avons vu en 1755 un morceau exécuté sur bois par M. Vien; morceau qui donna occasion à M. Bachelier de revenir à des essais qu'il avoit abandonnés, et qu'il n'auroit peut-être jamais repris (1).

Encore une fois, il ne faut pas s'y tromper, la découverte de la peinture en cire ne consiste pas à avoir dissous de la cire par l'essence de térébenthine, mais à avoir substitué cette dissolution très-connue, à l'huile dont on se sert pour délayer les couleurs dans la peinture ordinaire; idée que M. Bachelier avoit eue dès 1749, et qui ne s'est présentée à M. le comte de Caylus qu'en 1755, sans que pour cela on puisse lui disputer le titre d'inventeur (2), parce qu'il a produit le premier ses

---

(1) Il ne me paroît pas que M. le comte de Caylus puisse porter ses prétentions plus loin.

(2) M. Bachelier rencontre par hasard la dissolution de la cire, et imagine un art qu'il eût inventé, quand même les anciens ne l'auroient point eu. M. le comte de Caylus, instruit par la lecture des anciens, qu'ils avoient un art de peindre en cire, et par nos chimistes, que la cire se dissout dans l'essence de térébenthine, se sert de cette dissolution pour nous

titres an public, et que M. Bachelier ayant, pour ainsi dire, renoncé aux siens, nous n'étions pas plus voisins, en 1749, de la peinture en cire, que plusieurs siècles auparavant, et que nous ne le serions aujourd'hui de la peinture *Encaustique* des anciens, si M. Bachelier n'avoit poussé ses découvertes plus loin, et n'avoit encouragé d'autres curieux à marcher sur ses pas; en sorte que ces curieux seront, par rapport à lui, dans l'*Encaustique* ou la peinture en cire et au feu, ce qu'il est par rapport à M. le comte de Caylus dans la peinture en cire, à froid, par la dissolution de cette substance dans l'essence de térébenthine (1).

Ceux qui teignent des mouchoirs dont le dessin est blanc et le fond bleu (2), qu'on nomme *façon d'indienne*, ont des planches gravées en bois; ils couvrent ces planches de cire dissoute par l'essence de térébenthine; ils étendent leur toile là-dessus; ils donnent un coup de presse; la toile se charge de la dissolution de cire selon le dessin; ils

---

indiquer une peinture, qui a cette particularité commune avec celle des anciens, qu'elle est en cire, et avec celle de M. Bachelier, que ce n'est point l'*Encaustique* des anciens.

(1) Voilà une phrase très-longue et très-entortillée, dont on sera mécontent. Si c'étoit la seule, je la corrigerois.

(2) Autre petite manœuvre que je détaille, en faveur de ceux qui aiment les arts.

la jetent dans une cuve; ils la teignent à froid: la teinture prend à tous les endroits qui n'en sont pas garantis par la cire; la cire se détache au débouilli; elle surnage, et les ouvriers la ramassent à la surface pour l'employer de rechef.

Ceux qui font des transparens (1), se sont servis de tout temps de la cire dissoute par l'essence de térébenthine. Ils ont des toiles non imprimées; ils les tendent sur des chassis; ils dissolvent de la cire par l'essence de térébenthine; ils en impriment leur toile au couteau ou à la brosse, sur des poêles de feu; ils opposent ces toiles ainsi imprimées, à la lumière; et ils peignent dessus avec des couleurs à l'huile, abreuvées d'essence de térébenthine. Tels sont ces morceaux de peinture que nous voyons dans les fêtes publiques et dans les décorations théâtrales, et qu'on éclaire avec des lumières placées par-derrière.

Des médecins m'ont assuré (2) que, dans plusieurs pharmacopées, on trouvoit l'essence de térébenthine employée à la préparation des cérats.

---

(1) Cette longueur n'a pas d'autre raison que la précédente. Ceux qui sont pressés de voir la fin, n'ont qu'à passer ce qui les ennuie.

(2) Je crois ce fait faux. Un cérat doit avoir la consistance d'onguent que lui donnera très-bien la térébenthine, mais non l'essence de térébenthine qui le rendroit sec. Un chirurgien ne m'auroit pas trompé là-dessus.

Lorsqu'on parla à M. Rouelle de la dissolution de la cire dans l'essence de térébenthine, *qui est-ce qui l'ignore?* s'écria-t-il.

Nous avertissons les artistes qui seront tentés de s'essayer dans ce genre de peinture que la quantité de cire dissoute varie pour chaque couleur; que le blanc et l'orpin sont les deux extrêmes; que, de toutes les couleurs, le blanc est celle à laquelle il en faut donner davantage, et l'orpin celle qui en supporte le moins; que la couleur à laquelle on aura donné trop de cire dissoute, sera d'autant plus luisante et moins matte; que celle qui n'en aura pas assez reçu, s'effaceroit par le frottement, et s'en iroit en poussière, comme une détrempe sans colle.

Lorsqu'ils auront achevé leur tableau, il aura une odeur de térébenthine très-désagréable. Pour la dissiper et donner le change à l'odorat, ils n'auront qu'à parfumer leur bordure, soit avec le musc, soit à la fleur d'orange, s'ils n'en savent pas davantage.

Mais s'ils ont quelque teinture de chimie, ils soupçonneront, avec M. Bachelier, qu'il n'y a point d'huile essentielle par laquelle la cire ne soit dissoluble; et ils sauront qu'il n'y en a presqu'aucune qu'on ne falsifie avec l'huile de térébenthine; que celle-ci prend l'odeur de toutes ces huiles essentielles aromatiques; et que c'est une espèce de falsification qui doit être assez difficile à découvrir, car elle est faite d'une huile essentielle par une autre huile essentielle; ainsi ils mêleront à leur huile essentielle de térébenthine, quelques gouttes d'une essence aromatique de citron, de lavande, de canelle, etc.; et la mauvaise odeur en sera corrigée (*). Celle de lavande n'est pas même assez précieuse, pour qu'on ne puisse pas l'employer pure et sans essence de térébenthine.

S'ils vouloient à toute force que leur peinture s'appelât *Encaustique*, il ne leur seroit pas impossible d'y employer le feu. Premièrement, au lieu de laisser dissoudre leur cire à froid, ils n'auroient qu'à la dissoudre à chaud : en second lieu, ils pourroient mettre leurs couleurs délayées dans de petits godets, les tenir au bain-marie, au bain de sable, dans une étuve, en un mot à quelque

---

(*) Oui ; mais s'ils en savent encore un peu davantage, ils n'ignoreront pas que le mélange d'huiles essentielles aromatiques, et d'huile de térébenthine, ne conserve l'odeur aromatique, que tant qu'il reste en masse. En effet, étendez sur un papier une couche de cette huile adultérée (ce qui a bien du rapport avec le cas de la peinture), et l'odeur d'huile de térébenthine percera, sur-tout dans les temps chauds, ou lorsqu'on approchera le papier du feu ; c'est même le moyen qu'on emploie pour découvrir cette falsification. Il faut encore que l'huile de térébenthine soit en petite quantité par rapport à l'huile falsifiée ; sans cette condition, l'odeur d'huile de térébenthine dominera toujours. Or cette condition ne peut avoir lieu dans la peinture en cire.

chaleur douce (1) que ce fût, pourvu qu'elle suffît pour suppléer par elle-même à la quantité d'essence de térébenthine qu'on leur aura donnée de moins, et les conserver dans l'état de fluidité requise pour la peinture.

M. Bachelier aime mieux peindre à froid. Il a éprouvé que, quand les couleurs ont été bien préparées, c'est-à-dire, convenablement abreuvées de la dissolution de cire par l'essence de térébenthine, elles gardent leur fluidité pendant plusieurs mois, et qu'il y a telle précaution à la faveur de laquelle elles ne la perdroient presque jamais. En conséquence il rejette une manière de peindre inutile, incommode, et qui n'en seroit pas davantage l'*Encaustique* des anciens, pour en avoir le nom.

Mais afin de rendre à chacun selon ses œuvres, nous ne finirons pas ce que nous avions à dire de la peinture en cire dissoute par l'essence de térébenthine, sans remarquer qu'à-peine M. de Montami (2) eût - il entendu parler du tableau

---

(1) Cet expédient me paroit mauvais ; car si la chaleur venoit à les rendre fluides, il pourroit arriver à la poussière colorante de tomber, et de rendre le fond plus coloré que la surface. C'est un inconvénient dont il faut au-moins que le peintre soit averti ; ce qui achève de confirmer la préférence que M. Bachelier donne à la peinture à froid

(2) M. de Montami, premier maître-d'hôtel de

de M. le comte de Caylus, qu'il en soupçonna le secret, et qu'il montra de la cire dissoute par l'essence de térébenthine, à tous ceux qui voululurent en voir, sans toute-fois avouer à personne comment cette dissolution se faisoit.

Nous pouvons maintenant passer à des choses plus importantes, dont M. Bachelier ne partage l'honneur avec personne, quoiqu'il soit vrai que M. de Montami ait découvert son secret en assez peu de temps, comme il avoit découvert celui de M. le comte de Caylus.

III.

L'essence de térébenthine noircit les couleurs, gâte l'effet du tableau, et en rend la touche aride. Les grands maîtres de ce pays-ci ne s'en servent jamais qu'à leur corps défendant; les Italiens en ignorent absolument l'usage dans la peinture. D'ailleurs, l'*inustion* étant le caractère distinctif de l'*Encaustique* des anciens, et M. Bachelier n'appercevant rien dans toute son opération qui répondît à ce caractère, il se détermina à pousser plus loin ses recherches.

Il vit du premier coup-d'œil combien il seroit à souhaiter pour la perfection de la peinture en

---

M. le duc d'Orléans, un des bons chimistes de ce pays-ci, et un des plus honnêtes hommes du monde.

cire, qu'on rendît cette substance soluble dans l'eau. Il consulta là-dessus un fameux chimiste de l'Académie qui, pour toute réponse à ses questions, lui dit *qu'il étoit fou*. Un autre chimiste lui en dit autant, quoiqu'il ne fût pas de l'Académie.

Cela ne découragea point M. Bachelier; il avoit quelque teinture brouillée de chimie, et il se disoit à lui-même (1) : « Il me semble que la cire » est une substance huileuse ou résineuse; or, » les substances de cette nature combinées avec » les alkalis, deviennent solubles dans l'eau ».

Je n'entends rien à ce verbiage chimique d'huiles et d'alkalis (2); je sais seulement que M. Bachelier fit, d'après ces principes, bons ou mauvais, un grand nombre d'expériences infructueuses qui l'auroient rebuté, si, revenant opiniâtrément à ses huiles et à ses alkalis, le savon ne lui eût présenté un exemple d'huile et d'alkali combinés et miscibles avec l'eau. Il continua donc ses expériences, jusqu'à ce qu'enfin il en fit, avec

---

(1) Je le fais raisonner trop bien pour un homme qui n'a que des idées brouillées de chimie ; cela est ridicule. Je prie le lecteur de n'en rien conclure contre la vérité de ce Mémoire.

(2) Même absurdité que la précédente. J'entends très-bien ce raisonnement ; et ce n'est point du verbiage.

le sel de tartre, une qui lui réussit. Voici quel fut son procédé.

Il prit du sel de tartre; il en fit dissoudre dans de l'eau tiède jusqu'à saturation; il resta une portion de sel non dissoute au fond du vaisseau. Il filtra son eau saturée au travers d'un papier gris. Il reçut, dans un poëlon de terre neuf et vernissé, ce qui traversa le papier; il mit son poëlon sur un feu doux; il rompit de petits morceaux de cire-vierge blanche, et il les jeta dans sa lessive les uns après les autres, à mesure qu'ils s'y dissolvoient. Cette solution se gonfloit, montoit comme le lait, et se seroit répandue, si le feu avoit été un peu trop poussé, ou s'il n'avoit pas eu l'attention de réprimer de temps-en-temps (*) ce gonflement avec un peu d'eau saturée de sel, qu'on avoit réservée froide pour cet usage. Il continua de fournir de la cire à son eau alkaline, tant qu'elle en put dissoudre. Il s'assura avec une spatule de bois que sa dissolution étoit bien parfaite et bien uniforme; il la laissa refroidir; et il lui vint une masse d'une blancheur éblouissante, une espèce de savon d'une consistance molle comme une bouillie, qui cédoit sous la pression la plus

---

(*) Il y a bien un peu d'effervescence; mais ce n'est point elle qui cause ce gonflement considérable de la liqueur.

légère du doigt, et qui avoit la propriété qu'il cherchoit, de se dissoudre dans l'eau pure en si petite et si grande quantité qu'il le desiroit (*).

Pour s'assurer de l'exactitude de ses conjectures chimiques, et se convaincre qu'il n'étoit pas aussi fou que les chimistes le lui avoient assuré, il remit sa masse blanche sur le feu, et la fit chauffer ; et lorsqu'elle fut chaude, il y jeta de la crême de tartre ; et à l'instant, la cire se sépara.

C'est avec cette masse blanche et molle, ce savon éblouissant qui se dissout sans peine dans l'eau pure, que M. Bachelier fait une eau de cire, avec laquelle il broie et délaie ses couleurs, comme il les broyoit et délayoit auparavant avec la dissolution de cire par l'essence de térébenthine.

(*) 1°. Nous conjecturons que M. Bachelier pourroit avoir un savon dans lequel les deux principes seroient plus intimement combinés, si, au-lieu de sel de tartre pur, il employoit ce sel animé par la chaux, comme on anime par ce moyen le sel de soude, dans les manufactures de savon. Il y a quelque apparence à cela. Expérience à faire.

2°. Il nous paroit de la dernière importance que le savon de cire de M. Bachelier soit fait avec beaucoup de précaution, et qu'il n'y ait point d'alkalis surabondans. L'art a encore du progrès à faire de ce côté. Il faut consulter le chimiste là-dessus. M. Bachelier, adressez-vous à M. de Montami.

Voici donc comment vous peindrez en cire, selon la méthode de M. Bachelier (*).

1. Vous préparerez un savon de cire, ainsi que nous venons de vous en donner le procédé; et vous en ferez une eau de cire, en délayant dans de l'eau votre savon de cire.

2. Vous aurez une toile telle qu'elle sort de chez la lingère, que vous tendrez sur un chassis.

3. Vous dessinerez votre sujet sur cette toile avec des crayons blancs.

4. Vous aurez des couleurs en miniature que vous purifierez, comme nous vous l'enseignerons plus bas.

5. Vous broyerez et délayerez vos couleurs purifiées, sur le marbre, avec votre eau de cire, comme si vous vous proposiez de peindre à la gouache.

6. Vous mettrez vos couleurs préparées dans des godets, et vous les y entretiendrez dans la fluidité convenable, en les humectant avec quelques gouttes d'eau pure.

(*) Cela est long ; mais je ne sais pas décrire un art brièvement. Je dis les choses comme je les vois, et l'expérience m'a appris que, dans les matières d'arts, les circonstances les plus légères se suppléent difficilement. Je crains bien que ceux qui voudront manœuvrer d'après cette description, ne la trouvent pas encore assez détaillée.

7. Vous aurez pour cette peinture les mêmes instrumens que pour la peinture ordinaire, la palette, la brosse et le pinceau; et vous vous en servirez de la même manière.

8. Vous préparerez seulement la palette, comme nous allons vous le prescrire:

Faites bouillir de la cire dans un grand vaisseau; mettez-y votre palette: quand vous la croirez bien imbue de cire, retirez-la verticalement, afin que la cire fluide s'en écoule. Serrez-la aussi-tôt sous une presse, afin qu'elle ne s'envoile pas en se refroidissant: vous y remarquerez environ l'épaisseur d'une ligne de cire, en la retirant de dessous la presse: ayez un instrument tranchant en forme de gratoire. Servez-vous-en pour enlever cette cire, et découvrir votre palette jusqu'au bois sans l'égratigner. Alors, portez-y vos teintes, qui s'y tiendront fraîches; car, les pores du bois étant bouchés par la cire, il n'en suceront pas l'humidité.

9. Ayez à côté de vous deux grands vaisseaux de terre non vernissés et pleins d'eau; l'un vous servira à nettoyer en premier et grossièrement vos pinceaux; et l'autre, à les nettoyer en second, et à les décharger de ce qui y restera de couleur au sortir de la première eau.

10. Placez à votre droite une éponge nette, sur laquelle vous puissiez essuyer votre brosse et vos pinceaux, au sortir de la seconde eau,

11. Tenez de l'eau pure dans un gobelet, où vous en irez prendre quelques gouttes, toutes les fois que vos couleurs s'étant trop séchées sur votre palette, vous sentirez la nécessité de les humecter.

12. Ayez un petit matelas de deux ou trois serviettes; humectez-le d'eau pure, et le tenez appliqué derrière votre toile, à l'endroit où vous voudrez peindre.

13. Cela fait, commencez à peindre, et continuez votre ouvrage, en observant ce que nous venons de vous prescrire, jusqu'à ce qu'il soit achevé.

Si vous trouvez l'usage du matelas incommode, servez-vous d'une éponge; imprégnez-la d'eau de cire bien claire, et humectez-en le derrière de votre toile. Il suffira d'avoir cette attention deux fois seulement par jour, en hiver, et trois ou quatre fois en été. Il ne faudra pas y manquer le soir, en quittant, afin que la toile se tienne fraîche jusqu'au lendemain.

Au-reste, le matelas et l'éponge ne sont nécessaires qu'à ceux qui n'ont pas la pratique de la détrempe. Ces deux précautions sont superflues pour l'artiste qui sait fondre une teinte humide avec une teinte sèche.

Comme les couleurs sortent, de la boutique du marchand, impures et mêlées de substances hétérogènes, et qu'elles peuvent contenir des particules qui, venant à se combiner avec le savon de cire, produiroient des effets qui sont presque toujours nuisibles en peinture, lorsqu'ils ne sont pas projetés, voici comment il faudra les purifier avant que de s'en servir.

On prendra une couleur, il importe peu laquelle. On la délayera dans de l'eau pure : partie demeurera suspendue dans le fluide, partie tombera au fond. On décantera la partie suspendue, et l'on étendra la partie déposée dans de la nouvelle eau, et ainsi de suite, jusqu'à ce qu'on ait un dernier dépôt de matière non colorée et non colorante qu'on rejettera. En laissant reposer l'eau qui contient la partie suspendue de la couleur, cette couleur se déposera. On opérera sur cette couleur déposée, comme on a opéré sur la couleur même, au sortir de la boutique du marchand. On réitérera ces lotions cinq ou six fois : il faut moins de lotions, quand on étend peu de couleur dans beaucoup d'eau; et plus de lotions, quand au contraire on étend beaucoup de couleur dans peu d'eau (*).

On aura, par ce moyen, des couleurs purgées de substances hétérogènes, de sable, de sels, etc. plus riches et plus propres à être broyées

---

(*) Le plus court est d'étendre tout-de-suite la couleur dans beaucoup d'eau. Il n'y a pas à choisir.

et délayées sans inconvénient avec l'eau de cire (*).

Il y a une seconde manière de peindre avec l'eau de cire, qui n'est pas moins sûre que la précédente. C'est de ne pas délayer les couleurs avec cette eau, de peindre seulement en détrempe, sans colle ni gomme, jusqu'à ce que le tableau soit achevé; d'avoir alors une eau de cire très-épaisse, et d'en donner à la toile deux fortes impressions du côté opposé à la peinture.

Mais, soit qu'on ait délayé ses couleurs avec de l'eau de cire, soit qu'on ait peint à la détrempe, il faut brûler le tableau, quand il est fini; c'est une opération indispensable. Elle se fait de la même manière dans l'un et l'autre cas.

Pour brûler son tableau, M. Bachelier allume un très-grand feu; ce feu forme une grande nappe ardente; il présente à ce feu son tableau, indistinctement par l'un ou par l'autre côté. S'il préfère le côté opposé à la peinture, c'est pour que l'ouvrage ne risque pas d'être endommagé de quelqu'étincelle, et par l'avantage qu'il a d'examiner plus à son aise les effets du feu. Il le tient verticalement, d'abord à quelque distance. A mesure que la fumée qui s'en élève diminue, il l'approche de plus en plus du foyer, jusqu'à ce que

---

(*) Cette précaution ne seroit pas moins utile dans la peinture à l'huile.

le tableau se trouve enfin si près du feu, que la main n'en pourroit soutenir un moment la chaleur, et que la cire est mise dans la fusion la plus grande qu'elle puisse prendre sans couler (*).

On la voit dans le cours de cette manœuvre se gonfler; et comme il est absolument impossible, et que la chaleur agisse uniformément sur tous les points d'une surface plane, pour peu qu'elle soit grande, et que la cire abreuve également et en-même-temps toutes les couleurs, le gonflement se promène, s'étend, ne disparoît que quand il est général; et c'est alors que le tableau est brûlé.

Si l'on éloignoit du feu le tableau trop tôt, lorsque le gonflement se promène, qu'il n'est que partiel, qu'il y a des endroits en mouvement, et d'autres en repos, la surface du tableau seroit inégalement abreuvée et inégalement matte.

Il faut éloigner le tableau du feu, comme on l'en a approché, peu-à-peu, afin que le refroidissement se fasse par dégré, et d'une manière pour ainsi dire uniforme.

(*) Toute cette manœuvre s'exécuteroit plus sûrement et plus parfaitement à l'aide d'un fourneau, qui distribueroit également la chaleur à tous les points de la surface, et qui ne seroit pas bien difficile à imaginer. Si cet art prend crédit, il ne tardera pas à faire ce progrès. C'est encore une affaire du chimiste.

L'inustion devient sur la fin effrayante (*) pour un spectateur qui n'y est pas accoutumé.

La présence d'un brasier ardent ; l'intérêt que l'on prend à un ouvrage auquel l'artiste a employé tant de temps et de soin, et que l'on voit presqu'au milieu de ce brasier ; et la connoissance que l'on a de l'extrême mollesse et de la grande fusibilité de la cire, mettent l'ame en peine : on craint que tout ne soit perdu ; mais *l'inustion*, loin de détruire la peinture, la rend solide, et la fixe. Ce n'étoit auparavant qu'un enduit sans consistance et sans corps, que le frottement le plus léger pouvoit emporter ; après *l'inustion*, c'est une couche si dure, si compacte, si adhérente, et en-même-temps si mince et si flexible, que j'ai vu frapper sur un tableau brûlé, comme sur la peau d'un tambour, sans l'altérer : frottée par un corps, elle prend le poli ou luisant.

Je le répète : tous ceux qui auront vu brûler un tableau peint en cire, et qui compareront cette manœuvre avec les expressions de Pline, seront forcés de convenir que rien ne peut ressembler davantage à l'*Encaustique* des anciens, que cette manière de peindre.

Si le tableau étoit d'une si grande étendue, qu'on

(*) Je ne sais si je ne me suis pas abandonné ici un peu à mon imagination : ceux qui verront brûler un tableau, en jugeront.

ne pût le brûler à un foyer, on se serviroit d'un fer rouge ou de réchaud des doreurs, qu'on promèneroit à une distance convenable de tous les points de sa surface.

Lorsque le tableau est brûlé, tout est fait, à moins que l'artiste, mécontent de quelques endroits, ne juge à propos de les retoucher, comme il est arrivé plusieurs fois à M. Bachelier. Dans ce cas, on n'a qu'à humecter le revers de ces endroits défectueux avec de l'eau de cire, et y travailler, comme si l'ouvrage n'étoit point encore sorti de dessus le chevalet : il faut seulement observer de glacer sa couleur ; c'est-à-dire que, si l'endroit que l'on corrige est trop brun, il faut y étendre uniformément une teinte plus claire.

Mais un effet qui pourra d'abord étonner l'artiste inexpérimenté, c'est que la couleur récente, venant à se sécher, elle lui paroîtra plus claire qu'il ne l'avoit mise. Il en sera quitte pour la peur : lorsqu'il réitérera l'inustion, le feu restituera à la couleur son premier ton, et remettra l'accord dans le tableau.

Voilà jusqu'où M. Bachelier avoit poussé son nouvel art, ou, si l'on aime mieux, l'art *encaustique* ancien recouvré ; lorsque M. de Montami vit chez M. le duc d'Orléans un tableau dans la manière de M. Bachelier, M. Pierre, qui lui montra ce tableau, lui dit en-même-temps que M.

Bachelier avoit un moyen particulier de dissoudre la cire, et que ce nouveau moyen contraignoit à brûler le tableau, quand il étoit fini, en sorte que, sans cette opération, la peinture demeureroit aussi inconsistante que celle du pastel, et s'effaceroit sous le doigt. M. de Montami s'approcha du tableau, et ne lui trouvant aucune odeur, il conjectura que la dissolution de la cire, que M. Bachelier employoit dans sa peinture, se faisoit par l'eau : il médita sur la nature de la cire, et sur la qualité des dissolvans qui lui étoient appropriés, et fit tant de chemin, et en si peu de temps, que la huitaine s'étoit à-peine écoulée, qu'il avait préparé l'eau de cire. M. Pierre en fut alarmé ; il craignit que le secret de son ami ne transpirât ; il supplia M. de Montami de ne le confier à qersonne ; M. de Montami eut la foiblesse de le lui promettre, et de lui tenir si scrupuleusement parole, que je saurois bien peu de chose, si M. Bachelier avoit été aussi discret que M. de Montami.

Mais M. Bachelier est un bon homme, comme c'est assez la coutume des habiles gens : il s'est ouvert à plusieurs personnes ; tout le monde a pu le voir travailler. On dit qu'il a communiqué son secret au sieur Odiot fils, pour une somme assez considérable ; je lui conseille donc de ne s'étonner que médiocrement de me trouver si bien instruit.

Le sieur Odiot (*) entend très-bien la manœuvre de l'*Encaustique* de M. Bachelier; il l'a vu opérer; il a lui-même opéré sous ses yeux; il en a appris le détail d'un grand nombre d'expériences sur la préparation des couleurs; le public sera naturellement porté à lui donner la préférence, si ce genre de peinture prend faveur; et ce mémoire instruisant d'autres personnes, et lui suscitant des concurrens, il ne pourra conserver cette préférence qu'en servant le public et les artistes mieux qu'aucun d'eux; ce qui ne lui sera pas bien difficile, étant à portée de consulter l'inventeur, quand il aura besoin de conseil.

Il ne faut pas ignorer qu'il en est de l'*Encaustique* de M. Bachelier par rapport aux couleurs, ainsi que de la peinture en cire dissoute par l'essence de térébenthine. La quantité d'eau de cire qu'on donne à chaque couleur n'est nullement indifférente; le blanc et l'orpin sont encore ici les extrêmes; le blanc en demande plus, et l'orpin moins qu'aucune autre couleur.

M. Bachelier a exécuté à la cire et au feu, ou à l'*inustion*, pour m'expliquer comme Pline, plusieurs tableaux, dont un connoisseur plus difficile que moi pourroit être content.

(*) Voilà un endroit sur lequel la plûpart des lecteurs seront tentés de porter un faux jugement : je les en préviens.

Il y a de lui, dans cette manière, un lapin qui mange sa feuille de chou; on voit dans ce morceau, que M. Bachelier portera, s'il veut, la peinture des animaux jusqu'où tout le monde sait qu'il a porté la peinture des fleurs. Il me semble que j'entends M. Oudry lui dire, en lui remettant sa palette et son pinceau, *exoriare*, etc.

Une tête de femme vue de profil, enveloppée d'un lambeau de drap, le col nu, le reste du buste habillé. Ceux qui sont sensibles à la belle nature et à la simplicité noble, seront frappés de ce morceau : il est dans le goût de l'école italienne ; le peintre l'a peint sur taffetas, ensorte qu'on apperçoit la figure des deux côtés de la toile ; il y a même quelques parties à l'envers qui sont venues presqu'aussi nettes qu'à l'endroit.

Une jeune fille qui caresse une levrette, et qui en est caressée. Ces deux figures ne manquent ni d'agrément, ni de vérité.

Ceux qui considéreront ces tableaux avec des yeux non prévenus, ne pourront disconvenir que l'*Encaustique* de M. Bachelier ne mérite d'être cultivé ; qu'il n'étende les limites de l'art ; et que si nous n'avons pas recouvré la peinture à la cire et au feu des anciens, nous en possédons du-moins une autre qui en approche beaucoup.

Je ne doute point que M. Bachelier ne me sache mauvais gré de publier un secret, dont il pouvoit avec raison se promettre quelque avantage, et qu'il craignoit que M. de Montamiı ne laissât transpirer, comme il en étoit bien le maître. Mais j'ai mon caractère, et ma façon de penser que je trouve bonne, et dont je ne m'écarterai pas en faveur de M. Bachelier. Je ne dois ce que je sais de sa manière de peindre, qu'aux soins que j'ai pris de m'en instruire. Je n'ai promis le secret à personne ; je ne suis retenu par aucune de ces conventions qu'il est honnête de tenir ; et je suis sollicité par une de ces vues générales, auxquelles il seroit déshonnête de résister. S'il arrive (*) qu'une invention, favorable aux progrès des sciences et des arts, parvienne à ma connoissance, je brûle de la divulguer ; c'est ma maladie. Né communicatif autant qu'on le peut être, c'est dommage que je ne sois pas né plus inventif; j'aurois dit mes idées au premier venu. Je n'aurois eu qu'un secret pour toute ressource, que, si le bien général en eut demandé la publicité, il me semble que j'aurois mieux aimé mourir honnêtement au coin d'une rue, le dos contre une borne, que de laisser pâtir mes semblables. Il y a de vieux ca-

---

(*) Tout ce qui suit me paroît à-présent déplacé; mais je n'ai pas le courage de le supprimer. Je suis tellement indigné contre les gens à secrets, que pour peu que je m'arrêtasse à cette note, je retomberois dans la morale.

nons de l'église, qui privent des honneurs de la sépulture tout ecclésiastique qui laissera dans son coffre, en mourant, une somme d'argent un peu considérable ; les loix de l'Etat ne seroient point trop rigoureuses, si elles décernoient la même peine contre ceux qui seroient convaincus d'avoir emporté avec eux, en mourant, les découvertes qu'ils auroient faites pendant leur vie. Nous existons d'une existence si ignorante, si courte et si malheureuse, que l'ecclésiastique avare de son argent, et le philosophe avare de ses découvertes, font tous les deux un vol aux pauvres. D'ailleurs, les découvertes ne me paroissent en valeur et en sûreté, que quand elles sont rentrées dans la masse commune ; et je me hâte de les y porter.

Mais pour en revenir à M. Bachelier (*), est-il bien décidé que je lui rende un mauvais service, en publiant son *Encaustique ?* J'entends parler de certaines gens qui se tourmentent beaucoup pour le trouver. Il est très-possible qu'un autre découvre ce que M. de Montami a bien découvert, et qu'il ne soit pas aussi discret que lui. On peut très-aisément apprendre ce que j'en sais, et n'être pas si honnête homme que moi. Il y a, au mo-

---

(*) Si je continue sur ce ton, je ne finirai pas en cent pages ce qui pouvoit être dit en dix, et l'on me reprochera d'avoir été obscur et diffus, deux défauts qui vont assez communément ensemble.

ment où j'écris, plusieurs personnes qui tournent autour du secret de M. Bachelier, qui ont le doigt dessus, et qui sont sur le point de partager l'honneur de l'invention avec lui. Mon cher monsieur Bachelier, ne soyez donc pas trop fâché, si je parle ; ou du-moins, soyez sûr qu'il y en a à qui je n'enlève rien, et qui seront plus fâchés que vous.

Combien de sots vont dire de votre *Encaustique* ce qu'ils ont dit de la peinture en cire de M. le comte de Caylus : *Quoi, ce n'est que cela ?* Eh ! non, ce n'est que cela ; mais il falloit s'en aviser. On employoit la cire dissoute par l'essence de térébenthine dans la peinture des indiennes, dans la préparation des cérats (1), dans la peinture des transparens ; mais il falloit songer à la substituer à l'huile dans la peinture ordinaire ; or, c'est ce que M. le comte de Caylus a fait en 1751, et c'est ce que vous aviez fait en 1749. Tout le monde connoît le savon ; personne n'ignore que cette combinaison d'huile et d'alkali est miscible avec l'eau ; mais il falloit transporter ces notions à la cire, et substituer la cire préparée par cette voie et dissoute dans de l'eau, à l'usage de l'huile dans la peinture ; et c'est ce que vous avez fait (2). Com-

---

(1) Cela est faux. C'est la térébenthine, et non l'essence de térébenthine.

(2) Avec la pente naturelle que j'ai à philosopher,

bien de découvertes qui se touchent dans la nature et dans les arts, et que de grands intervalles séparent dans la durée et dans l'entendement? Elles attendent quelque événement futile, comme la chute d'un bout de bougie dans un godet, la rencontre d'un passage de Pline, pour éclore et faire dire aux sots : *Quoi, ce n'est que cela ?* Pour laisser moins d'ouvrage au hasard, il n'y auroit qu'à rapprocher les connoissances. Qu'importe que la nature ait mis tant de liaison entre les arts, si quelque grande institution n'en met pas davantage entre les différens artistes? Rien ne devroit être plus commun, et rien cependant n'est plus rare que le passage d'une manœuvre d'un atelier dans un autre. La vraisemblance de ces doubles emplois est fondée dans le grand nombre de qualités communes à tous les corps (*). Il semble qu'il n'y ait que l'application des propriétés spécifiques, qui suppose des manœuvres nouvelles. Encore y a-t-il entre ces propriétés spécifiques telle analogie ou telle différence connue, qu'on tireroit de la manière dont un art en traite quelques-unes, de gran-

---

j'étois bien étonné que cela ne me fût point encore arrivé.

(*) On n'entendra pas cet endroit; mais je ne l'en estime pas moins pour cela, parce que ce n'est ni l'obscurité du discours, ni l'embarras des idées, mais leur généralité qui le rend difficile à entendre.

des lumières sur la manière dont un art différent devroit en traiter d'autres. Quels secours mutuels les arts mécaniques ne se prêteront-ils donc pas, si jamais la volonté bienfaisante d'un monarque artisan les rassemble dans une académie ! Quelle immense quantité de rapports utiles et ignorés, qui se manifesteront à-la-fois et qu'on n'appercevra que lentement, par hasard et successivement, tant que les objets écartés les uns des autres ne seront point à portée d'être comparés, et que certains hommes qui, par une longue et pénible expérience se sont rempli la tête de phénomènes et de faits, ne se trouveront point assis les uns à côté des autres, les coudes appuyés sur une même table, et dans le cas de deviser entre eux librement ! Mais laissons là la philosophie, les projets; et revenons à notre peinture.

Les artistes savent combien il est difficile de mettre d'accord un grand morceau de peinture à l'huile. Si vous portez votre pinceau sur un endroit que vous croyez fini, il faut ou que vous fassiez tache en cet endroit; ou que, retouchant un espace plus ou moins considérable, vous suiviez votre teinte nouvelle jusque sur ces confins indiscernables où elle disparoît, pour ainsi dire, sur la toile ou sous votre pinceau, en se perdant imperceptiblement dans d'autres couleurs. La même difficulté n'a pas lieu dans l'*Encaustique* de M. Bachelier. A-t-il un grand morceau à mettre d'accord ? faut-il en retoucher quelques endroits ? un ou deux coups d'éponge à l'eau de cire en revivifieront tout le champ ; l'humidité pénétrant à-la-fois toutes les couleurs, son tableau sera devant lui, comme une tête qu'il auroit peinte au premier coup dans la matinée ; il en verra tout l'effet, sous quelque point de vue et à quelque lumière qu'il le considère ; et il pourra terminer en un jour l'ouvrage de plusieurs mois. Ces coups d'éponge se donnent à la surface postérieure du tableau ; et ils peuvent se réitérer autant de fois qu'il plaît à l'artiste de revenir sur son ouvrage.

On employe à cette sorte de peinture le vert-de-gris (*) et la cendre bleue, sans aucun inconvénient ; ainsi on se pourroit passer d'outremer. La nature des couleurs, qui produit avec le temps des effets si bizarres dans la peinture à l'huile, n'altérera point les *Encaustiques* de M. Bachelier. Si on lui objecte le sale que les cires prennent nécessairement à la longue dans tous les appartemens, il répond par une expérience : Allumez, dit-il, une chandelle, et exposez un de mes tableaux à sa fumée, jusqu'à ce que vous croyiez l'endroit correspondant à la flamme, assez taché

(*) Cela me paroît singulier ; l'alkali devroit, à ce qu'il semble, le décomposer ; car le vert-de-gris contient un acide de vinaigre plus analogue à l'alkali qu'au cuivre auquel il est uni.

et assez noir. Alors prenez de l'eau seconde ; lavez (*) l'endroit taché, et il reprendra tout son éclat.

Les idées philosophiques nouvelles, et les nouvelles inventions mécaniques, ne sont stériles que dans la tête de ceux à qui elles n'appartiennent pas. Elles y meurent comme des plantes étrangères et dépaysées. Au contraire, elles jettent des racines, elles poussent des branches dans l'esprit de l'inventeur. Un nouvel art embrasse un certain espace. Il s'étend à un certain nombre d'objets. Il rencontre dans sa marche un certain nombre d'obstacles à repousser. Ces obstacles, ou l'arrêtent tout court et fixent ses limites, ou deviennent des germes de découvertes pour l'inventeur, quand ils peuvent être surmontés. C'est ce qui est arrivé à M. Bachelier dans la pratique de son *Encaustique*.

Il a trouvé le moyen de former avec des couleurs et son eau de cire, deux sortes de pastels, les uns fermes et durs comme la sanguine, dont on fera des dessins colorés que rien n'altérera ; les autres, tendres et mous, qui s'étendront sous le doigt et qui se fixeront ensuite par l'inustion.

(*) Est-ce de l'eau seconde de chaux, ou de l'eau-forte, ou de l'eau-forte affoiblie ? Ce qui nous met en doute, c'est que l'eau-forte a peu d'action sur la vapeur qu'il faut emporter dans ce cas. Mon oracle n'est pas en état de me satisfaire là-dessus.

Pour faire ceux-ci, ayez de l'eau de cire. Donnez-en à vos couleurs la quantité qui leur conviendra ; broyez-les, transportez-les du porphyre sur un papier gris qui en boive l'humidité : ayez un morceau de carton ; appliquez ce carton sur vos couleurs, avant qu'elles soient entièrement séchées : donnez-leur la forme ordinaire de pastels en les roulant ; et laissez-les ensuite sécher lentement à l'air libre.

Quant aux premiers, lorsqu'ils auront forme de pastels et qu'ils se seront assez séchés à l'air libre, ayez un petit fourneau d'émailleur, avec une moufle ; mettez-les sous la moufle ; entretenez dans votre fourneau le même dégré de chaleur que celui auquel on achève de brûler un tableau : laissez-les exposés à ce dégré de chaleur environ un quart-d'heure, et les retirez.

S'ils ont souffert trop de feu, les couleurs en seront affoiblies ; si le dégré de chaleur n'étoit pas suffisant, ils seront friables, et il faudra les remettre sous la moufle.

Outre les dessins colorés et les tableaux en pastel que M. Bachelier fait avec ces crayons, il s'en sert encore dans les *Encaustiques* toutes les fois qu'il ne veut pas les retoucher à la brosse. Lorsqu'il les retouche aux pastels durs, il ne les rebrûle pas. Il les rebrûle seulement, lorsqu'il les retouche aux pastels mous : il donne la préférence à cette dernière manière, parce qu'il est d'expérience, et que sans l'expérience il est facile de conjecturer que le feu doit être un agent admirable, un pinceau imperceptible pour mettre d'accord des couleurs, pour peu qu'elles y aient été habilement disposées.

(*) Quoique nous écrivions d'une sorte de peinture où l'on n'emploie aucune huile ; comme il ne s'agit pas de substituer l'*Encaustique* à la peinture ordinaire, et que quelques personnes peu instruites pourroient souhaiter de trouver ici les moyens de blanchir l'huile de noix, et de lui donner la limpidité de l'eau ; nous en allons indiquer deux.

1. Exposez votre huile au soleil dans des vaisseaux larges et plats, sur le fond desquels elle n'ait qu'une ligne d'épaisseur ; laissez-la en cet état environ quinze jours, dans la saison des grandes chaleurs ; dégraissez-la ensuite avec les absorbans, tels que la terre, le bol, l'argile, etc.

2. Ou prenez de la litharge d'argent, un quarteron.

Du blanc de céruse, deux onces.

De la couperose blanche, deux onces.

De l'alun calciné, deux gros.

Réduisez le tout en une poudre très-fine. Ayez une bouteille de la capacité de trois pintes. Met-

---

(*) Il y a peu de gens qui ignorent ces procédés ; mais ils ne sont peut-être décrits en aucun endroit.

tez votre mélange dans cette bouteille : versez dessus deux livres d'huile : remuez le tout pendant une heure : laissez reposer pendant quatre jours au-moins ; il se fera un dépôt auquel surnagera l'huile dont vous vous servirez.

I V.

Ce qui nous reste à exposer dans ce mémoire, n'est guère moins intéressant que ce qui précède ; il s'agit de l'eau cirée et de ses propriétés ; car elle n'est pas seulement utile dans la peinture *Encaustique*.

Il faut savoir, en premier lieu, que cette eau a une couleur blanchâtre ; mais que le savon de cire qu'elle contient perd cette couleur à mesure que l'eau s'évapore, à-moins qu'on ne l'ait faite trop épaisse.

M. Bachelier a conclu de là qu'elle ne pouvoit manquer d'être un excellent vernis (*). Pour s'assurer du fait, il en a composé de très-claire ; il en a imprégné une éponge, et en a étendu légèrement sur toute la surface d'un tableau, jusqu'à ce qu'il fût entièrement décrassé et bien humecté. Quelle a été sa surprise, lorsque l'eau de cire a été séchée, de trouver son tableau vernis mat, en état de faire illusion, et de plaire également à l'œil,

---

(*) *Voyez* plus bas les soupçons que nous avons là-dessus.

à quelque point et à quelque distance que ce fût, et présentant par-tout cette douce uniformité qui tranquillise la vue, et qui seule donne au spectateur l'avantage de jouir à-la-fois de toute l'action peinte sur la toile, le jour ne faisant plus valoir une partie aux dépens d'une autre !

Le bruit que l'*Encaustique* des anciens faisoit, l'avoit déterminé à prendre quelques instans sur ses occupations, pour lire les livres que Pline a écrits de la peinture; et voici ce qu'il trouva dans la traduction de Dupinet, liv. 35, ch. X : *Apelle avoit un secret de faire un vernis fort subtil, dont il vernissoit ses besognes parachevées, lequel y étoit posé si subtilement, qu'il n'a été possible à homme de pouvoir atteindre à cette subtilité ni à ce vernis; et néanmoins il donnoit lustre par ce moyen à sa peinture, et la contregardoit et de la poudre et de toute autre ordure; et à toucher à ses tableaux, on se trouvoit la main barbouillée dudit vernis; et certes, l'invention dudit vernis servoit grandement en ce temps-là pour garder que la trop grande gaîté des couleurs ne fût fâcheuse à la vue; et de fait, il sembloit, à considérer de loin sa besogne, qu'il y eût du talc devant, car ce vernis meurtrissoit tellement la gaîté des couleurs, qu'elles en sembloient plus rudes et plus obscures.*

Il supposa qu'il pourroit bien y avoir dans ce

passage quelques-unes de ces légères inexactitudes, qui se glissent nécessairement dans la diction d'un homme de lettres qui parle peinture, sans être du métier (1), et qui ont dû échapper plutôt encore à un homme de génie qu'à un autre ; et qu'aux inexactitudes de l'auteur, il en falloit ajouter bon nombre du crû du traducteur. Il ne pouvoit concevoir comment ce vernis *meurtrissoit la gaité des couleurs*, et cependant *donnoit du lustre à la peinture ;* qu'il *contregardât les tableaux d'Apelle de la poudre et de toute ordure*, et que cependant *au toucher, on s'en trouvât la main barbouillée.*

Il pensa sagement qu'il falloit se faire interpréter l'original par un homme de lettres, qui lui rendît ou qui dût lui rendre l'endroit de Pline de la manière suivante (2). « Les autres artistes profitèrent

---

(1) Il n'y a pas d'art dont il soit plus difficile à un homme de lettres de se taire, et de parler sans dire des sottises. Je demande pardon aux artistes de toutes celles qui me vont échapper. Quant aux gens de lettres, si quelqu'un d'entre eux les apperçoit, je l'en félicite, et le préviens qu'on peut s'entendre en peinture beaucoup mieux que moi, et n'y être pas fort habile.

(2) *Inventa ejus et cæteris profuere in arte. Unum imitari nemo potuit, quod absoluta opera atramento* (*atramentum* étoit quelquefois synonyme à *encaustum ;* alors c'étoit de l'encre faite avec le suc de

» de ses découvertes, mais il y en eut une dans
» laquelle on ne put l'imiter ; c'est l'art d'appli-
» quer sur ses ouvrages, lorsqu'ils étoient ache-
» vés, un vernis très-léger qui enrichissoit les
» couleurs en répercutant la lumière, qui les ga-
» rantissoit de la poussière et des autres ordures,
» et dont le spectateur ne s'appercevoit qu'au tou-
» cher ; mais la propriété importante de ce vernis
» étoit de tempérer l'éclat des couleurs, de les
» empêcher d'offenser la vue, en faisant de loin
» entre elles et l'œil l'effet d'une pierre spécu-
» laire, et de donner une austérité secrète à cel-
» les qui sont trop fleuries ».

M. Bachelier comparant ce que cette autre tra-

---

la sèche et du calmar) *illinibat ità tenui, ut idip-
sum repercussu claritates colorum excitaret, custo-
diretque à pulvere et sordibus, ad manum intuenti
demùm appareret. Sed et tùm ratione magnâ, ne colorum claritas oculorum aciem offenderet, veluti per
lapidem specularem intuentibus è longinquo; et eadem
res nimis floridis coloribus austeritatem occulté daret.*
Il y a certainement contradiction dans cet endroit
de Pline, entre *claritates colorum excitaret repercussu*, et *ne claritas colorum aciem oculorum offenderet*, à-moins de distinguer la lumière réfléchie de
la lumière répercutée ; l'éclat des couleurs, de leur
richesse ; ce que du Pinet n'a pas fait ; il me paroît
sur-tout avoir rendu bien ridiculement *ad manum
intuenti demùm appareret.*

duction de l'endroit de Pline lui apprenoit du vernis d'Apelle, avec ce qu'il voyoit de l'effet de son eau de cire sur les tableaux qu'il en avoit enduits, ne put s'empêcher de croire que cette eau ne fût très-analogue au vernis d'Apelle, tant célébré par les hommes de lettres, et tant regretté par les artistes ; car elle rend matte toute la surface du tableau, de manière qu'il semble qu'on ait mis un *talc* (1) devant ; elle amortit la trop grande *gaité* des couleurs ; elle garantit l'ouvrage de la poussière et des autres ordures ; elle prend aux doigts, quand elle est fraîchement appliquée ; on ne s'apperçoit de son application qu'au toucher ; elle enrichit les couleurs en leur donnant de l'austérité ; et si nos yeux pouvoient se défaire de leurs préjugés et s'accoutumer à des tableaux mats, M. Bachelier auroit trouvé le moyen de faire valoir les chefs-d'œuvre des temps passés, et de conserver éternellement ceux qui se font de nos jours dans leur beauté première, et sans que les couleurs s'en altérassent ; ces couleurs étant défendues de toute impression étrangère et nuisible, par l'interposition d'une eau limpide, innocente et douce, (2) qui n'exerce aucune sorte d'action sur elles.

---

(1) Est-il bien vrai que le talc amatisse ? M. Bachelier, assurez-vous de ce phénomène.

(2) *Voyez* ce que j'en dis plus bas.

Mais examinons à la rigueur ce que l'art et nos yeux ont à perdre ou à gagner, en regardant une surface matte ou une surface vernissée. Pour cet effet, transportons-nous dans ces galeries, où l'opulence et le bon goût ont rassemblé les productions en peinture les plus précieuses de la Flandre et de l'Italie. Les artistes et les connoisseurs ont le cœur flétri, en voyant des ouvrages destinés à exciter en eux les sentimens les plus vifs et les plus délicieux, ensevelis sous le vernis. Toute la magie de l'art y est étouffée; l'harmonie générale en est presque entièrement détruite. On y cherche en vain le prestige de cette perspective aérienne, qui détachoit les corps; qui, sur une surface plane, enfonçoit l'œil à des profondeurs étonnantes; qui déroboit, je ne dis pas l'égalité, mais l'existence même de cette surface; et qui, s'emparant avec force de l'imagination, la promenoit autour des corps. On n'y rencontre plus que des vestiges de cet enchantement, et l'on donne au regret des momens qu'on devroit donner à l'admiration. Un luisant détestable avertit à chaque instant qu'on est devant une toile; son effet égal sur un lointain et sur un terrain avancé qui lui sert d'opposition, contredit le but de l'art et l'intention de l'artiste: ici l'ombre luit, là les clairs sont éteints; l'espace coloré se distribue sous le regard en je ne sais combien de petites portions qui l'affectent toutes d'une manière diverse et confuse; on diroit à certains points que c'est la surface d'un fluide agité, sur lequel une lumière tremblante se joue. S'il arrive que le ciel se mire dans un endroit poli qui réfléchisse tout son éclat, le reste est plongé dans l'obscurité. Il faut se mouvoir et se tordre, pour ainsi dire, autour de l'action pour en saisir les incidens. Hors du jour convenable, le tableau n'est qu'un amas de taches luisantes et grasses, placées à côté les unes des autres, et renfermées dans une belle bordure dorée, c'est-à-dire que, pour un endroit où la peinture expose à l'œil un spectacle enchanteur, il y en a plusieurs où elle ne présente qu'un aspect sale et désagréable; et que, sans le préjugé, l'ostentation, le luxe, et je ne sais combien d'idées accessoires qui nous jouent, qui nous leurent, et qui nous font des jouissances fantastiques, certains morceaux dont on fait avec raison un cas infini, orneroient cependant moins un cabinet, un appartement, qu'une belle et grande tenture de soie cramoisie.

Voilà ce que le plaisir de la vue doit à l'usage des vernis : passons maintenant à l'intérêt de l'art et à la gloire des artistes. Les vernis ont plusieurs mauvais effets; ils jaunissent (1), ils s'écaillent (2), ils altèrent les couleurs (3).

---

(1) *Effet des résines qui y entrent.*
(2) *Effet de la térébenthine.*
(3) *Effet de l'action de l'huile du vernis sur l'huile* employée avec les couleurs.

On remédie aux deux premiers, dira-t-on, en enlevant les vernis adroitement de dessus les tableaux ; mais quelqu'attention que l'on apporte à cette manœuvre, ces molécules précieuses qui constituent la vérité, la délicatesse, la fraîcheur et l'originalité de la touche ; cette ame de l'artiste ; ce souffle de vie qu'il a si légèrement répandu sur la toile ; cette vapeur qui en paroît quelquefois séparée et comme éparse et suspendue en l'air entre les objets peints et l'œil du spectateur, n'en sera-t-elle point écartée ? Ce voile tendre et délicat ne sera-t-il point offensé ? Ces fleurs conserveront-elles toute leur vivacité et tout leur éclat ? Cette poussière si fine qui les colore ne sera-t-elle point dissipée ? ces fruits ne perdront-ils rien de leur duvet ? le velouté de cette étoffe ou son lainer ne sera-t-il point effleuré ? Ces chairs si fermes, si rondes, si jeunes, si brillantes, si fraîches, conserveront-elles tous ces charmes ? J'en appelle aux connoisseurs : j'en appelle aux tableaux mêmes que le public a sous les yeux, sur-tout à ceux qui sont tombés dans des mains ignorantes et meurtrières.

Quant au troisième inconvénient, celui d'altérer les couleurs, on convient qu'il est sans remède. Il est fondé dans la nature, et du vernis, et des couleurs : celles-ci sont composées, celles-là sont simples ; il entre dans les unes des matières métalliques, d'autres n'en contiennent point : toutes

cependant sont délayées avec une même huile ;
il y en a qui se sèchent du soir au matin, et même
plus promptement, sans le secours de l'huile grasse ;
il y en a au contraire qui ne sécheroient point
sans cette huile ; mais l'huile grasse forme sur
ces couleurs un éclat choquant qui amatit les
clairs et rehausse les ombres ; l'embue d'où naît
un contraste choquant d'endroits qui luisent et
d'endroits qui sont mats, fait sortir des taches
désagréables par elles-mêmes, et qui ont encore
l'inconvénient de rendre l'accord du tableau difficile. Le peintre ne voit point les objets comme
il les a peints : son œil ne peut en embrasser l'ensemble ; il ne les juge point : au-lieu de travailler
par sentiment et de génie, il travaille d'habitude
et de mémoire, il contracte une routine qu'on
appelle du nom de *faire*. Ce *faire* appartient tellement à tel peintre, qu'on ne s'y trompe jamais ;
ce qui signifie à la rigueur qu'il appartient rarement à la nature. J'invite les artistes à y penser
sérieusement. Le grand modèle est donné ; il y
a une infinité de *faire* différens, quoiqu'il y ait
très-peu de chose dans l'art, en quoi il soit permis de différer. Pour convaincre les artistes de la
vérité de ce que j'avance, je leur demanderai seulement s'il y a plusieurs bonnes manières de colorier, de dessiner, etc.

L'eau cirée de M. Bachelier est l'unique remède
aux différens inconvéniens des vernis : mais si le

bon sens, le plaisir des amateurs, l'intérêt de l'art et la gloire des artistes parlent en sa faveur; il a contre lui l'habitude et le préjugé des yeux: s'accoutumeront-ils à voir un tableau mat sur toute sa surface ? Nos prétendus connoisseurs souffriront-ils qu'on porte, dans la peinture à l'huile, une qualité qu'ils ont d'abord élevée jusqu'aux nues, comme une prérogative merveilleuse de la peinture en cire ? Nous mettons, dans les objets de luxe et de goût, tant d'inconséquence et de bizarrerie, qu'on pourroit appliquer à celui qui chercheroit à fixer par les loix du bon sens, ce qui nous conviendra ou ne nous conviendra pas dans la circonstance dont il s'agit, ce que Térence a dit d'une chose plus folle encore : *O here, quæ res nec modum habet, nec consilium ratione modoque tractari non vult. Hæc si quis tempestatis propè ritu mobilia et cœca flustantia sorte laboret reddere certa sibi, nihilo plus explicet, ac si insanire paret certâ ratione modoque.* Il s'agit de savoir si nous voudrons que nos tableaux soient fardés comme nos femmes.

Le vernis formé par l'eau cirée de M. Bachelier ne porte avec lui aucune mauvaise qualité (*), n'altère point les couleurs, n'affoiblit en

―――――――――――――――――――――

(*) Nous demanderons ici à M. Bachelier s'il est bien sûr que l'alkali, employé dans son savon de cire, n'attaquera pas à la longue l'huile du tableau ?

rien l'effet et la beauté du tableau, fait qu'on en jouit par-tout également, ne détruit point l'illusion en rappelant l'œil à la toile par des luisans et par des mats déplacés, ne se gerce point, ne s'écaille point, convient également à toutes sortes de peintures, sans en excepter le pastel sur lequel j'en ai vu un essai; soutient en-même-temps et le plus grand froid et le plus grand chaud (*), se nettoie sans peine et sans danger, etc.

On l'applique à la brosse sur les plafonds, les lambris, le plâtre, le marbre, les boiseries des appartemens, les parquets, les équipages, etc. On sait combien l'odeur des vernis est dangereuse; l'eau de cire n'a point d'odeur. Quand elle est sèche, on prend un réchaud de doreur, on le promène par-tout à la distance convenable

---

Cela mérite la considération la plus sérieuse. Il s'agit de conserver les tableaux, et non pas de les détruire, en cherchant à les faire valoir.

Au-reste, son eau de cire ne deviendroit-elle pas beaucoup plus transparente, si son savon se dissolvoit dans l'esprit-de-vin ? Il faut encore interroger là-dessus la chimie.

(*) M. Bachelier croit-il qu'il soutint l'eau froide, l'eau chaude, l'humidité, les vapeurs froides et chaudes ? Il ne peut trop multiplier les expériences, pour s'assurer de tous ces faits. Plus sa découverte est importante, plus nous avons le droit d'être difficiles avec lui.

pour la remettre en fusion ; elle s'incorpore avec les substances en se refroidissant ; lorsqu'elle est froide, on la frotte avec une brosse rude, et elle prend tout l'éclat du vernis.

Je ne sais si les chefs-d'œuvre en peinture et en sculpture nous coûtent moins à produire qu'ils ne coûtoient aux anciens ; mais il est évident que nous prenons autant de soin pour détruire les nôtres, qu'ils en prenoient pour conserver les leurs. Ils avoient un vernis qu'ils appliquoient sur leurs tableaux, leurs bronzes et leurs marbres ; ils faisoient ainsi à leurs statues mêmes un épiderme en cire, qu'ils opposoient aux injures de l'air. Tous les ans régulièrement, nous arrachions la peau aux nôtres avec des éponges chargées d'un fluide dur et graveleux que des ignorans passent sur leur surface à tour de bras. Je fuis les Tuilleries dans les jours de cette cruelle opération, comme on fuit une place publique un jour d'exécution.

Autre usage de l'eau de cire ; c'est un bon mordant pour la dorure. On sait que, selon la manière ordinaire de dorer les filets, les feuillages, les moulures, en un mot, tous les ornemens en bois qui sont quelquefois d'un travail assez délicat, sont couverts et gâtés de plusieurs couches qui forment l'assiète de l'or, le soin de les réparer étant communément abandonné à un manœuvre ignorant. L'eau cirée ne fait point d'épaisseur, laisse paroître tout l'art du sculpteur, attache l'or tellement, que la plus forte chaleur ne le sépare point, et la composition en étant assez simple, peut-être que la chimie trouveroit un moyen prompt, facile et peu coûteux d'enlever l'or à discrétion, ce qui formeroit un objet important, sur lequel M. de Montami s'est déjà exercé.

Jusqu'à-présent on n'a appliqué l'or faux que sur un mordant qui le dissout, ce qui donne lieu à la formation d'un vert-de-gris qui rend cette dorure peu durable et difficile à nettoyer. L'on n'encourra point ces inconvéniens avec l'eau de cire.

Attachez votre or par le moyen d'une couche d'eau de cire (*); quand il sera bien pris, passez dessus une seconde couche de la même eau; et lorsque votre dorure sera sale, vous la nettoyerez comme si elle étoit d'or fin. Vous pourriez y employer l'eau-forte.

S'il y a quelques circonstances dans la teinture et dans d'autres arts, où il soit important d'avoir un fluide avec lequel on puisse former au pinceau les traits le plus déliés, nous avertissons les artistes que l'eau de cire a cette propriété.

Voilà tout ce qui nous est parvenu sur la pein-

(*) Nous craignons, qu'attaqué par l'alkali, il ne devienne bleu ou vert. Nous invitons M. Bachelier à s'assurer du contraire par l'expérience, et de voir ce que nous en avons dit plus haut.

ture *Encaustique*; nous serions un peu plus contens de nous-mêmes, si nous devions nos lumières à d'autres moyens. Mais ceux que nous avons employés nous ont, comme on voit, assez bien réussi; nous sommes dans l'impossibilité de recourir à d'autres; le témoignage de notre conscience nous absout à nos propres yeux, quoique nous l'ayons assez délicate; l'honnêteté de nos vues (1) nous justifiera vraisemblablement aux yeux du public. Ainsi, nous persisterons sans scrupule dans le rôle que nous faisons depuis long-temps, d'aller par-tout, de voir des hommes de tous états, de parler peu, d'écouter beaucoup, d'interroger en répondant, de réfléchir, de comparer, et d'écrire. Malheur à Picot (2), s'il me rencontre jamais; car j'en veux à sa découverte. Si la préparation mercurielle de Torrès est réelle, que ne feroit-on pas pour la découvrir? Il y a des momens d'une curiosité si importune (3),

―――――――

(1) L'instruction générale et les progrès de l'art.

(2) M. Picot possède le secret de transporter une peinture d'une surface sur une autre.

(3) Mauvaise plaisanterie; fanfaronade déplacée, sur-tout dans un endroit où l'on auroit eu très-bonne grace à prendre le ton sérieux, et à conjurer M. Torrès, s'il a en effet une préparation mercurielle particulière, comme je n'en doute point, d'avoir pitié de l'espèce humaine, d'oublier son intérêt personnel en faveur du bien général, et de pu-

qu'on s'exposeroit presque à avoir besoin de ce secret, pour le seul plaisir de le connoître et de le publier. Cette œuvre seroit bien aussi méritoire que celle de ce brave chevalier romain qui, si ce que l'on nous en dit est vrai, se précipita dans un abîme, à-la-vérité très-profond et très-effrayant, mais pour un intérêt moins important et moins général.

---

blier une découverte qu'il ne peut garder sans crime. Je ne conçois pas comment il fait pour résister aux reproches secrets de sa conscience, toutes les fois que le hasard offre à sa vue un malheureux attaqué du mal que son remède guériroit. J'avoue qu'à la place de M. Torrès, je me croirois coupable de la mort de tous ceux que mon spécifique auroit empêchés de périr, et que le remède ordinaire auroit tués ; et de l'aveu de M. Torrès, il y a beaucoup de malades dans l'un et l'autre cas. Tout ce que je pourrois me dire à moi-même pour ma justification ne me paroîtroit pas assez honnête, lorsqu'il s'agiroit de balancer ma fortune avec la vie de mes semblables. L'avis, que je prends la liberté de donner à M. Torrès, n'est pas aussi contraire à ses intérêts qu'il pourroit bien se l'imaginer. On auroit beaucoup plus de confiance en sa préparation mercurielle, si elle étoit connue ; et les malades donneroient naturellement la préférence à l'inventeur sur les autres chirurgiens. Au-reste, celui qui lui écrit ces choses se porte bien, et seroit en état de payer ses soins, si jamais il avoit le malheur d'en avoir besoin, malheur qui peut lui arriver comme à tout autre galant homme.

Si nous découvrons quelque chose de plus que ce que nous avons révélé dans ce mémoire, le public ne l'ignorera pas long-temps.

Une observation par laquelle nous finirons, c'est que tous les détails de pratique dans lesquels nous sommes entrés, forment un assemblage de petits procédés qu'on ne tient que d'un travail journalier, et que d'un grand nombre d'essais réitérés; d'où le lecteur de bon sens conclûra avec nous que M. Bachelier s'est long-temps occupé de la peinture en cire, et que la date de ses premières vues ne peut être que fort antérieure à ses dernières découvertes; nous ne pouvons nous dispenser de lui rendre cette justice (1): puisse-t-elle le dédommager de l'espèce de vol que nous lui faisons (2) !

---

(1) M. Bachelier me trouvera toujours également équitable, lorsqu'il sera en état de satisfaire par des faits aux difficultés que je lui ai proposées; il n'aura qu'à m'adresser un mot par les papiers publics, et j'irai chercher la lumière qui me manque. En attendant, je le prie de me compter au nombre des partisans les plus zélés de sa découverte, et de ne regarder toutes mes observations que comme les scrupules d'un homme qui souhaite sincèrement les progrès de sa peinture *Encaustique*, et qui cherche à s'assurer des propriétés de son vernis.

(2) Pour épargner au lecteur toutes ces notes, il eût fallu refondre l'ouvrage entier; et heureusement,

nous n'en avons ni le temps ni la volonté. Il est incertain qu'il en eût été mieux; et il est très-certain qu'on y remarqueroit moins une chose qui nous importe beaucoup, l'impartialité avec laquelle nous avons jugé, et dont chaque note fournit un exemple. Sans compter que les lecteurs impatiens, qui se soucient fort peu de savoir qui a tort ou qui a raison dans une querelle d'art, pourvu qu'ils soient bien instruits des procédés de l'artiste, n'auront qu'à passer premièrement toutes les notes, en second lieu tous les endroits du texte où je m'accuse moi-même de longueur et de digression.

OBSERVATIONS SUR LES SAISONS,

POËME

PAR M. DE SAINT-LAMBERT.

Ce poëme est précédé d'un discours, et suivi de trois petits romans ou contes, de plusieurs pièces fugitives, et de quelques fables orientales.

Après avoir joui du plus grand éclat au moment de son apparition, cet ouvrage semble être entièrement tombé dans l'oubli. C'est, à mon sens, une double injustice: car peut-être mérite-t-il encore moins les dédains affectés des uns, que les éloges outrés des autres. Je l'ai lu et relu, et quoique le ton de l'auteur avec moi soit plutôt celui de la protection que de l'amitié, je ne m'en crois pas moins obligé de parler de son ouvrage avec impartialité: c'est même dans mes principes une raison de plus pour tenir la balance parfaitement égale. Peut-être serois-je plus indulgent, et par conséquent moins juste, s'il étoit mon ami. Je me suis préparé au jugement que je vais porter des Saisons, par la lecture des Géorgiques de Virgile. Naigeon me l'avoit conseillé autrefois, et il avoit raison. (*).

(*) Pour réunir ici ce que Diderot pensoit du poëme de Saint-Lambert, je vais rapporter deux passages extraits de deux lettres qu'il m'écrivit en 1769. Je lui avois conseillé, ou plutôt j'avois exigé de lui comme un devoir que la raison et la justice lui imposoient également, qu'avant de prononcer sur *les Saisons*, il relût les Georgiques de Virgile, qui lui donneroient à cet égard la mesure précise du mérite de Saint-Lambert. Voici sa réponse à cet article de ma lettre.

« Conformément à vos ordres suprêmes, je lirai les
» Géorgiques de Virgile, pour apprécier *les Saisons*
» de Saint-Lambert. J'ai bien peur de me rappeler
» le mot du cardinal italien qui voyoit un tableau
» de Le Sueur à côté d'un tableau de Le Brun, et
» qui disoit du premier : *malo vicino.* Je comparois
» les Saisons de Thompson à Notre-Dame-de-Lo-
» rette, et les Géorgiques de Virgile à la Vénus de
» Médicis. Si j'allois découvrir que Saint-Lambert
» n'a fait sa Vénus ni belle ni riche, cela me fâ-
» cheroit, et j'aurois bien de la peine à le dire... etc ».

Un mois après, je reçus de Diderot une autre lettre, où il me disoit : « J'ai lu deux livres des Géorgiques,
» qui m'ont fait grand plaisir, et bien grand mal à
» Saint-Lambert. Ne le dites à personne, mon cher
» Naigeon ; mais je doute que je puisse supporter

DISCOURS PRÉLIMINAIRE.

On a demandé, il y a long-temps, si les François pouvoient avoir des Géorgiques, et si leur langue étoit capable de se plier aux détails de l'économie rustique. J'ai peine à le croire. Successivement guerriers barbares, chevaliers errans, esclaves sous des seigneurs féodaux, sujets sous des rois ou de grands vassaux, nation monarchique; nous n'avons jamais été peuple purement agricole; notre idiôme usuel n'a point été champêtre.

―――――――――――――――――

» jusqu'au bout la lecture de ce poëme. C'est sur-
» tout le ton général, qui m'en déplaira. Le vieux
» poëte parle sans cesse la langue des champs : mais
» il est toujours noble, et noble avec sobriété. Un
» paysan l'entendroit avec plaisir; il croiroit que ce
» poëte ne dit pas autrement que lui. Sa poésie est
» comme cachée ; mais elle n'échappe pas à l'œil
» pénétrant d'un homme de goût, et elle l'enivre
» autant qu'elle l'émerveille. Il y a deux tons très-
» distingués dans Virgile : l'un, où il est poëte sous
» le manteau ; et l'autre, où il se montre tel avec
» tout le faste de son métier ; dans ses épisodes, par
» exemple, les malheurs et les prodiges qui ont an-
» noncé, accompagné et suivi la mort de César, font
» frémir ; et puis, se met-il à peindre les délices
» de la vie champêtre, c'est une ame, une chaleur,
» une douceur qui vous enchantent.... etc. ».

NOTE DE L'ÉDITEUR.

Cependant on ne donne aux champs, aux arbres, aux légumes, à la vigne, aucune façon; aux bestiaux, aucun soin; et il n'y a rien dans la culture des arbres et des plantes qui n'ait son nom propre parmi nous : mais cette langue technique ne se parle point hors de nos villages; les mots n'en ont point été prononcés dans nos villes. Un poëme donc, où toutes ces expressions rustiques seroient employées, auroit souvent le défaut ou de n'être point entendu ou de manquer d'harmonie, d'élégance et de dignité, ces expressions n'ayant point été maniées par le goût, travaillées, adoucies par le commerce journalier, présentées à nos oreilles apprivoisées, ennoblies par des applications figurées, dépouillées des idées accessoires, ignobles de la misère, de l'avilissement et de la grossièreté des habitans de la campagne. Il n'en fut pas ainsi chez les Grecs ou chez les Romains. Ils aimèrent toujours les champs; ils ne dédaignèrent point les travaux de la campagne; ils les connurent; ils s'en occupèrent; ils en écrivirent; et la langue du laboureur ne fut point étrangère à l'homme consulaire. Cicéron, Fabius et d'autres personnages illustres descendoient d'ayeux agriculteurs, et les noms des premières familles étoient originaires de la campagne.

Ce n'est pas qu'on ne vienne à bout de tout avec du génie, et qu'il n'y ait aucune action de la vie si basse qu'on ne puisse sauver par l'expression, aucune expression si déshonorée, si inusitée, si barbare, qu'on ne relevât par la place, par l'emploi, le tour, la poésie, le mélange. Lucrèce a dit des courtisanes de son temps:

      Hos vitæ postscenia celant
Quos retinere volunt.

Elles se gardent bien d'admetre ceux qu'elles veulent captiver, à ces arrière-scènes de la vie. Raçan a dit:

La javelle à pleins poings tombe sous la faucille.

Mais composer un poëme de longue haleine, et avoir à lutter à chaque pas contre la langue, c'est peut-être un ouvrage au-dessus de l'esprit humain. Virgile a pu être noble, et noble avec sobriété; employer le terme et se faire entendre même des paysans de son temps; être clair, simple, précis et harmonieux; émerveiller l'homme de goût par sa poésie, sans jamais offusquer le sens, tandis que les poëtes modernes ont été ou bas ou raboteux, ou vagues ou louches.

M. de Saint-Lambert dit des premiers poëtes qui ont chanté les forêts et les champs, que leurs peintures étoient vraies; mais qu'elles avoient de la rusticité, de l'exactitude et de la grace. Il se peut que la rusticité ne soit pas exclusive de la grace; mais je ne l'entends pas.

Je ne suivrai pas l'auteur dans les détails de sa poëtique sur l'imitation des grands phénomènes de la nature. Ses règles sont justes pour la plûpart, mais présentées d'un ton sec et abstrait, comme presque tout ce qu'il écrit en prose. Il falloit s'étudier à donner en-même-temps l'exemple et le précepte; l'exemple qui, en éclaircissant le précepte, en auroit pallié l'aridité. L'auteur prétend qu'aucun contraste ne frappera plus violemment que celui du terrible mis en opposition avec le riant et le voluptueux; mais il falloit ajouter que tout étoit perdu, pour peu qu'il y eût de l'affectation ou qu'on s'apperçût du dessein. Dans la description la plus étendue, ce contraste ne comporte qu'un mot, une ligne, une idée. C'est l'ame et non l'art qui doit le produire : si vous avez pensé à l'effet, il est manqué. Homère dit qu'Achille proposa pour prix, aux jeux funèbres de Patrocle, un taureau qui menaçoit de la corne, un casque, une lance, du fer et de belles femmes. Lucrèce dit qu'au moment où la passion a embrâsé le sang, l'homme, semblable au lion dont un trait mortel a traversé le flanc, s'élance sur le chasseur qui l'a blessé, et le couvre de son écume. Catulle dit à Lesbie : *Viens, embrasse-moi ; pressons nos baisers ; trompons par leur nombre, et l'envieux qui nous observe, et la nuit éternelle qui nous attend.* Le disciple d'Odin, qui expire sur le champ de bataille, s'écrie : *Je vous vois, jeunes et brillantes déesses. Vous descendez légèrement du haut des airs; je vois votre gorge nue; je vois voltiger vos écharpes bleues; vous tenez dans une de vos mains le breuvage des dieux; et vous m'allez désaltérer d'une bière délicieuse, que je boirai dans les crânes sanglans de nos ennemis.* Et ne craignez pas que le génie entasse ces images. Il en rencontre une; il la jette avec rapidité; et il n'y revient plus. Faites-moi donc éprouver l'effroi; mais ne vous proposez pas de me balancer entre la terreur et la volupté; c'est une escarpolette sur laquelle je ne saurois me tenir long-temps. Au-lieu de me prêter à vos efforts, je ne verrai plus en vous qu'un faux rhéteur, et vous me laisserez froid. S'il arrive à un peintre de placer un tombeau dans un paysage riant, croyez qu'il ne manquera pas, s'il a quelque goût, de me le dérober en partie par des arbres touffus. Ce n'est qu'en regardant avec attention, que je découvrirai sur le marbre quelques caractères à demi tracés, et que je lirai : *Et moi aussi je vivois dans la délicieuse Arcadie.* = *Et ego in Arcadiâ.*

Laissant là les autres préceptes de M. de Saint-Lambert, sur lesquels il y auroit beaucoup d'observations à faire, je remarquerai seulement que le dessein général, le but moral de son poëme a été d'inspirer à la noblessse, et aux citoyens riches, l'amour de la campagne et le respect pour la vie champêtre. Voyons comment il a rempli sa tâche.

CHANT PREMIER.

Le Printemps.

Le poëte commence par exposer le sujet de son poëme. Cette exposition est bien faite. Il s'adresse ensuite à Dieu, car il y croit sans-doute; il l'invoque, et son invocation est noble.

La dédicace à sa maîtresse est douce.

O toi qui m'as choisi pour embellir ma vie !
Doux repos de mon cœur, aimable et tendre amie, etc.

Ce premier vers : *O toi qui m'as choisi....* ne me plaît guère. En revanche les suivans me plaisent beaucoup; sur-tout *doux repos de mon cœur.*

Le tableau de la saison qui s'ouvre est gâté par des vers louches, et par un trop grand nombre de phénomènes entassés les uns sur les autres et peu décidés.

J'en dis autant du progrès de la verdure. Cependant les premiers vers de ce morceau sont très-poëtiques et très-beaux.

Et toi, brillant soleil, de climats en climats
Tu poursuis vers le Nord la nuit et les frimats;

Tu répands devant toi l'émail de la verdure :
En précédant ta route il couvre la nature ;
Et des bords du Niger, des monts audacieux
Où le Nil a caché sa source dans les cieux,
Tu l'étends par dégrés de contrée en contrée
Jusqu'aux antres voisins de l'onde Hyperborée.

Cela est presque aussi nombreux que Virgile, et tout-à-fait dans le ton d'Homère.

De-là le poëte passe à l'activité que le printemps rend à l'ame, à ses premiers effets sur les animaux, aux fleurs qu'il auroit très-heureusement décrites, s'il y avoit eu moins d'azur (*), d'émeraudes, de topazes, de saphirs, d'émaux, de cristaux sur sa palette. C'est en général un défaut de sa poésie, où ces mots et d'autres parasites se rencontrent trop souvent, *et usquè ad nauseam*.

Il faudroit être bien dédaigneux pour ne pas lire avec plaisir l'endroit où le poëte, de retour aux champs, les salue en ces mots :

O forêts, ô vallons, champs heureux et fertiles !

___

(*) Voltaire avoit senti, à cet égard, comme Diderot. Voici comme il écrivoit à Saint-Lambert : « Quelques personnes vous reprochent un peu trop » de *flots d'azur*, quelques répétitions, quelques ». longueurs, et souhaiteroient, dans les premiers » chants, des épisodes plus frappans ». *OEuvres de Voltaire, Correspondance générale*, tome X, page 71, édit. de Beaumarchais.

C'est ici que le poëte éveille le rossignol.

Déjà le rossignol chante au peuple des bois ;
Il sait précipiter et ralentir sa voix ;
Ses accens variés sont suivis d'un silence,
Qu'interrompt avec grace une juste cadence :
Immobile sous l'arbre où l'oiseau s'est placé,
Souvent j'écoute encor quand le chant a cessé.

Je n'entends pas trop, ni cette cadence, ni ce silence qu'elle interrompt.

Je renvoie encore les dédaigneux au morceau où le poëte embarque les navigateurs pour l'autre hémisphère. Il commence par l'exclamation :

Heureux, cent fois heureux l'habitant des hameaux !

Le poëte a bien connu la pluie de mai ; mais combien d'effets piquans il en a ignorés ou omis, par ce défaut général d'instruction qui perce dans tout son poëme ! C'est alors que la femelle des oiseaux se hâte d'aller étendre ses ailes sur ses œufs. C'est alors que le mâle va saisir l'insecte réfugié sous les feuilles du buisson. C'est alors que le jeune berger revient triste ; car il n'a plus retrouvé dans le nid les petits dont il avoit préparé la cage, et qu'il avoit promis à celle qu'il aime.

Il y a du sentiment et de la philosophie dans l'endroit, où le poëte préfère le désordre des champs aux jardins symmétriques.

L'épisode du fils de Raimond, à qui l'amour, ami du mystère, apprit à introduire des bosquets retirés, des asyles secrets dans le jardin agreste de son père, est ingénieux, mais froid.

Je ne fais pas grand cas de la peinture des armées mises en campagne; mais ce n'est pas la faute du sujet; car il prêtoit à la poésie.

L'idée d'une matinée de printemps, et son effet sur les sens ranimés et les organes renaissans de l'homme au sortir d'une longue maladie, est on ne sauroit plus heureuse; mais quel poëte ce morceau n'exigeoit-il pas! Où sont les couleurs dont on peint l'homme à-peine échappé des portes du trépas, et cet homme r'ouvrant les yeux à la lumière, respirant l'air balsamique du printemps, et recevant par-tous les sens la vie nouvelle de la nature? Sur la palette de Lucrèce, M. de Saint-Lambert a étouffé quelques beaux vers dans une foule de vers communs. Voici pourtant un distique que je ne saurois m'empêcher de citer, pour la grandeur et la vérité de l'image.

Et l'astre lumineux s'élançant des montagnes
Jetoit ses réseaux d'or sur les vertes campagnes.

Ce chant est terminé par l'empire de l'amour sur le cheval, le taureau, les lions, les tigres, le cygne, la tourterelle, le moineau.

En général, il y a trop de vers, trop de phénomènes ébauchés, indécis. On passe trop vîte d'un aspect de nature à un autre ; on n'a pas le temps de voir et de reconnoître. De-là, une confusion qui s'éclaircit un peu à une seconde lecture, mais qui fatigue à la première. Mais le pis, le vice originel, irrémédiable, c'est le manque de verve et d'invention. Il y a sans-doute du nombre, de l'harmonie, du sentiment et des vers doux qu'on retient ; mais c'est par-tout la même touche, le même nombre, une monotonie qui vous berce, un froid qui gagne, une obscurité qui vous dépite, des tournures prosaïques, et, de temps-en-temps, des fins de descriptions plates et maussades. Je n'y trouve rien, en un mot, que j'aimasse mieux avoir fait que ces quatre lignes de Théocrite : *Je ne souhaite point la possession des trésors de Pélops, je n'envie point aux vents leur vitesse ; mais je chanterai sous cette roche, te pressant entre mes bras, en regardant la mer de Sicile.* Voilà une de ces images grandes et douces, dont nous avons parlé plus haut. Je ne trouve pas à M. de Saint-Lambert assez d'habitude de la vie champêtre, assez de connoissance et d'étude de la nature rare. On ne rencontre dans son poëme presqu'aucun de ces phénomènes piquans qui nous font tressaillir et dire : *Ah ! cela est vrai.* Il n'a pas vu les champs jonchés de plumes, par la jalousie, dans les combats des oiseaux amoureux, et ces plumes ensuite ramassées par la tendresse, pour servir de lit aux petits qui doivent naître. Pourquoi M. de Saint-Lambert n'a-t-il pas trouvé tout cela avant moi ? C'est que son corps étoit aux champs, et que son ame étoit à la ville ; c'est qu'à côté de celle qu'il aimoit, il ne s'entretenoit jamais avec elle ; c'est qu'il n'a jamais attendu l'inspiration de la nature, et qu'il a *prophétisé*, pour me servir de l'expression de Naigeon, *avant que l'Esprit fût descendu*. S'il n'enivre pas, c'est qu'il n'étoit pas ivre. A l'aspect d'un beau site champêtre, il disoit : O le beau site à décrire ! au-lieu qu'il falloit se taire, sentir, se laisser pénétrer profondément, et prendre ensuite sa lyre.

On dit que ce premier chant est le plus foible des quatre ; je m'en réjouis. Ils sont tous les quatre suivis de notes, où l'on remarque de la raison, du sens, de la philosophie, de la connoissance du beau dans les arts ; mais le ton en est triste et fatigant.

CHANT SECOND.

L'Été.

Ce chant commence par une apostrophe au soleil. Gens difficiles, vous en direz tout ce qu'il vous plaira ; mais cette apostrophe au grand astre, dont la chaleur féconde anime l'univers, est une belle chose ; et celui qui méprise ces vingt premiers vers, n'est pas digne d'en lire de plus beaux. Il ne s'agit pas de savoir s'il y en a de plus beaux en latin ; mais je demande qu'on m'en cite de plus beaux en françois sur le même sujet.

Dans une cinquantaine d'années, lorsque quelque homme de goût tirera ce poëme de l'oubli dont il est menacé, et vers lequel il s'avance même assez rapidement, il citera aussi le morceau qui commence par ces vers.

Loin des rians jardins et des plans cultivés,
J'irai sur l'Apennin.

Et l'on sera tout étonné de ne l'avoir point apperçu.

Le poëte chante d'abord la terre, l'air et les eaux peuplés par la chaleur d'une multitude infinie d'êtres organisés et vivans. Il s'arrête sur le caractère d'opulence et de grandeur que l'été donne à la nature ; il tente l'éloge de l'agriculture : ces deux derniers morceaux sont très-foibles. Il est meilleur, lorsqu'il déplore le sort de l'agriculteur : cependant, l'endroit ne répond pas au début.

O mon concitoyen, mon compagnon, mon frère !

Mais cela est singulier, il y a pourtant tout ce qu'il falloit pour l'effet; des mœurs innocentes, des pères, des mères, des enfans, des repas charmans, et l'effet n'y est pas. *Lœvá in parte mamillœ nil salit.*

Mais voilà l'été dans sa force. Le lit des fleuves se resserre, les fontaines sont desséchées, le grain se détache de l'épi, la chaleur accable l'homme et les animaux ; et le poëte, haletant, s'écrie :

Ah ! que ne puis-je errer dans ces sentiers profonds
Où j'ai vu des torrens tomber du haut des monts !

Certes, cet écart est sublime ; mais le poëte n'a pas senti qu'il ne falloit s'y livrer qu'un moment. Homme sans vrai goût, que maudite soit ta fécondité !

Nous voilà dans les monts Abyssins, dans les antiques forêts des Druides, sous les chênes de Dodone, je ne sais où, au diable, et le sublime aussi. Il eût fallu une verve infernale pour soutenir ce morceau aussi long-temps, mais il eût été mieux de ne pas le tenter ; après une demi-douzaine de vers pleins d'ivresse, il falloit passer brusquement aux travaux champêtres, la tondaison, la fenaison et la moisson.

L'entretien du poëte avec le militaire devenu fermier, est froid et long.

L'épisode de la corvée, cet enfant mort de soif, cette mère désespérée, cela est outré : il falloit s'en tenir à dire, et à bien dire les choses comme elles sont ; elles sont assez fâcheuses.

Il y a de très-beaux vers dans ces morceaux, mais presqu'aucun morceau qui soit entièrement beau; on sent à chaque instant que le poëte fatigue et se lasse.

Il y a tant d'orages, et tant de beaux orages, qu'il est dangereux de troubler le ciel, de faire mugir les vents, d'allumer l'éclair, et de faire gronder le tonnerre, après Homère et Virgile. Au-lieu de s'attacher, comme ces grands hommes, à quelques phénomènes effrayans, on en a entassé une foule les uns sur les autres : excellent moyen pour se donner du travail, et ne rien peindre ; ce qui est arrivé à M. de Saint-Lambert.

Cependant, le poëte suspend l'orage, et se livre aux préparatifs de la moisson. Le laboureur Polémon veut

>Que ses enfans demain avant l'aurore
>Coupent le tendre osier, le jeune sycomore,
>Et forment les liens qui doivent enchaîner
>Ces épis que Cérès s'apprête à lui donner.

Mais au milieu de ce travail, Damon, le seigneur du village, épris de Lise, fille de Polémon, met tout en œuvre pour la séduire. Il l'épie, il la suit, il la surprend au bain sur la fin du jour ; il se précipite sur elle, il la serre toute nue entre ses bras ; et Lise étoit perdue, si tout-à-coup Damon n'eut senti le remords. Lise, éplorée, raconte à son père le péril qu'elle a couru ; le lendemain, Polémon se présente à son seigneur, lui reproche son attentat, et lui demande son congé. Damon, sans lui répondre, sort, court chercher dans la prairie Lucas, amant de Lise, l'amène à Polémon, reconnoît sa faute, dote les deux amans, les marie; et la noce se fait.

Cet épisode est trop long, et n'a rien de piquant; c'est l'amplification d'un écolier de rhétorique, doué supérieurement du talent de la versification. Sans quelques-unes des pièces fugitives de M. de Saint-Lambert, où il y a vraiment du sentiment et de la verve, je dirois que c'est un bon rimeur, mais non pas un poëte. Ce qu'il ignore sur-tout, c'est le secret des *laissés*. Le premier peintre que vous trouverez vous expliquera ce mot.

Mais, me direz-vous, M. de Saint-Lambert est instruit? = Plus que beaucoup de littérateurs; mais un peu moins qu'il ne croit l'être. = Il sait sa langue? = A merveille. = Il pense? = J'en conviens. = Il sent? = Assurément. = Il possède le technique du vers? = Comme peu d'hommes. = Il a de l'oreille? = Mais oui. = Il est harmonieux? = Toujours. = Que lui manque-t-il donc pour être un poëte? = Ce qui lui manque? c'est une ame qui se tourmente, un esprit violent, une imagination forte et bouillante, une lyre qui ait plus de cordes; la sienne n'en a pas assez. J'en appelle à ce maussade sermon que le pasteur du village adresse aux époux: quand on a un grain d'enthousiasme, n'est-ce pas là qu'on le montre? Et toute cette noce, elle est d'une langueur à périr. O combien de vers touchans, de pensées douces, de sentimens honnêtes et délicieux, étouffés, perdus! O qu'un grand poëte est un homme rare!

Je ne vous dirai rien des notes accolées à ce chant. Les tristes et maussades notes! C'est bien assez de l'ennui de les avoir lues, sans avoir encore celui de vous en parler.

CHANT TROISIÈME.

L'Automne.

Mon dessein étoit de relire les deux premiers chants, et d'en remarquer les épithètes oisives ou mal choisies, les endroits obscurs, les mauvaises expressions, les vers superflus, les tours prosaïques, en un mot, toutes les guenilles dont le chiffonnier Fréron remplira ses feuilles; mais le dégoût de cette critique, joint à la multitude de ces sortes de fautes, m'a fait abandonner cette tâche que je reprendrai volontiers avec l'auteur, s'il persiste à vouloir que je lui parle sincèrement, et qu'après avoir dit aux autres de son ouvrage tout le bien que j'en pensois, j'aille lui confier à lui tout le mal que j'en sais.

Le poëte s'adresse, en commençant, à l'agriculteur, à la terre et à l'automne; il ébauche le tableau des présens et des plaisirs que la saison promet. Il appelle à la campagne les ministres des loix et la jeunesse des villes. Il peint un magistrat libre de ses fonctions, et consacrant son loisir champêtre à la réforme de notre code. Il voit les premiers phénomènes de l'automne au ciel, sur la terre, dans les nuages, sur la verdure, sur les arbres, sur les oiseaux, sur les animaux. Il invite les hommes à la chasse; il décrit en chasseur celle du chien couchant.

J'avance, l'oiseau part; le plomb, que l'œil conduit,
Le frappe dans les airs au moment qu'il s'enfuit;
Il tourne, en expirant, sur ses ailes tremblantes;
Et le chaume est jonché de ses plumes sanglantes.

Cela est vrai: j'ai aussi tué des perdrix; et je reconnois très-bien ce tournoyement sur lui-même de l'oiseau blessé.

A la description de la chasse succède celle de la pêche, la pipée, la poursuite des grandes bêtes. Il exhorte le militaire à ce dernier exercice; il l'irrite contre le loup ennemi des troupeaux, contre le sanglier destructeur des moissons. Il s'indigne contre les fainéans des cités; il s'épuise sur l'utile et douce obscurité de la vie des champs. Il s'écrie :

Heureux qui, sans pouvoir au sein de sa patrie,
N'impose qu'à lui seul d'en respecter les lois,
En dérobant sa tête au fardeau des emplois!
Aimé dans son domaine, inconnu de ses maitres,

Habite le donjon qu'habitoient ses ancêtres !
De l'amour des honneurs il n'est point dévoré ;
Sans craindre le grand jour, content d'être ignoré,
Aux vains dieux du public il laisse leurs statues,
Par l'envie et le temps si souvent abattues.
Pour juge il a son cœur, pour amis ses égaux,
La gloire ou l'intérêt n'en font pas ses rivaux ;
Il peut trouver au-moins dans le cours de sa vie
Un cœur sans injustice, un ami sans envie.

Ce morceau est peut-être un peu long, un peu monotone ; le ton ne s'y diversifie pas au gré des objets, c'est toujours la même corde, *corda semper oberrat eadem ;* mais il ne faut qu'un peu d'ame, un peu de sensibilité, pour pardonner, peut-être même pour ne pas appercevoir ce défaut.

Tandis qu'il chante la vie heureuse d'un gentilhomme de campagne, l'automne s'avance, les jours se raccourcissent, le ciel devient vaporeux, les nuées s'arrêtent sur les montagnes, et y déposent ces eaux qui formeront les fleuves, les rivières, les ruisseaux et les fontaines. La vigne se dépouille de sa feuille ; la grappe exposée au soleil se mûrit ; et le moment de la vendange s'approche.

La vendange se fait. Il y a de la gaîté dans la description des vendanges : ce n'est pas la fureur des orgies anciennes ; ce sont des tableaux plus simples, plus doux, moins poëtiques, mais plus dans nos mœurs.

Tandis que le vin nouveau bouillonne dans les tonneaux, les vents s'élèvent ; les pluies tombent, les premiers frimats paroissent, la terre a déjà reçu des labours, et le poëte s'occupe des engrais et de l'indolence de l'habitant des champs qui n'ose rien tenter d'utile, découragé par la frayeur des exactions.

Ici le poëte conduit l'agriculteur au pied du trône, et le fait parler à son roi avec dignité pathétique et noblesse. Ce morceau est encore un de ceux qu'on citera quelque jour.

Tandis que l'agriculteur se plaint de sa misère, la fin de l'automne arrive; la terre s'attriste; les oiseaux se rassemblent; le murmure des vents se fait entendre dans la forêt; les branches des arbres sont frappées violemment les unes contre les autres; les feuilles s'en séparent; la terre en est couverte; le pauvre vient en ramasser sa provision contre le froid qui s'approche; le reste, entraîné par les pluies, est conduit dans les rivières dont la surface en est couverte, et qui les portent au sein des mers.

Au milieu de cette mélancolie générale que le poëte partage, il se rappelle ses amis, les personnes qui lui furent chères, et que la mort lui a ravis; il donne des louanges à leur mémoire et des pleurs à leurs cendres. Il plaint le vieillard, que le triste bienfait des longues années condamne à rester seul.

Il voit autour de lui tout périr, tout changer;
A la race nouvelle il se trouve étranger;

Et lorsqu'à ses regards la lumière est ravie,
Il n'a plus, en mourant, à perdre que la vie.

Le chant est terminé par l'entretien d'un jeune berger et d'une jeune bergère qui se promettent une constance éternelle, au milieu des vicissitudes de la nature dont le spectacle les effrayoit sur l'avenir. Le poëte se prépare ensuite au retour à la ville, et fait l'éloge de l'amitié dont il va goûter les douceurs, en dédommagement des plaisirs champêtres que l'hiver lui enlève.

Il y a dix endroits dans ce chant que les lecteurs du goût le plus difficile peuvent lire et relire avec plaisir, et par-tout de très-beaux vers parsemés. En un mot, les mêmes beautés et les mêmes défauts que dans les chants précédens.

Ah! mon ami, avec un ton un peu plus varié, une petite pointe de verve, plus de rapidité, moins de longueurs, plus de détails piquans, moins d'expressions parasites, que cela ne seroit-il pas devenu! Mais en laissant ce poëme tel qu'il est, soyez sûr qu'il y a beaucoup de mérite à l'avoir fait, et que ce n'est pas l'ouvrage d'un enfant.

J'aurois bien envie de me taire sur les notes qui suivent l'automne; mais je les trouve, si-non plus chaudement écrites, au-moins plus importantes par leur objet que celles des chants précédens. L'auteur y parle de la réforme des loix, de l'institution de la jeunesse, de l'origine de la pitié dans nos cœurs, et de l'importance de l'agriculture. Elles sont un peu plus supportables que les précédentes ; il y a sur-tout deux lignes qui m'en plaisent. L'une est la comparaison des fibres animales avec les cordes vibrantes qui résonnent encore après qu'on les a pincées : ce principe est bien fécond, mais ce n'est pas entre les mains de l'auteur ; c'est une idée heureuse qu'il a eue, et je l'en félicite. L'autre est le mot du roi de Liliput, qui disoit qu'il estimeroit plus un homme qui feroit sortir deux épis d'un grain de bled, que tous les politiques du monde.

CHANT QUATRIÈME.

L'Hiver.

Le poëte ouvre ce chant par les tempêtes et les pluies qu'amène le solstice de l'hiver. Il y a un peu d'emphase dans ce morceau, quelques idées hasardées ; mais pour peu qu'on ait d'indulgence pour l'art et ses difficultés, c'est un bel exorde : l'ignorance des gens du monde qui ne pardonne rien, est encore plus redoutable que les lumières et l'instruction des auteurs qui remarquent tout.

La tristesse de la nature gagne le cœur de l'homme : il réfléchit, il sent le nécessaire enchaînement des saisons ; il se dit à lui-même :

Et par ces changemens la sagesse infinie
Dans l'univers immense entretient l'harmonie.

Il se console; le ciel s'épure; l'air se refroidit; le vent du nord s'élève; les eaux sont glacées; la terre se couvre de neige; les animaux, pressés par la faim, viennent pendant la nuit rugir autour de la demeure des hommes; leurs cris réveillent le remords assoupi au fond des cœurs coupables. Le bonheur a quitté les campagnes, il s'est réfugié dans les villes.

Talens, amours des arts, agréables instincts,
Palais où le bon goût préside à nos festins,
Cercles brillans et gais où la raison s'éclaire,
Où l'esprit s'embellit par le désir de plaire,
Doux besoin du plaisir, aimable volupté,
Sentimens animés par la société,
Tendres liens des cœurs, amitié sainte et pure,
Vous expiez assez les torts de la nature.

Le poëte part de là pour chanter le génie et ses inventions, la formation de la société, l'origine des sciences, la naissance des arts, le fer coulant des fourneaux embrâsés, les instrumens de l'agriculture formés, les loix imposées, le chant, la danse, la sculpture, la peinture, l'architecture, la comédie, la tragédie, le luxe et toutes ses branches.

Après ce long écart, le poëte ramène ses regards sur les champs; il retourne en idée dans son champêtre séjour. Il médite, il étudie l'homme et la nature; il s'étudie lui-même. Il passe des journées délicieuses entre les hommes les plus célèbres des nations anciennes et modernes. Il se prête aux amusemens de l'habitant de la campagne; il décrit ses travaux. Il place la gerbe sous le fléau; il délivre un champ de ses pierres; il aiguise un pieu; il plante une haie; il fend l'osier; il s'assied en rond avec les filles et les femmes du village; il écoute leurs contes et leurs chansons; il danse avec elles; il est témoin de leurs amours et de leurs jeux; et il finit cette saison et son poëme par la peinture de la vie heureuse d'un grand seigneur avancé en âge, retiré dans sa terre, secourant l'indigence, et excitant l'industrie.

Si vous redoutez la lecture entière de ce chant, vous ne pouvez au-moins vous dispenser de jeter les yeux sur les morceaux que je vais vous marquer.

La tempête qui ouvre ce chant et qui commence par ce vers :

Quel bruit s'est élevé des forêts ébranlées ?

Le coup-d'œil sur l'ordre général de l'univers, à l'endroit où le poëte se parlant à lui-même, dit :

Ces orages....., et ces tristes hivers,
Nos maux et nos plaisirs, nos travaux et nos fêtes, etc.

Je ne vous indique pas la formation de la société. J'aime mieux que vous la lisiez dans Lucrèce.

Mais n'oubliez pas le retour en idée du poëte à sa campagne; arrêtez-vous sur-tout à son apostrophe aux Muses :

Muses, guides de l'homme, ornemens de son être.

Reprenez à cet endroit:

O peuples des hameaux, que votre sort est doux!
Peut-être un seul mortel est plus heureux que vous.

Et allez jusqu'à la fin du poëme.

Ma foi, mon ami, ils en diront, et vous (*) aussi, tout ce que vous voudrez ; mais un poëme où l'on peut citer autant d'endroits remarquables, et où ceux qu'on ne cite pas sont encore remplis de vers heureux, n'est point un ouvrage sans mérite.

Du-reste, vous en avez mon avis dans ce feuillet et les précédens ; mais souvenez-vous sur-tout de ne pas reprocher à l'auteur la division monotone de notre vers alexandrin, une lenteur presque inévitable qui naît de l'impossibilité d'enjamber, d'un vers à un autre, nos rimes masculines et féminines toujours accouplées deux à deux; la défense des inversions hardies ; l'indigence de la langue champêtre, et le défaut de prosodie marquée dans notre langue en général. Celui qui sait vaincre toutes ces difficultés et composer un beau poëme, est un homme bien extraordinaire ; et j'avoue que ce n'est pas M. de Saint-Lambert.

Quant aux notes, n'en lisez que deux : la cent quarante-neuvième sur ce vers :

Je compare les loix et les mœurs des deux mondes.

(*) Grimm faisoit peu de cas du poëme des Saisons, et il en avoit fait l'aveu à Diderot.

NOTE DE L'ÉDITEUR.

Elle est très-belle; et la cent cinquante-unième sur le vers:

Vainqueur des deux rivaux qui régnoient sur la scène.

M. de Saint-Lambert y donne la préférence à M. de Voltaire sur nos deux poëtes tragiques, Corneille et Racine. Ce jugement a excité beaucoup de murmure; je ne l'en crois pas moins vrai.

Voilà ce que je pense de l'ouvrage de M. de Saint-Lambert. Seroit-il satisfait de ce jugement? Je ne le crois pas. Et pourquoi? C'est qu'entre tous les hommes de lettres, c'est une des peaux les plus sensibles. Sans compter que l'auteur en use avec le critique comme nous en usons tous avec la nature: lorsqu'elle nous fait le bien, elle ne fait que son devoir; nous ne lui pardonnons jamais le mal. Un endroit repris dans un ouvrage blessera plus l'auteur qu'il ne sera flatté de cent endroits loués; la louange est toujours méritée, et la critique injuste.

Les trois Contes.

Le premier des trois contes qui suivent le poëme des Saisons, s'appelle l'Abénaki; le second, Sara Th....; et le troisième, Ziméo.

Je ne parlerai pas des deux premiers, qui ont paru dans la Gazette littéraire, et dont vraisemblablement vous aurez rendu compte. Vous aurez sans-doute pensé comme moi, que l'Abénaki, le plus court, est certainement le plus beau. On sent le romanesque et l'apprêt dans Sara Th...., qui intéresse moins que Ziméo.

Ce dernier a excité une petite contestation entre Marmontel et M. de Saint-Lambert. Vous savez que Marmontel a fait un poëme en prose, intitulé : *Les Mexicains*, qu'il se propose de publier l'année prochaine. Il y a dans un des chants de ce poëme deux esclaves sauvages, ainsi que dans le conte de Saint-Lambert. Ces deux esclaves, qui s'aiment, sont embarqués sur un vaisseau portugais dans le poëme et dans le conte. Marmontel a fait éprouver au vaisseau un long calme suivi d'une famine ; et Saint-Lambert en a fait autant. Les gens de l'équipage s'égorgent et se dévorent pendant ce calme ; et ils s'égorgent et se dévorent dans les deux ouvrages. Marmontel, plus sage et plus vrai que Saint-Lambert, montre les deux esclaves amans se tenant embrassés et attendant leur dernier moment ; au-lieu que Saint-Lambert les livre à toute la violence de leur amour ; et courant après un de ces contrastes singuliers du terrible et du voluptueux, il peint une jouissance au milieu des horreurs qui désolent l'équipage. Voilà la différence qu'il y a entre leurs fictions. Il s'agit de savoir s'ils ont imaginé la même chose séparément, ou si M. de Saint-Lambert a eu quelque connoissance du chant de Marmontel, qui étoit certainement composé avant que Ziméo parût. *Non nostrum est tantas componere lites.*

Les pièces fugitives.

Toutes ces pièces ont été imprimées ; leur fortune est faite. Elles sont pleines de passion et de verve. M. de Saint-Lambert se présenteroit au Parnasse, n'ayant que ce petit recueil à la main, qu'Apollon et l'Amour iroient au-devant de lui, et le placeroient à côté de Sapho.

Les Fables orientales.

Il y en a quelques-unes tirées du poëte Sadi ; les autres sont de l'invention de l'auteur. Ce n'est pas la partie de son ouvrage la moins utile et la moins agréable ; elles contiennent presque toutes une moralité profonde et vraie. Grands de la terre, lisez-les, et faites-les lire à vos enfans.

LETTRE A M. DE VOLTAIRE.

Du 28 novembre 1760.

Monsieur et cher maître,

L'ami Thiriot auroit bien mieux fait de vous entretenir du bel enthousiasme qui nous saisit ici, à l'hôtel de Clermont-Tonnerre, lui, l'ami d'Amilaville et moi, et des transports d'admiration et de joie auxquels nous nous livrâmes deux ou trois heures de suite, en causant de vous et des prodiges que vous opérez tous les jours, que de vous tracasser de quelques méchantes observations communes que je hasardai entre nous sur votre dernière pièce. C'est bien à regret que je vous les communique; mais puisque vous l'exigez, les voici.

Rien à objecter à votre premier acte. Il commence avec dignité, marche de même, et finit en nous laissant dans la plus grande attente.

Mais l'intérêt ne me semble pas s'accroître au second, à proportion des événemens. Pourquoi celà? Vous le savez mieux que moi. C'est que les événemens ne sont presque rien en eux-mêmes, et que c'est de l'art magique du poëte qu'ils empruntent toute leur importance. C'est lui qui nous fait des terreurs, etc.

Tant qu'Argire ne me montrera pas la dernière répugnance à croire Aménaïde coupable de trahison, malgré la preuve qu'il pense en avoir; tant que la tendresse paternelle ne luttera pas contre cette preuve, comme elle le doit; tant que je n'aurai pas vu ce malheureux père se désoler, appeler sa fille, embrasser ses genoux, s'adresser aux chefs de l'état, les conjurer par ses cheveux blancs, chercher à les fléchir par la jeunesse de son enfant, tout tenter pour sauver cet enfant, l'acte n'aura pas son effet. Je ne prendrai jamais à Aménaïde plus d'intérêt que je n'en verrai prendre à son père. Tâchez donc qu'Argire soit plus père, s'il se peut; et que je connoisse davantage Aménaïde. Ne seroit-ce pas une belle scène que celle où le père la presseroit de s'ouvrir à lui, où Aménaïde ne pourroit lui répondre?

Le troisième acte est de toute beauté. Rien à lui comparer au théâtre, ni dans Racine, ni dans Corneille. Ceux qui n'ont pas approuvé qu'on redît à Tancrède ce qui s'étoit passé avant son arrivée, sont des gens qui n'ont ni le goût de la vérité, ni le goût de la simplicité; à force de faire les entendus, ils montrent qu'ils ne s'entendent à rien. Dieu veuille que je n'encourre pas la même censure de votre part.

Ah ! mon cher maître, si vous voyiez la Clairon traversant la scène, à demi-renversée sur les bourreaux qui l'environnent, ses genoux se dérobant sous elle, les yeux fermés, les bras tombans, comme morte ; si vous entendiez le cri qu'elle pousse en appercevant Tancrède, vous resteriez plus convaincu que jamais que le silence et la pantomime ont quelquefois un pathétique que toutes les ressources de l'art oratoire n'atteignent pas.

J'ai dans la tête un moment de théâtre où tout est muet, et où le spectateur reste suspendu dans les plus terribles allarmes.

Ouvrez vos porte-feuilles. Voyez l'Esther du Poussin paroissant devant Assuérus ; c'est la Clairon allant au supplice. Mais pourquoi Aménaïde n'est-elle pas soutenue par ses femmes comme l'Esther du Poussin ? Pourquoi ne vois-je pas sur la scène le même groupe ?

Après ce troisième acte je ne vous dissimulerai pas que je tremblai pour le quatrième; mais je ne tardai pas à me rassurer. Beau, beau.

Le cinquième me parut traîner. Il y a deux récitatifs. Il faut, je crois, en sacrifier un, et marcher plus vîte. Ils vous diront tous, comme moi : Supprimez, supprimez, et l'acte sera parfait.

Est-ce là tout ? Non. Voici encore un point sur lequel il n'y a pas d'apparence que nous soyons d'accord. Tancrède doit-il croire Aménaïde coupable ? Et s'il la croit coupable, a-t-elle droit de s'en offenser ? Il arrive. Il la trouve convaincue de trahison par une lettre écrite de sa propre main, abandonnée de son père, condamnée à mourir, et conduite au supplice. Quand sera-t-il permis de soupçonner une femme, si l'on n'y est pas autorisé par tant de circonstances ? Vous m'opposerez les mœurs du temps, et la belle confiance que tout chevalier devoit avoir dans la constance et la vertu de sa maîtresse. Avec tout cela, il me sembleroit plus naturel qu'Aménaïde reconnût que les apparences les plus fortes déposent contre elle ; qu'elle en admirât d'autant plus la générosité de son amant ; que leur première entrevue se fît en présence d'Argire et des principaux de l'état ; qu'il fût impossible à Aménaïde de s'expliquer clairement ; que Tancrède lui répondît comme il fait ; et qu'Aménaïde, dans son désespoir, n'accusât que les circonstances. Il y en auroit bien assez pour la rendre encore malheureuse et intéressante.

Et lorsqu'elle apprendroit les périls auxquels Tancrède est exposé, et qu'elle se résoudroit à voler au milieu des combattans et à périr s'il le faut, pourvu qu'en expirant elle puisse tendre les bras à Tancrède et lui crier : Tancrède, j'étois innocente ; croyez-vous alors que le spectateur le trouveroit étrange ?

Voilà, monsieur et cher maître, les puérilités qu'il a fallu vous écrire. Revenez sur votre pièce; laissez-la comme elle est; et soyez sûr, quoique vous fassiez, que cette tragédie passera toujours pour originale, et dans son sujet, et dans la manière dont il est traité.

On dit que mademoiselle Clairon demande un échafaud dans la décoration; ne le souffrez pas, morbleu. C'est peut-être une belle chose en soi; mais si le génie élève jamais une potence sur la scène, bientôt les imitateurs y accrocheront le pendu en personne.

M. Thiriot m'a envoyé, de votre part, un exemplaire complet de vos OEuvres. Qui est-ce qui le méritoit mieux, que celui qui a su penser et qui a eu le courage d'avouer, depuis dix ans, à qui le veut entendre, qu'il n'y a aucun auteur français qu'il aimât mieux être que vous ? En effet, combien de couronnes diverses rassemblées sur cette tête ! Vous avez fait la moisson de tous les lauriers; et nous allons glanant sur vos pas, et ramassant par-ci par-là quelques petites feuilles que vous avez négligées et que nous nous attachons fièrement sur l'oreille, en guise de cocarde, pauvres enrôlés que nous sommes !

Vous vous êtes plaint, à ce qu'on m'a dit, que vous n'aviez pas entendu parler de moi au milieu de l'aventure scandaleuse qui a tant avili les gens de lettres et tant amusé les gens du monde ; c'est, mon cher maître, que j'ai pensé qu'il me convenoit de me tenir tout-à-fait à l'écart ; c'est que ce parti s'accordoit également avec la décence et la sécurité ; c'est qu'en pareil cas il faut laisser au public le soin de la vengeance ; c'est que je ne connois ni mes ennemis, ni leurs ouvrages ; c'est que je n'ai lu ni les *petites lettres sur de grands philosophes*, ni cette satyre (*) dramatique où l'on me traduit comme un sot et comme un fripon ; ni ces préfaces où l'on s'excuse d'une infamie qu'on a commise, en m'imputant de prétendues méchancetés que je n'ai point faites, et des sentimens absurdes que je n'eus jamais.

Tandis que toute la ville étoit en rumeur, retiré paisiblement dans mon cabinet, je parcourois votre histoire universelle. Quel ouvrage ! C'est là qu'on vous voit élevé au-dessus du globe qui tourne sous vos pieds, saisissant par les cheveux tous ces scélérats illustres qui ont bouleversé la terre, à mesure qu'ils se présentent ; nous les montrant dépouillés et nus, les marquant au front d'un fer chaud, et les enfonçant dans la fange de l'ignominie pour y rester à jamais.

Les autres historiens nous racontent des faits pour nous apprendre des faits. Vous, c'est pour exciter au fond de nos ames une indignation forte contre le mensonge, l'ignorance, l'hypocrisie, la

---

(*) La Comédie des Philosophes.

superstition, le fanatisme, la tyrannie, et cette indignation reste, lorsque la mémoire des faits est passée.

Il me semble que ce n'est que depuis que je vous ai lu, que je sache que de tous les temps le nombre des méchans a été le plus grand et le plus fort ; celui des gens de bien, petit et persécuté ; que c'est une loi générale à laquelle il faut se soumettre ; que, de toutes les séductions, la plus grande est celle du despotisme ; qu'il est rare qu'un être passionné, quelque heureusement qu'il soit né, ne fasse pas beaucoup de mal quand il peut tout ; que la nature humaine est perverse ; et que, comme ce n'est pas un grand bonheur que de vivre, ce n'est pas un grand malheur que de mourir.

J'ai pourtant lu *la Vanité*, *le pauvre Diable*, et *le Russe à Paris* ; la vraie satyre qu'Horace avoit écrite, et que Rousseau et Boileau ne connurent point, mon cher Maître, la voilà. Toutes ces pièces fugitives sont charmantes:

Il est bon que ceux d'entre nous qui sont tentés de faire des sottises, sachent qu'il y a sur les bords du lac de Genève un homme armé d'un grand fouet, dont la pointe peut les atteindre jusqu'ici.

Mais est-ce que je finirai cette causerie sans vous dire un mot de la grande entreprise (*) ?

(*) L'édition de l'Encyclopédie, dont les dix der-

Incessamment le manuscrit sera complet, les planches, gravées ; et nous jetterons tout-à-la-fois onze volumes in-folio sur nos ennemis.

Quand il en sera temps, j'invoquerai votre secours.

Adieu, monsieur et cher maître. Pardonnez à ma paresse. Ayez toujours de l'amitié pour moi. Conservez-vous ; songez quelquefois qu'il n'y a aucun homme au monde dont la vie soit plus précieuse à l'univers que la vôtre. *Et pompignianos semel arrogantes sublimi tange flagello.*

Je suis, etc.

---

niers volumes s'imprimoient clandestinement, et avec une permission tacite du gouvernement. Sans M. de Choiseul, qui s'intéressoit sincèrement à la publication et au succès de ce grand ouvrage, les dix derniers volumes de discours, et les planches qui les accompagnent, seroient peut-être encore à imprimer, et peut-être même à faire.

RÉPONSE

DE M. DE VOLTAIRE.

Monsieur et mon très-digne maître,

J'aurois assurément bien mauvaise grace de me plaindre de votre silence, puisque vous avez employé votre temps à préparer neuf volumes de l'Encyclopédie. Cela est incroyable. Il n'y a que vous au monde capable d'un si prodigieux effort; vous aura-t-on aidé, comme vous méritez qu'on vous aide? Vous savez qu'on s'est plaint des déclamations, quand on attendoit des définitions et des exemples. Mais il y a tant d'articles admirables, les fleurs et les fruits sont répandus avec tant de profusion, qu'on passera aisément par-dessus les ronces. L'infâme persécution ne servira qu'à votre gloire. Puisse votre gloire servir à votre fortune, et puisse votre travail immense ne pas nuire à votre santé. Je vous regarde comme un homme nécessaire au monde, né pour l'éclairer et pour écraser le fanatisme et l'hypocrisie. Avec cette multitude de connoissances que vous possédez, et qui devroit dessécher le cœur, le vôtre est sensible. Vous avez grande raison sur ce déchirement que les spectateurs devroient éprouver, et qu'ils n'éprouvent pas au second acte de Tancrède. Mais vous saurez que je venois de traiter et d'épuiser cette situation dans une tragédie qui devoit être jouée avant Tancrède, et qu'on n'a reculée que parce qu'il couroit cent copies infidelles de Tancrède par la ville. Je n'ai pas voulu me répéter. Cependant j'ai corrigé, j'ai refondu plus de cent cinquante vers dans ce Tancrède, depuis qu'on l'a représenté presque malgré moi. Et parmi ces changemens, je n'avois pas oublié le père d'Aménaïde au second acte. Mais où trouver des pères, où trouver des entrailles et des yeux qui sachent pleurer ? Sera-ce dans un métier avili par un cruel préjugé, et parmi des mercenaires qui même sont honteux de leur profession ? Il n'y a qu'une Clairon au monde. Tous les grands talens sont rares; ils sont presque uniques. Ce qui m'étonne, c'est que mademoiselle Clairon ne soit pas persécutée. Vous l'avez été bien cruellement : cela est à sa place; mais l'opprobre restera aux persécuteurs. Le réquisitoire de Joli de Fleury sera un monument de ridicule et de honte. Son fils et son frère sont venus me voir; je leur ai donné des fêtes, je les ai fait rougir.

Les dévots et les dévotes s'assemblèrent chez madame la première présidente de Molé, il y a quelque temps; ils déplorèrent le sort de mademoiselle Corneille, qui alloit dans une maison qui n'est ni janséniste, ni moliniste ; un grand chambrier qui se trouva là, leur dit : Mesdames, que ne faites-vous pour mademoiselle Corneille ce qu'on fait pour elle ? Il n'y en eut pas une qui offrît dix écus. Vous noterez que madame de Molé a eu onze millions en mariage ; et que son frère Bernard, le sur-intendant de la reine, m'a fait une banqueroute frauduleuse de vingt mille écus, dont la famille ne m'a pas payé un sou. Voilà les dévots. Bernard, le banqueroutier, affectoit de l'être au milieu des filles de l'opéra. Oui, sans-doute, mon cher philosophe, le monde n'est souvent que fausseté et qu'horreur. Mais il y a de belles ames. La raison, l'esprit de tolérance percent dans toutes les conditions. Les jésuites sont dans la boue. Les jansénistes perdent leur crédit. Le roi est très-instruit de leurs manœuvres. Madame de Pompadour protège les lettres. Monsieur le duc de Choiseul a une ame noble et éclairée ; et il n'auroit jamais fait de mal à M. l'abbé Morellet, sans deux malheureuses lignes sur une femme mourante. Le roi n'a point lu l'impertinent mémoire du sieur Le Franc de Pompignan. Tout le monde s'en moque à la cour comme à Paris. Il n'y a pas long-temps qu'un homme, dont les paroles sont quelque chose, dit au roi, qu'on persécutoit en France les seuls hommes qui faisoient honneur à la France. Croyez que le roi sait faire dans son cœur la distinction qu'il doit faire entre les philosophes qui aiment l'état, et les séditieux qui le troublent. Vous avez pris un très-bon parti de ne rien dire, et de bien travailler. Adieu. Je vous aime, je vous révère, je vous suis dévoué pour le reste de ma vie.

AVIS

à un jeune poëte qui se proposoit de faire une tragédie de Régulus.

Si je me proposois de faire un Régulus, je commencerois par travailler sur moi. Je me remplirois de l'histoire et de l'esprit des premiers temps de la république ; et avant que d'entamer mon sujet, je me serois si bien planté à Rome, au milieu du sénat, que je ne serois pas tenté de me retrouver sur les planches ou dans les coulisses d'un théâtre.

Régulus seroit arrivé dans sa patrie, libre, sur sa parole, et résolu de garder le silence sur son projet.

Il seroit triste, sombre et muet au milieu de sa famille et de ses amis, soupirant par intervalles, détournant ses regards attendris de sa femme, et les arrêtant quelquefois sur ses enfans. C'est ainsi que je le vois, et que le poëte me l'a montré.

> Fertur pudicæ conjugis osculum,
> Parvosque natos, ut capitis minor,
>   Ab se removisse, et virilem
>   Torvus humi posuisse vultum :
> Donec labantes consilio patres
> Firmaret auctor.

Martia, sa femme, surprise et affligée, attribueroit la tristesse de son époux à la honte de reparoître dans Rome après une défaite, au sortir de l'esclavage. Elle chercheroit à le consoler. Elle baiseroit ses mains aux endroits qui ont porté les chaînes. Elle lui rappelleroit ses premiers triomphes, la considération dont il jouit encore, la joie de tout le peuple à son arrivée, les honneurs qu'il reçoit. Elle l'inviteroit tendrement à se livrer à la douceur de revoir sa femme et ses enfans, après une si longue et si cruelle absence.

La tristesse et le silence de Régulus dureroient; mais tantôt il se plongeroit dans le sein de cette femme chérie, tantôt il la repousseroit durement comme un objet dont la présence le déchire.

Martia frappée de ces mouvemens, et se rappelant le premier caractère de son époux, allarmée des entretiens particuliers de Régulus et de son père, et sur-tout des mots obscurs et mystérieux qu'ils se jettent en sa présence, soupçonneroit Régulus de rouler dans sa tête quelque projet qu'on lui dérobe. Elle ne pourroit supporter cette idée. Elle auroit avec son époux à-peu-près la scène de la femme de Brutus avec le sien.... C'est le premier secret qu'il ait eu pour moi.... Ne m'aimeroit-il plus ?.... Me mépriseroit-il ?.... Quelques discours calomnieux portés de Rome à Carthage, m'auroient-ils avilie dans son esp........ Auroit-il pu les croire ?

Elle viendr... plaindre avec amertume. L'indignation succéderoit à la douleur.... Si tu m'aimes toujours, si tu m'estimes, si je suis toujours ta femme, parle donc... Mais l'inébranlable et sombre Régulus se tairoit toujours.

Ce rôle de Régulus est difficile. Un homme, et un homme tel que Régulus, qui ne dit que des mots !

Je ne pourrois, je crois, me passer du père de Martia. J'en ferois un des plus féroces Romains de l'histoire. Je le vois ; car il faut toujours avoir vu son personnage avant que de le faire parler. Il est vieux. Une barbe touffue couvre son menton. Il a le sourcil épais, l'œil couvert, ardent et farouche, le dos courbé. C'est un homme qui nourrit depuis quarante ans dans son ame le fanatisme républicain, la liberté indomptable, et le mépris de la vie et de la mort. Ce seroit, si je pouvois, le pendant du vieil Horace de notre Corneille.

C'est dans cette ame que Régulus iroit déposer son projet, l'objet de son retour à Rome, et le sort qui l'attend à Carthage, si l'échange des prisonniers ne se fait pas.

Atqui sciebat quæ sibi barbarus
Tortor pararet.

Le vieux père de Martia attendroit en silence la fin de son récit ; mais au moment où Régulus lui annonceroit sa terrible résolution, il jetteroit ses bras autour de son cou, et il s'écrieroit : Je reconnois mon gendre. Voilà Régulus, voilà celui que je devois pour époux à ma fille. Je ne me suis point trompé. Embrasse-moi.

Régulus et le père de Martia pressentiroient l'obstacle que la générosité des Romains apportera à son dessein, à une résolution, *cui nisi ipse auctor*, certes, dit Cicéron, *captivi Pœnis rediissent*. Éloge des citoyens. Moyens concertés pour les détacher de l'intérêt de Régulus, et tourner leurs vues sur celui de la patrie. Conspiration. Et quelle conspiration ! celle d'un homme pour assurer sa propre mort. Et cet homme secondé, par qui ? Par le père de sa femme.

C'est alors que la tendresse de Régulus pour sa femme se réveilleroit.... Je souffre à lui cacher mon dessein; cependant, qu'elle l'ignore, du-moins jusqu'à mon départ. Que sa douleur, ses cris, ses larmes me soient épargnés. Voilà ce qu'il est impossible de braver. Et mes enfans !

Le vieux père de Martia et Régulus conspireroient donc à faire échouer au sénat la proposition de l'échange des captifs, et résoudre le retour et la mort de Régulus !

Quel monologue que celui de Régulus, lorsque seul il médite son terrible projet, qu'il a pris son parti, et qu'il est sur le point de s'en ouvrir à son beau-père !

La répugnance généreuse à abandonner un brave citoyen, tel que Régulus, à la barbarie Carthaginoise; voilà donc le grand obstacle à surmonter. Pour cet effet, il faut avoir la pluralité des voix dans le sénat; et l'on peut se le promettre, en s'assurant du suffrage des familles Attilia et Martia. Régulus est résolu de les assembler secrètement.

Pour le consul Manlius, ce seroit l'insulter que de le pressentir.... Tu as raison, dit le père de Martia à son gendre; ce que tu fais, Manlius et moi nous le ferions à ta place.

On appelle les sénateurs des deux familles. Ils viennent sans savoir ce qu'on attend d'eux. Les voilà assemblés. C'est Régulus qui leur parle, et qui leur demande, si la patrie leur est chère? Ils répondent.... S'ils se sentiroient le courage de s'immoler pour elle? Ils répondent..... Et s'il y avoit un citoyen sollicité par son sort de s'immoler lui-même, aimeriez-vous assez la patrie et ce citoyen pour envier son sort et seconder son dessein? ils répondent.... Mais cela ne suffit pas. Jurez-le.... Ils jurent. Serment court et grand.

C'est alors que Régulus dit: Eh bien! mes amis, ce citoyen, c'est moi. C'est alors qu'il expose les suites funestes de l'échange des prisonniers, l'importance de laisser périr sans pitié des lâches indignes de vivre.

Si non perirent immiserabilis
Captiva pubes.

Des lâches qui se sont laissé dépouiller de leurs armes, sans qu'une goutte de sang les eût teintes. Je les ai vus offrir leurs mains aux liens; j'ai vu des hommes nés libres, des Romains, marcher les bras liés sur le dos. J'ai vu nos drapeaux suspendus dans les temples de Carthage, les portes des villes ouvertes, et les champs ennemis cultivés par nos soldats. Et vous croyez que ce soldat racheté à prix d'argent retournera plus brave au combat ?

Flagitio additis
Damnum.

Qu'espérez-vous de ces gens armés qui n'ont pas su comment on échappoit à l'esclavage ? Enfin tout ce qu'Horace dit :

O pudor!
O magna Carthago, probrosis
Altior Italiæ ruinis!

Le vieux père de Martia appuie le sentiment de Régulus. Les sénateurs restent étonnés. Quelques-uns rejettent ce dessein, et, se déchaînant contre des Carthaginois, disent: Eh! quelle foi doit-on à des hommes sans foi ? Régulus oppose sa parole donnée, mais sans violence, simplement. J'ai promis.... En effet, ce n'est pas là le merveilleux de l'action de Régulus ; *laus est temporum, non hominis....* Le consul Maulius parle le dernier. Il ne peut refuser son éloge et son admiration à la fermeté de Régulus ; mais il opine à refuser l'échange des captifs et à sacrifier Régulus. Il est donc arrêté qu'ils n'envieront point à un citoyen, à leur ami, à leur parent, l'honneur de périr volontairement pour la patrie ; qu'ils seront fidèles au serment qu'ils en ont fait, et qu'ils réuniront leurs voix au sénat pour que l'échange soit rejeté.... Régulus les conjure seulement de lui garder le secret, et de ne pas élever contre lui sa femme, ses enfans, et tout ce peuple dont il est chéri.

Vous pensez bien qu'avant cette assemblée domestique des deux familles, il y auroit eu une scène entre Régulus et Martia.... Quel est donc l'objet de cette assemblée ?... Pourquoi m'en éloigner ?... Depuis quand suis-je de trop au milieu de mes parens, de mes amis ?....

L'assemblée des deux familles tenue, Martia apprendroit, par l'infidélité d'un des membres qui la composoient, la résolution de son mari.... Voilà donc la raison de cette tristesse profonde, de ces larmes échappées, de ce silence cruel, la voilà donc ! Le malheureux oubliant sa femme et ses enfans veut périr.... Imaginez Clytemnestre à qui l'on apprend le destin de sa fille ; c'est la même situation, les mêmes plaintes, les mêmes transports, la même fureur.... Mais tu crois peut-être que ton barbare projet s'accomplira ? Tu te trompes. Va, cours à ton sénat. Cours y poursuivre l'arrêt de ta mort et de la mienne. Moi, j'irai dans les temples, j'irai sur les places publiques : on m'entendra. Mes cris appelleront les pères et les mères qui ont des enfans à Carthage, que tu condamnes à périr avec toi. Bientôt tu me verras à l'entrée de la caverne où tu vas retrouver les bêtes féroces, tes semblables, et que tu appelles un sénat. Si tu m'abandonnes, si tu abandonnes tes enfans, je ne m'abandonnerai point, je saurai les secourir.

Elle laisse Régulus inflexible et accablé.

Le sénat se seroit assemblé dans l'entr'acte, et Martia auroit tenu parole à Régulus. Les sénateurs sortiroient du sénat au commencement de l'acte, embrassant et félicitant Régulus. C'est dans cet instant que Martia surviendroit accompagnée d'une foule d'hommes et de femmes à qui elle diroit: Tenez, les voilà ceux qui ont condamné mon époux à périr, et avec lui, femmes, vos pères, vos enfans, vos époux; hommes, vos frères et vos amis; et vous le souffrirez!

Le consul Manlius, d'un regard et d'un mot contiendroit tout ce peuple.... Rébelles, éloignez-vous! Quelle est votre audace? A qui tient-il qu'à l'instant la hache de ces licteurs....

A ces mots, les peuples contenus, Martia les chargeroit d'imprécations, leur reprocheroit leur lâcheté. Sa fureur se tourneroit ensuite sur les sénateurs, sur son époux, sur son père. Celui-ci tireroit son poignard, et le lui présenteroit à la gorge. Frappe, lui crieroit-elle, frappe, père impitoyable. La coupe où tu dois boire mon sang et le présenter à boire aux animaux farouches qui t'environnent, est-elle prête ? Appelle mes enfans ; mêle leur sang au mien, et fais-le boire à leur père. Ah ! Régulus !.... Elle tombe évanouie entre les bras de son père, tendant ses bras à son époux ; celui-ci s'approche, l'embrasse en silence, et s'en va périr à Carthage.

Voilà les images que je laisserois errer long-temps autour de moi, les situations que je méditerois, les idées principales dont je m'occuperois ; et je les aurois bien couvées, lorsque je me déterminerois à écrire le premier mot de mon poëme.

LETTRE

DE

MADAME RICCOBONI,

actrice du théâtre italien, auteur des lettres de miss Fanny Butler et du marquis de Crecy;

A M. DIDEROT.

J'ENTRE dans ce cabinet où vous vous interrogez, et j'ajoute aux questions que vous vous faites, celle-ci : M. Diderot, pourquoi ne m'avez-vous pas montré votre manuscrit ? M'avez-vous cru capable de tirer vanité de votre confiance ? Pensez-vous que j'eusse crié par-tout : *On m'a consultée, j'ai dit mon avis ?* De toutes les raisons qui vous ont fait manquer à votre engagement, la plus flatteuse que je puisse me donner, c'est que vous m'avez prise pour une bête attachée machinalement à l'espèce de comédie qu'elle donnoit, et hors d'état de goûter un autre genre. Si vous avez la complaisance de vous absoudre de cette faute, soyez sûr que je ne vous la pardonne pas, moi.

J'ai lu avec attention le Père de Famille ; je vous remercie de me l'avoir donné, sans oublier que vous ne me l'avez pas montré. Pour vous punir de cette défiance, dont je suis vivement choquée, je ne vous ferai point de compliment. Cela vous pique un peu ? Tant mieux, c'est ce que je veux. O homme ! tu as de l'orgueil ! Je ne veux pas l'augmenter par mes louanges. Germeuil n'eût pas fait cela. Il est aimable, Germeuil; s'il avoit fait une pièce, et qu'il m'eût promis de me la montrer, il auroit tenu sa parole : mais vous, vous êtes sans parole, Siphax. Mais je veux justifier les comédiens sur quelques points, où vous leur attribuez des défauts qu'ils n'ont pas. Les anciens faisoient ordinairement passer l'action dans une salle publique. De-là vient que les Espagnols, et après eux les Italiens, ont conservé l'usage d'une place, avec des portes de maisons où sont logés les principaux personnages. Ils ont ajouté une chambre, parce qu'ils ont négligé l'unité du lieu; négligence qui produit de grands avantages. Les François ayant du monde sur leur théâtre, ne peuvent décorer que le fond. Cela posé, si vous voulez une chambre dans le goût de celles qu'on habite, la cheminée sera dans le milieu. Ainsi, dans un éloignement considérable, les acteurs que vous placerez à cette distance n'auront point de mouvemens qui puissent être apperçus. Le théâtre est un tableau, d'accord; mais c'est un tableau mouvant, dont on n'a pas le temps d'examiner les détails. Je dois présenter un objet facile à discerner, et changer aussi-tôt. La position des acteurs, toujours debout, toujours tournés vers le parterre, vous paroît gauche; mais ce gauche est nécessaire pour deux raisons. La première, c'est que l'acteur qui tourne assez la tête pour voir dans la seconde coulisse, n'est entendu que du quart des spectateurs. La seconde, c'est que, dans une scène intéressante, le visage ajoute à l'expression; qu'il est des occasions où un regard, un mouvement de tête peu marqué fait beaucoup; où un souris fait sentir qu'on se moque de celui qu'on écoute, ou qu'on trompe celui auquel on parle; que les yeux levés ou baissés marquent mille choses; et qu'à trois pieds des lampes, un acteur n'a plus de visage. Les anciens étoient masqués, ils faisoient des mouvemens de corps pour exprimer; et nous avons peu d'idée de ce que pouvoit être leur jeu. D'ailleurs, leur genre seroit ridicule à nos yeux. Vous mettez des repos dans votre façon d'enseigner à rendre vos scènes : ces repos s'appellent des temps parmi nous. Rien ne doit être plus ménagé dans une pièce. Un temps déplacé est une masse de glace jetée sur le spectateur.

On lève la toile, on voit le Père de Famille rêvant profondément, Cécile et le Commandeur au jeu, Germeuil dans un fauteuil, un livre à la main. Savez-vous le temps qu'il faut à Germeuil pour marquer qu'il lit, regarde Cécile, relit, et la regarde encore? Quelque marquée que soit son action, elle ne s'exprimera jamais assez pour des gens qui ignorent qu'il aime Cécile, et craint les yeux du Commandeur; mais croyez-vous qu'on prendra garde à ceux qui sont occupés dans le fond? Non, c'est l'homme triste qui se promène sur le devant qui intéressera la curiosité. Voilà l'objet du public, le frappant du tableau; et s'il ne parle pas cet homme, et bien vîte, le froid se répand, l'intérêt cesse, et le spectateur s'impatiente. Alors il faut des coups de tonnerre pour le ramener; et ne croyez pas qu'il se rejette sur ceux qui sont assis: il les oubliera, parce qu'il ne les connoît pas; mais je ne veux pas parler de votre pièce, de peur qu'il ne m'échappe d'applaudir à la diction ou aux sentimens. Je ne veux vous dire que des injures, pour vous apprendre à traiter votre amie comme une femme, comme une sotte femme. Vous avez bien de l'esprit, bien des connoissances; mais vous ne savez pas les petits détails d'un art qui, comme tous les autres, a sa main-d'œuvre. Il ne faut pas croire que ce soit par ignorance que les acteurs jouent comme ils le font; c'est parce que la salle où ils représentent exige cette façon de jouer, et qu'en voulant faire mieux ils feroient plus mal. A l'égard des scènes assises, comme elles ont moins de mouvement, elles sont plus froides, et c'est pour cela qu'on les évite. Ce ne sont pas toutes les actions naturelles qu'il faut représenter; mais celles qui font une critique ou une leçon. La nature est belle, mais il faut la montrer par les côtés qui peuvent la rendre utile et agréable. Il est des défauts qu'on ne peut ôter, et un naturel qui révolte au-lieu de toucher. La Pallas de ce fameux peintre, vue de près, avoit les yeux louches, la bouche de travers, le nez monstrueux; élevée, elle parut Minerve elle-même. La scène ne peut jamais devenir aussi simple que la chambre; et pour être vrai au théâtre, il faut passer un peu le naturel. Adieu, je suis fâchée, tout-à-fait fâchée contre vous.

RÉPONSE

de Diderot à la Lettre précédente.

J'ai tort, j'ai tort ; mais je suis paresseux et j'ai redouté vos conseils. Faut-il se jeter à vos genoux et vous demander pardon ? M'y voilà, et je vous demande pardon. *O homme ! tu as de l'orgueil.* Oui, j'en ai ; et qui est-ce qui en manque ? Vous, femmes, vous n'en avez point ? *Et je ne veux pas l'augmenter par mes louanges.* Le tour est adroit, quand on ne veut ni flatter aux dépens de la vérité, ni dire une vérité qui mortifieroit. Il est sûr qu'il n'y a point d'éloge dont je fusse aussi vain que de celui que vous me refusez. Vous ne savez point pourquoi ; et vous ne le saurez point.... O Fanni ; mais hâtons-nous de parler d'autre chose : encore un mot, et vous sauriez tout.

Il est impossible, Madame, que des opinions soient plus opposées que les vôtres et les miennes sur l'action théâtrale. Vous souffrez quelquefois qu'on vous contredise, n'est-il pas vrai ? Je vous dirai donc qu'il me semble d'abord que vous excusez le vice de notre action théâtrale par celui de nos salles. Mais ne vaudroit-il pas mieux reconnoître que nos salles sont ridicules ; qu'aussi long-temps qu'elles le seront, que le théâtre sera embarrassé de spectateurs, et que notre décoration sera fausse, il faudra que notre action théâtrale soit mauvaise ? *Nous ne pouvons décorer le fond, parce que nous avons du monde sur le théâtre.* C'est qu'il n'y faut avoir personne, et décorer tout le théâtre.... *Si vous voulez une chambre dans le goût de celles qu'on habite, la cheminée sera dans le milieu.* Non, madame, la cheminée ne sera point dans le milieu ; elle n'étoit point dans le milieu de la salle du Père de Famille, mais de côté ; et il faut, s'il vous plaît, que, sur le théâtre, elle soit de côté et assez proche des spectateurs, ou votre scène et la salle du Père de Famille ne seront pas la même ; et c'est inutilement que le poëte aura écrit : La scène est à Paris dans la salle du Père de Famille. Alors, tous les mouvemens sont apperçus. Comment font les Italiens et la plûpart des autres peuples pour être vus et entendus sur des théâtres immenses où il se passe plusieurs incidens à-la-fois, et de ces incidens un ou deux sur le fond ? Pourquoi me proposer une difficulté dont vous connoissez si bien la réponse ?.... *Le théâtre est un tableau ; mais c'est un tableau mouvant, dont on n'a pas le temps d'examiner les détails.* Ce n'est pas dans un premier moment au lever de la toile. Alors, s'il règne du silence entre les personnages, mes regards se répandront sur leurs mouvemens; et je n'en perdrai rien. Dans le monde tout s'apperçoit. Au travers d'une conversation tumultueuse, un mot équivoque, un geste, un coup-d'œil, devient souvent une indiscrétion. Est-on moins clairvoyant, moins attentif au théâtre? Si cela est, tant pis; c'est à un grand poëte à corriger le peuple de ce défaut. Mais, lorsque le silence est rompu sur la scène, moins on est aux détails du tableau, plus il faut que les masses en soient frappantes, plus il faut que les grouppes y soient énergiques. En un mot, le théâtre est-il un tableau? Que je vous y voye donc comme un peintre me montre ses figures sur la toile. Ne soyez donc plus symmétrisés, roides, fichés, compassés, et plantés en rond. Rappelez-vous vos scènes les plus agitées; et dites-moi s'il y en a une seule, dont Boucher fît une composition supportable en la rendant à la rigueur?.... *On ne discerne point les détails au théâtre.* Quelle idée! Est-ce pour des imbécilles que nous écrivons? Est-ce pour des imbécilles que vous jouez? Mais supposons, ma bonne amie, car c'est ainsi que vous m'avez permis de vous appeler, supposons qu'un certain salon, que nous connoissons bien tous les deux, fût disposé comme je le souhaiterois, que Fanny fît une partie de trictrac avec l'architriclin de son altesse; que je fusse placé derrière monsieur l'architriclin, et que dans un instant où Fanny seroit toute à son jeu, et moi tout à mes sentimens, la brochure que je tiendrois, m'échappât des mains, que les bras me tombassent doucement, que ma tête se penchât tendrement vers elle, et qu'elle devînt l'objet de toute mon action; à quelque distance qu'un spectateur fût placé, s'y tromperoit-il ? Voilà le geste tel qu'il doit être au théâtre, énergique et vrai : il ne faut pas jouer seulement du visage, mais de toute la personne. En s'assujettissant minutieusement à certaines positions, on sacrifie l'ensemble des figures, et l'effet général à un petit avantage momentané. Imaginez un père qui expire au milieu de ses enfans, ou quelque autre scène semblable; voyez ce qui se passe autour de son lit; chacun est à sa douleur, en suit l'impression ; et celui dont je n'apperçois que certains mouvemens qui mettent en jeu mon imagination, m'attache, me frappe et me désole plus peut-être qu'un autre dont je vois toute l'action. Quelle tête que celle du père d'Iphigénie sous le manteau de Timante ! Si j'avois eu ce sujet à peindre, j'aurois grouppé Agamemnon avec Ulysse, et celui-ci, sous prétexte de soutenir et d'encourager le chef des Grecs dans un moment si terrible, lui auroit dérobé avec un de ses bras le spectacle du sacrifice. Vanloo n'y a pas pensé.... *La position des acteurs toujours debout et toujours tournés vers le spectateur vous paroit gauche.* Oh ! très-gauche ; et je n'en reviendrai jamais. J'ai, je le vois, un système de déclamation qui est le renversé du vôtre ; mais je voudrois que vous eussiez, pour vos répétitions, un théâtre particulier, tel, par exemple, qu'un grand espace rond ou quarré, sans devant, ni côtés, ni fond, autour duquel vos juges seroient placés en amphithéâtre. Je ne connois que ce moyen de vous dérouter. Je ne sais si ma façon de composer est la bonne ; mais la voici. Mon cabinet est le lieu de la scène. Le côté de ma fenêtre est le parterre où je suis ; vers mes bibliothèques sur le fond, c'est le théâtre. J'établis les appartemens à droite ; à gauche, dans le milieu, j'ouvre des portes où il m'en faut, et je fais arriver mes personnages. S'il en entre un, je connois ses sentimens, sa situation, ses intérêts, l'état de son ame ; et aussi-tôt je vois son action, ses mouvemens, sa physionomie. Il parle ou il se tait ; il marche ou il s'arrête ; il est assis ou debout ; il se montre à moi de face ou de côté ; je le suis de l'œil, je l'entends et j'écris. Eh ! qu'importe qu'il me tourne le dos, qu'il me regarde ou que, placé de profil, il soit dans un fauteuil, les jambes croisées et la tête penchée sur une de ses mains ? L'attitude n'est-elle pas toujours d'un homme qui médite, ou qui s'attendrit ? Tenez, mon amie, je n'ai pas été dix fois au spectacle depuis quinze ans : le faux de tout ce qui s'y fait me tue.... *L'acteur qui tourne* la tête assez pour voir dans la seconde coulisse, n'est pas entendu du quart des spectateurs. Encore une fois, ayez des salles mieux construites; faites-vous un système de déclamation qui remédie à ce défaut; approchez-vous de la coulisse; parlez, parlez haut; et vous serez entendus, et d'autant plus facilement aujourd'hui, qu'on a établi dans nos assemblées de spectacles une police très-ridicule. Puisque j'en suis venu là, il faut que je vous en dise ma pensée. Il y a quinze ans que nos théâtres étoient des lieux de tumulte. Les têtes les plus froides s'échauffoient en y entrant, et les hommes sensés y partageoient plus ou moins le transport des fous. On entendoit d'un côté, *place aux dames*; d'un autre côté, *haut les bras, monsieur l'abbé*; ailleurs, *à bas le chapeau*; de tous côtés, *paix-là, paix la cabale*. On s'agitoit, on se remuoit, on se poussoit, l'ame étoit mise hors d'elle-même. Or, je ne connois pas de disposition plus favorable au poëte. La pièce commençoit avec peine, étoit souvent interrompue; mais survenoit-il un bel endroit ? c'étoit un fracas incroyable, les *bis* se redemandoient sans fin, on s'enthousiasmoit de l'auteur, de l'acteur et de l'actrice. L'enjouement passoit du parterre à l'amphithéâtre, et de l'amphithéâtre aux loges. On étoit arrivé avec chaleur, on s'en retournoit dans l'ivresse; les uns alloient chez des filles, les autres se répandoient dans le monde ; c'étoit comme un orage qui alloit se dissiper au loin, et dont le murmure duroit encore long-temps après qu'il étoit écarté. Voilà le plaisir. Aujourd'hui on arrive froids, on écoute froids, on sort froids, et je ne sais où l'on va. Ces fusiliers insolens préposés à droite et à gauche, pour tempérer les transports de mon admiration, de ma sensibilité et de ma joie, et qui font de nos théâtres des lieux plus tranquilles et plus décens que nos temples, me choquent singulièrement... *Dans une scène intéressante le visage ajoute à l'expression ; il est des occasions où un regard, un mouvement de tête peu marqué, un souris, font beaucoup.* Et ces détails sont très-légers, très-momentanés, très-fugitifs. Cependant la femme paresseuse, à qui il n'est resté de place qu'au fond du coche, les saisit. Tâchez donc de vous accorder avec vous-même. Je vous traiterai durement, car je vous estime et vous aime trop pour vous ménager. ... *A trois pieds des lampes, un acteur n'a plus de visage.* Cela est fort mal, car il faut qu'à six pieds des lampes il y ait un visage. Ma bonne amie, on n'a pas vu un acteur, une actrice dix fois, qu'on entend son jeu à la plus grande distance. L'inconvénient qui vous frappe est tout au plus celui d'un début. Mettez mon imagination en train, et je verrai au plus loin, et je devinerai ce que je ne verrai pas, et peut-être y gagnerez-vous...

O le maudit, le maussade jeu que celui qui défend d'élever les mains à une certaine hauteur, qui fixe la distance à laquelle un bras peut s'écarter du corps, et qui détermine, comme au quart de cercle, de combien il est convenable de s'incliner ! Vous résoudrez-vous donc, toute votre vie, à n'être que des mannequins ? La peinture, la bonne peinture, les grands tableaux, voilà vos modèles ; l'intérêt et la passion, vos maîtres et vos guides. Laissez-les parler et agir en vous de toute leur force. Voici un trait que M. le duc de Duras vous racontera bien mieux que je ne vous l'écrirai. Il en a été témoin. Vous connoissez de réputation un acteur anglois appelé Garrick ; on parloit un jour en sa présence de la pantomime ; et il soutenoit que même séparée du discours, il n'y avoit aucun effet qu'on n'en pût attendre. On le contredit, il s'échauffe ; poussé à bout, il dit à ses contradicteurs en prenant un coussin : Messieurs, je suis le père de cet enfant. Ensuite il ouvre une fenêtre, il prend son coussin, il le saute et le baise, il le caresse, et se met à imiter toute la niaiserie d'un père qui s'amuse avec son enfant ; mais il vint un instant où le coussin, ou plutôt l'enfant, lui échappa des mains et tomba par la fenêtre. Alors, Garrick se mit à pantomimer le désespoir du père. Demandez à M. de Duras ce qui en arriva. Les spectateurs en conçurent des mouvemens de consternation et de frayeur si violens, que la plûpart ne purent les supporter, et se retirèrent. Croyez-vous qu'alors Garrick songeoit si on le voyoit de face ou de côté; si son action étoit décente ou ne l'étoit pas; si son geste étoit compassé, ses mouvemens cadencés? Vos règles vous ont fait de bois, et à mesure qu'on les multiplie, on vous automatise. C'est Vaucanson qui ajoute encore un ressort à son Flûteur. Prenez-y garde. Si vous me contrariez, j'étudie un rôle, et je vais le jouer chez vous à ma fantaisie.... *Nous avons peu d'idées de ce qu'étoit le jeu des anciens.* Pardonnez-moi, ma bonne amie, le jeu des anciens ne nous est pas aussi ignoré que vous le pensez. Il n'y a qu'à lire, et l'on trouve ce que l'on cherche, et quelquefois plus qu'on n'espéroit. Vous seriez bien surprise, si je vous disois que je connois un chœur d'Euripide noté. Cela est pourtant vrai.... *Leur jeu seroit bien ridicule à nos yeux.* Et le nôtre aux leurs : pourquoi cela ? C'est qu'il n'y a que le vrai qui soit de tous les temps et de tous les lieux. Nous cherchons en tout une certaine unité; c'est cette unité qui fait le beau, soit réel, soit imaginaire ; une circonstance est-elle donnée ? cette circonstance entraîne les autres ; et le systême se forme vrai, si la circonstance a été prise dans la nature ; faux, si ce fut une affaire de convention ou de caprice.... *Rien ne doit être plus ménagé dans une scène que les temps.* Je ne connois, et je ne suis disposé à recevoir de loi là-dessus que de la vérité. Votre dessein seroit-il de faire de l'action théâtrale une chose technique qui s'écartât tantôt plus, tantôt moins de la nature, sans qu'il y eût aucun point fixe en delà ou en deçà duquel on pût l'accuser d'être foible, outrée, ou fausse ou vraie. Livrez-vous à des conventions nationales ; et ce qui sera bien à Paris, sera mal à Londres ; et ce qui sera bien à Paris et à Londres aujourd'hui, y sera mal demain. Dans les mœurs et dans les arts il n'y a de bien et de mal pour moi, que ce qui l'est en tout temps et par-tout. Je veux que ma morale et mon goût soient éternels. *Un temps déplacé est une masse de glace jetée sur le spectateur.* Mais ce temps ne sera point déplacé s'il est vrai. C'est toujours là que j'en reviens. Vous observez par-ci par-là quelques-uns de ces temps ; à moi, il m'en faut à tout moment. Voyez combien de repos, de points, d'interruptions, de discours brisés dans Paméla, dans Clarisse, dans Grandisson. Accusez cet homme-là, si vous l'osez. Combien la passion n'en exige-t-elle pas ? Or, que nous montrez-vous sur la scène ? Des hommes passionnés en telle circonstance, un tel jour, dans tel moment. Combien de fois, pour fermer la bouche à un critique qui dit : cela est outré, il suffiroit d'ajouter, ce jour-là : *Savez-vous le temps qu'il faut à Germeuil pour marquer qu'il lit, regarde Cécile, relit et regarde encore?* Oui, je le sais, et par expérience. Ma pièce, avant que d'être publiée, avoit eu vingt représentations au-moins et avec beaucoup de succès. C'est dans le fond de mon cabinet, et c'est un théâtre bien vrai que le fond de ce cabinet-là.... *Quelque remarquée que soit l'action de Germeuil, elle ne sera jamais assez claire pour ceux qui l'ignorent;* et c'est Fanny qui le dit! elle qui sait qu'on ne présente pas une épingle à celle qu'on aime comme à une autre. On l'appuie un peu contre les doigts; et cent fois j'ai deviné la passion et la bonne intelligence de deux amans à des choses aussi légères; mais j'ai répondu à cela. *Et croyez-vous qu'on prendra garde à ceux qui sont occupés dans le fond? Non.* Si, mais il faut du silence dans le tableau.... *Le froid se répandra.* Si cela arrive, c'est que nous avons oublié le vrai; que nous nous sommes fait des loix de fantaisie, d'après lesquelles nous jugeons; et que, la tête pleine de préjugés, nous allons siffler au théâtre les détails qui nous enchanteroient dans nos galeries ou même dans nos foyers..... *Vous avez bien de l'esprit.* Moi! on ne peut pas en avoir moins; mais j'ai mieux: de la simplicité, de la vérité, de la chaleur dans l'ame, une tête qui s'allume, de la pente à l'enthousiasme, l'amour du bon, du vrai et du beau, une disposition facile à sourire, à admirer, à m'indigner, à compâtir, à pleurer. Je sais auss m'aliéner, talent sans lequel on ne fait rien qui vaille.... *Vous ignorez les détails d'un art et sa main-d'œuvre ;* et je veux être pendu, si je les apprends jamais. Moi, je sortirai de la nature pour me fourrer, où? Dans vos réduits, où tout est peigné, ajusté, arrangé, calamistré? Que je me déplairois là! O ma bonne amie! où est le temps que j'avois de grands cheveux qui flottoient au vent? Le matin, lorsque le col de ma chemise étoit ouvert, et que j'ôtois mon bonnet de nuit, ils descendoient en grandes tresses négligées sur des épaules bien unies et bien blanches; et ma voisine se levoit de grand matin d'à-côté de son époux, entr'ouvroit les rideaux de sa fenêtre, s'enivroit de ce spectacle, et je m'en appercevois bien. C'est ainsi que je la séduisois d'un côté de la rue à l'autre. Près d'elle, car on s'approche à la fin, j'avois de la candeur, de l'innocence, un ton doux, mais simple, modeste et vrai. Tout s'en est allé, et les cheveux blonds, et la candeur, et l'innocence. Il ne m'en reste plus que la mémoire et le goût, que je cherche à faire passer dans mes ouvrages.... *Ce n'est pas par ignorance qu'ils jouent comme ils font, c'est que la salle l'exige.* Fort bien. J'avois cru que les salles devoient être faites pour les acteurs; point du tout. Les acteurs sont des espèces de meubles qu'il faut ajuster aux salles.... *Les scènes assises, comme elles ont moins de mouvement, sont froides, et on les évite.* Pour décider si les scènes assises sont froides ou non, j'en appelle à la seconde scène du second acte du Père de Famille. Et à la quatrième scène du même acte, si un père dit à sa fille: *ma fille, avez-vous réfléchi?* je ne souffrirai jamais qu'ils soient debout; et l'acteur qui ne se lèvera pas machinalement à l'endroit qui convient, est un stupide, qu'il faut envoyer à la culture des champs. Ou je n'y entends rien, ou ce seroit pour moi un tableau charmant, dans une salle décorée à ma manière, qu'une jeune enfant sur le devant, assise à côté d'un homme respectable, les yeux baissés, les mains croisées, la contenance modeste et timide, interrogée, et répondant de son père, de sa mère, de son état, de son pays, tandis que sur le fond une bonne vieille travailleroit à ourler un morceau de toile grossière qu'elle auroit attachée avec une épingle sur son genou. Eh bien! c'est la quatrième scène du deuxième acte. Et croyez-vous que, sans la règle de l'unité de lieu, j'aurois manqué à vous montrer Sophie et madame Hébert dans leur grenier? Sophie racontant ses peines à madame Hébert, travaillant, s'interrompant dans son travail; madame Hébert, écoutant, filant au rouet, pleurant; et le frère de Sophie, est-ce qu'il ne seroit pas arrivé là au retour de chez le Commandeur? Est-ce qu'il n'auroit pas fait ses adieux à sa sœur? Est-ce que vous n'auriez pas fondu en larmes, lorsque ces enfans se seroient embrassés, quittés, et que le frère auroit donné à sa sœur, pour l'aider à vivre, le prix de ses hardes et de sa liberté ! Ma bonne amie, je crois que vous ne m'avez pas bien lu. Ma première et ma seconde pièce forment un système d'action théâtrale, dont il ne s'agit pas de chicaner un endroit, mais qu'il faut adopter ou rejeter en entier. Mais pour en revenir aux scènes assises, comptez-vous pour rien la variété et le naturel des mouvemens, lorsque les personnages, dans un entretien qui a quelque étendue, se lèvent, s'appuyent, s'approchent, s'éloignent, s'embrassent, ou s'asséyent, suivant les sentimens divers qui les occupent ? N'est-ce pas ainsi que cela se passe dans votre appartement ? Mais tout ce qui n'est pas outré, forcé, strapassé, est froid pour ceux qui ont perdu une fois le goût de la vérité. Les détails les plus délicats les fatiguent. Savez-vous quels sont les tableaux qui m'appellent sans cesse ? Ceux qui m'offrent le spectacle d'un grand mouvement ? Point du tout ; mais ceux où les figures tranquilles me semblent prêtes à se mouvoir. J'attends toujours. Voilà le caractère des compositions de Raphaël et des ouvrages anciens. Qu'admirez-vous dans Térence ? sont-ce les scènes turbulentes des Daves, ou celles des pères et des enfans ? Je ne parle jamais de ce poëte, sans m'en rappeler un endroit qui m'affecte toujours d'une manière délicieuse, c'est dans le récit de l'Andrienne. On porte la vieille au bucher, la jeune fille s'en approche un peu imprudemment. Pamphile effrayé, s'avance vers elle, et l'arrête en criant : *Mea Glycerium, cur te is perditum?* et Glycérion évanouie, *rejecit se in eum, flens, quàm familiariter, ut consuetum facilè amorem cerneres.* Voilà les tableaux qu'il me faut ou en action ou en récit. Je n'ai rien encore entendu louer du Père de Famille de ce qui m'en plaît, comme cet endroit des petites ruses que Saint-Albin employoit pour s'approcher de Sophie... *Le soir, j'allois frapper doucement à leur porte, et je leur demandois de l'eau, du feu, de la lumière.* Et ce mot de Sophie à Saint-Albin, *Vous avez une sœur ? qu'elle est heureuse !* Et toute la scène du père de famille et de Sophie, acte deuxième, et toute la scène de Sophie aux pieds de Cécile, acte troisième. Et pourquoi me plaindrai-je? moi qui ai entendu le parterre s'extasier à une tirade de vers boursoufflés, et laisser passer, sans mot dire,

Embrassez votre ami que vous ne verrez plus.

Et cet autre vers :

Jusqu'au fond de son cœur faites couler mes larmes.

Je suis souvent transporté où les autres ne songent pas à s'émouvoir. Je me rappelle qu'au temps où l'on joua ce Catilina de Crébillon, tant attendu, et si foiblement accueilli, je n'en retins qu'un seul vers que je soutiens encore être le plus beau de la pièce. C'est un endroit, où Caton, interrompant Catilina, qui cherche à donner le change au sénat, lui dit brusquement :

Laissons-là Manlius, parlons de vos projets.

Voilà qui est de caractère. Nous n'y sommes pas, mon amie, nous n'y sommes pas. Il nous faudroit trois ou quatre bons romans, pour nous y conduire ou pour nous y ramener. Veuillez-le, veuillez-le ; vous qui avez de la noblesse, de la simplicité, de la vérité, de la sensibilité, de l'imagination, du style, de la grace ; vous qui connoissez les mœurs, les usages, les hommes, les femmes ; vous qui avez de la gaîté, du naturel, de la finesse, de l'honnêteté, de l'originalité. Ah ! si je possédois un peu de cette richesse ! Mais oubliez vos règles, laissez-là le technique : c'est la mort du génie... *Ce ne sont pas toutes les actions naturelles qu'il faut représenter*, il est vrai ; mais toutes celles qui intéressent... Vous êtes contente de ma diction et de mes sentimens. C'est bien à vous à me louer là-dessus ; vous applaudissez à la chose sur laquelle personne ne doit être plus difficile que vous. Mais dites-moi du bien de la conduite, des caractères, des tableaux, de la vîtesse des scènes, etc. *La nature est belle*, si belle, qu'il n'y faut presque pas toucher. Si nous portons le ciseau dans un endroit agreste et sauvage, tout est perdu ; pour dieu, laissez pousser l'arbre comme il lui plaît. Il y aura des endroits clairs, d'autres touffus, des branches surchargées de feuilles, des rameaux secs ; mais le tout vous plaira. Vous parlez de la belle nature ; mais qu'est-ce que la belle nature ? Vous seriez-vous jamais fait sérieusement cette question ? Avez-vous pensé que l'orme que le peintre eût choisi, est celui que vous feriez couper s'il étoit à votre porte ; et que la peinture et la poésie s'accommodent mieux de l'aspect d'une chaumière ou d'un vieux château ruiné, que d'un palais fraîchement bâti ? Je n'aime point à critiquer ; je sais faire du miel. Donner des leçons me conviendroit mal. J'écris dans un genre que Voltaire dit être tendre, vertueux et nouveau ; et que je prétends être le seul qui soit vrai. Ecoutez-moi encore un moment. Quel est le fond de nos comédies ? Toujours un mariage traversé par les pères, ou par les mères, ou par les parens, ou par les enfans, ou par la passion, ou par l'intérêt, ou par d'autres incidens que vous savez bien : or, dans tous ces cas, qu'arrive-t-il dans nos familles ? Que le père et la mère sont chagrins ; que les enfans sont désespérés ; que la maison est pleine de tumulte, de soupçons, de plaintes, de querelles, de craintes ; et que, tant que durent les obstacles, pas un souris échappé, et beaucoup de larmes versées. Ajoutez à cela qu'un sujet ne peut être mis sur la scène qu'au moment de la crise ; qu'un incident dramatique n'a presque point de milieu ; qu'il est toujours trop tôt ou trop tard pour agir ; et que le dénouement n'est point sans quelque chose d'imprévu et de fortuit. Concluez donc.

J'en viens maintenant aux observations principales qui me restoient à faire sur votre ouvrage. Le sujet en est d'une extrême simplicité. C'est un seul et unique incident, qui donne lieu à quelques lettres préliminaires et à deux grands récits. Le premier de ces récits est absolument vide d'événemens ; et le second en a à peine ce qu'il lui en faut pour son étendue. Vous avez fait un roman en lettres, du sujet d'une nouvelle. Il y a de la légèreté et même de la gaîté dans les premières lettres ; mais elles ne m'agitent point, et je ne suis pas bien pressé de connoître la faute de mylord d'Ossery. L'histoire des amours de milady Catesby et de mylord d'Ossery a des charmes ; ce sont deux physionomies d'amans fort tendres, mais qui n'ont rien de caractérisé ni d'original. Il s'en manque beaucoup que cela puisse être comparé, pour la chaleur et la singularité, aux lettres de Fanny ; ni, pour la conduite, les caractères et l'intérêt, au marquis de Crecy. Il faudroit que cet ouvrage eût été le premier des trois ; cependant, il y a de la vérité, de la finesse, de la dignité, beaucoup de style. La seconde lecture m'a fait plus de plaisir que la première. Cet ouvrage aura du succès. Je vous conseille de le donner, et de l'avouer. Il m'est venu en tête que, si les amours de milady Catesby et de mylord d'Ossery avoient été secrètes, cette circonstance auroit pu donner à leur histoire une toute autre couleur. Milady Catesby en auroit paru plus bizarre, et mylord d'Ossery plus malheureux. Voyez. Du-reste, renfermez-vous dans l'obscurité le plus que vous pourrez. Si vous ouvrez la porte à la vanité, le bonheur s'envolera par la fenêtre. Faites-leur des ouvrages bien doux, bien tendres, remplis d'esprit, de goût et de sensibilité; mais cachez-vous-en, et qu'ils ne sachent à qui s'en prendre du plaisir qu'ils vous devront. J'ai un beau sujet dans la tête; c'est un morceau à faire tout entier de génie et de feu. Je vous le dirois bien; mais que me donnerez-vous, car je suis interessé.

Il y a quinze jours que cette lettre est commencée; mais des peines, qui se sont succédées les unes aux autres, l'ont toujours interrompue. Vous l'avez su, sans-doute, et vous m'avez plaint; mais tout est fini, et il n'y a plus que vous à appaiser. Pardonnez-moi donc; et ne soyez plus fâchée contre un homme qui est avec le dévouement le plus vrai, et tout le respect imaginable, etc.

NOTICE SUR LA FONTAINE.

Jean de La Fontaine naquit le 8 juillet 1621, à Château-Thierry.

Sa famille y tenoit un rang honnête.

Son éducation fut négligée ; mais il avoit reçu le génie, qui répare tout.

Jeune encore, l'ennui du monde le conduisit dans la retraite : le goût de l'indépendance l'en tira.

Il avoit atteint l'âge de vingt-deux ans, lorsque quelques sons de la lyre de Malherbe, entendus par hasard, éveillèrent en lui la muse qui sommeilloit.

Bientôt il connut les meilleurs modèles ; Phèdre, Virgile, Horace et Térence, parmi les Latins ; Plutarque, Homère et Platon, parmi les Grecs ; Rabelais, Marot et Durfé, parmi les Français ; le Tasse, Arioste et Bocace, parmi les Italiens.

Il fut marié, parce qu'on le voulut, à une femme belle, spirituelle et sage, qui le désespéra.

Tout ce qu'il y eût d'hommes distingués dans les lettres, le recherchèrent et le chérirent. Mais ce furent deux femmes qui l'empêchèrent de sentir l'indigence.

La Fontaine, s'il reste quelque chose de toi,

et s'il t'est permis de planer un moment au-dessus des temps, vois les noms de la Sablière et d'Hervard passer avec le tien aux siècles à venir !

La vie de La Fontaine ne fut, pour ainsi dire, qu'une distraction continuelle. Au milieu de la société, il en étoit absent. Presqu'imbécille pour la foule, l'auteur ingénieux, l'homme aimable ne se laissoit appercevoir que par intervalle et à des amis.

Il eut peu de livres et peu d'amis.

Entre un grand nombre d'ouvrages qu'il a laissés, il n'y a personne qui ne connoisse ses Fables et ses Contes; et les particularités de sa vie sont écrites en cent endroits.

Il mourut le 16 mars 1695.

Gardons le silence sur ses derniers instans; et craignons d'irriter ceux qui ne pardonnent point.

Ses concitoyens l'honorent encore aujourd'hui dans sa postérité.

Long-temps après sa mort, les étrangers alloient visiter la chambre qu'il avoit occupée.

Une fois chaque année j'irai visiter sa tombe.

Ce jour-là, je déchirerai une fable de la Motte, un conte de Vergier, ou quelques-unes des meilleures pages de Grécourt.

Il fut inhumé dans le cimetière de Saint-Joseph, à côté de Molière.

Ce lieu sera toujours sacré pour les poëtes et pour les gens de goût.

RÉFLEXIONS SUR L'ODE.

Je veux, mon ami, vous dire ce que je pense de l'Ode. Vous êtes-vous jamais demandé pourquoi ce poëme est si rare? c'est qu'il exige des qualités presqu'incompatibles, un profond jugement dans l'ordonnance, et une muse violente dans l'exécution. Il ne s'agit pas d'enfiler des stances les unes au bout des autres; ce poëme est un. Il a son but, auquel le poëte odaïque s'avance sans cesse; et quand il a bien rempli sa tâche, on ne sauroit ni lui ôter, ni lui ajouter une strophe. Toutes sont également nécessaires. L'affaire du jugement, c'est de trouver et d'enchaîner les preuves. L'affaire du goût, c'est de choisir entre les preuves celles qui fourniront de grands tableaux, de grands mouvemens, de grandes images. L'affaire de la verve, c'est de se livrer presque sans mesure à ces tableaux, à ces mouvemens, à ces images, que l'enchaînement des preuves médité froidement offre au poëte, lorsqu'il a quitté le compas et qu'il a porté sa main sur sa lyre. On le croit égaré, perdu, lorsqu'il suit, à son insu quelquefois, toujours au vôtre, le fil de son discours. Mille chemins conduisent à Rome; tous ne conviennent pas également au poëte. Il préfère celui qui lui présente, ici, une montagne couverte de forêts, d'où il fera descendre Numa, les tables de sa législation à la main; là, un fleuve tombant en cascade, et dont le bruit, entendu au loin, arrête d'étonnement le passager; ailleurs, un volcan qui annonce aux hommes à venir que le feu est à leur maison; son Pégase se détournera de son chemin, pour planer au-dessus des ruines de quelques villes célèbres; là, il suspendra son vol pour pleurer sur les malheurs de l'espèce humaine: que sais-je dans quels écarts il ne se précipitera pas? Horace veut détourner les Romains de transporter le siége de l'empire à Troie; comment s'y prend-il? Il fait l'éloge de la constance; et cet éloge est sublime. C'est la vertu principale de Romulus. Ce fut cette vertu qui lui fit franchir les rives de l'Achéron, et le plaça entre Auguste et Jupiter, où il boit à pleine coupe le nectar et l'ambroisie, malgré Junon, qui ne souffrit que les honneurs divins lui fussent accordés, qu'à condition que, si jamais les murs de Troie se relevoient de rechef, ses Grecs iroient les renverser, égorger les pères et les mères, etc. Voilà le squelette. Il faut voir dans le poëte les muscles et les chairs dont il l'a revêtu. Se propose-t-il ailleurs le même sujet? Il montre Hélène entre les bras du pasteur d'Ida, qui l'emmène sur les flots; mais à l'instant Nérée s'élève à la surface des eaux; les vents sont enchaînés dans le silence; il voit le ravisseur et la femme infidelle, et il chante les suites effroyables de l'hospitalité violée. Malherbe, notre Malherbe, veut-il exhorter Louis XIII à la conquête de la Rochelle ? Comment s'y prend-il ? Il arme le héros de son foudre. Les Rochelois sont les Titans révoltés contre le ciel. Louis est le Jupiter de l'aventure. Il s'embarque intrépidement dans la guerre des dieux et des géans. Il prépare un même loyer à un crime qui est le même; il montre à Louis la Gloire, qui, la lance à la main, l'appelle aux bords de la Charente. La Rochelle est prise. Le poëte ramène le héros vainqueur, et coupe deux lauriers, dont il pose un sur la tête de Louis; l'autre, sur la sienne. Et voilà comment on fait une ode. Pindare prend pour thême la puissance de l'harmonie; les dieux sont assis à la table de Jupiter. Apollon touche sa lyre, et la jalousie cesse entre les déesses; et les plumes de l'oiseau porte-foudre frémissent sur son dos, tandis que le sommeil tient ses paupières appésanties; le poëte descend sur la terre; il réjouit les bons, il effraie les méchans, il dissipe les complots, il fait tomber le poignard de la main des factieux. Quels prodiges l'harmonie ne va-t-elle pas opérer aux enfers ? Et voilà comment on fait une ode. Ce n'est pas une bête de somme qui suit droit son chemin; c'est sur un cheval fougueux et aîlé, que le poëte odaïque est monté. Ces deux animaux-là ne peuvent avoir la même allure.

O les poëtes, les poëtes ! Platon savoit bien ce qu'il faisoit lorsqu'il les chassoit de sa république.

Ils n'ont des idées justes de rien. Alternativement organes du mensonge et de la vérité, leur jargon enchanteur infecte tout un peuple; et vingt volumes de philosophie sont moins lus et font moins de bien, qu'une de leur chanson ne fait de mal.

LES ÉLEUTÉROMANES,

OU

ABDICATION D'UN ROI DE LA FÈVE.

DITHYRAMBE (*).

> Seu super audaces nova dithyrambos
> Verba devolvit, numerisque fertur
> Lege solutis. HORAT.

ARGUMENT.

LE dithyrambe, genre de poésie le plus fougueux, fut, chez les anciens, un hymne à Bacchus, le dieu de l'ivresse et de la fureur. C'est là que le poëte se montroit plein d'audace dans le choix de son sujet

---

(*) Ce dithyrambe a été imprimé, pour la première fois, dans la *Décade philosophique* du 30 fructidor dernier (an 4), mais d'une manière inexacte. On a déjà relevé dans notre précédent n.º l'infidélité qui, dans la dernière strophe, a fait substituer, au mépris des loix de la versification et de l'amitié, le nom de *Grimm* à celui de Naigeon. De plus, on a supprimé le titre de cette pièce, qui signifie *les Furieux de la liberté*, etc. Enfin, on a omis l'arguet la manière de le traiter. Entièrement affranchi des règles d'une composition régulière, et livré à tout le délire de son enthousiasme, il marchoit sans s'assujettir à aucune mesure, entassant des vers de toute espèce, selon qu'ils lui étoient inspirés par la variété du rithme ou de cette harmonie dont la source est au fond du cœur, et qui accélère, ralentit, tempère le mouvement selon la nature des idées, des sentimens et des images. C'est un poëme de ce caractère que j'ai tenté. Je l'ai intitulé : *Les Eleuteromanes*, ou *les Furieux de la liberté*.

Peut-être suis-je allé au-delà de la licence des anciens. Je regarde dans Pindare la strophe, l'antistrophe et l'épode, comme trois personnages qui poursuivent de concert le même éloge ou la même satyre. La strophe entame le sujet; quelquefois l'anti-

---

ment que Diderot a placé à la tête de cet ouvrage ; morceau précieux par les notions qu'il expose relativement au dithyrambe, et par l'historique de celui qu'on va lire. L'anecdote qui y a donné lieu, l'objet que l'auteur s'est proposé en le composant, le ton de *fureur* qu'il s'est cru autorisé à prendre dans ce genre de poésie, expliquent, excusent, justifient ces deux vers, qui ont révolté un grand nombre d'esprits :

> Et ses mains ourdiroient les entrailles du prêtre,
> Au défaut d'un cordon pour étrangler les rois.

Rétablir le titre de l'ouvrage, et publier l'argument qui le précède, c'est donc lui rendre son vé-

strophe interrompt la strophe, s'empare de son idée, et ouvre un nouveau champ à l'épode, qui ménage un repos ou fournit une autre carrière à la strophe. C'est ainsi que dans le tumulte d'une conversation animée, on voit un interlocuteur violent, vivement frappé de la pensée d'un premier interlocuteur, lui couper la parole, et se saisir d'un raisonnement qu'il se promet d'exposer avec plus de chaleur et de force, ou se précipiter dans un écart brillant. La strophe, l'anti-strophe et l'épode gardent la même mesure, parce que l'ode entière se chantoit par le poëte seul sur un même chant, ou peut-être sur un chant donné. Mais j'ai pensé que le récit se prêteroit à des interruptions, que le chant et l'unité du personnage ancien ne permettoient pas. Mes strophes sont inégales, et mes éleu-

---

ritable caractère ; c'est lui restituer tous ses titres à l'admiration des lecteurs ; enfin, c'est assurer à ceux-ci un plaisir sans mélange.

[A cette note, qui est du citoyen Rœderer, je n'ajouterai qu'un mot ; c'est qu'il a eu entre les mains deux manuscrits autographes de ce dithyrambe, et que l'édition qu'il en a donnée dans son excellent Journal d'économie publique, du 20 brumaire an 5, a été revue et collationnée avec le plus grand soin sur ces manuscrits, beaucoup plus exacts et plus complets que celui qui a servi de copie aux rédacteurs de la *Décade*.]

ADDITION DE L'ÉDITEUR.

téromanes paroissent, dans chacune, au moment où il me plaît de les introduire. Ce sont trois furies acharnées sur un coupable, et se relayant pour le tourmenter. Je me trompe fort, ou ce poëme récité par trois déclamateurs différens produiroit de l'effet.

Il ne me reste qu'un mot à dire de la circonstance frivole qui a donné lieu à un poëme aussi grave. Trois années de suite, le sort me fit roi dans la même société. La première année, je publiai mes loix sous le nom de *Code Denis*. La seconde, je me déchaînai contre l'injustice du destin, qui déposoit encore la couronne sur la tête la moins digne de la porter. La troisième, j'abdiquai, et j'en dis mes raisons dans ce dithyrambe, qui pourra servir de modèle à un meilleur poëte.

A Rome, dans une même cause, on a vu un orateur exposer le fait, un second établir les preuves, et un troisième prononcer la péroraison ou le morceau pathétique. Pourquoi la poésie ne jouiroit-elle pas, à table, entre des convives, d'un privilége accordé à l'éloquence du barreau ?

Fabá abstine. PYTHAG.

Accepte le pouvoir suprême
Quiconque enivré de soi-même
Peut se flatter, émule de Titus,
Que le poison du diadême
N'altérera point ses vertus.
Je n'ai pas cette confiance,

Dont l'intrépide orgueil ne s'étonne de rien.
 J'ai connu, par l'expérience,
Que celui qui peut tout, rarement veut le bien.
 Eclairé par ma conscience
Sur mon peu de valeur, je l'en crois; et je crains
Que le fatal dépôt de la toute-puissance,
Par le sort ou le choix remis entre mes mains,
 D'un mortel plein de bienfaisance,
 Ne fit peut-être un fleau des humains.

 Ah! que plutôt, modeste élève
 Du vieillard de l'antiquité,
 Dont un précepte très-vanté
 Défend l'usage de la fève,
Du sage Pythagore endossant le manteau,
 Je cède ma part au gateau
A celui qui, doué de la faveur insigne
D'un meilleur estomac et d'une ame plus digne,
Laisse arriver ce jour, sans être épouvanté
De l'indigestion et de la royauté.

Une douleur muette, une haine profonde
Affaisse tour-à-tour et révolte mon cœur,
Quand je vois des brigands dont le pouvoir se fonde
 Sur la bassesse et la terreur,
Ordonner le destin et le malheur du monde.
Et moi, je m'inscrirois au nombre des tyrans!
 Moi, dont les farouches accens,
Dans le sein de la mort, s'ils avoient pu descendre,
Aux manes de Brutus iroient se faire entendre!
Et tu les sentirois, généreux Scévola,
De ton bras consumé ressusciter la cendre.
 Qu'on m'arrache ce bandeau-là!
 Sur la tête d'un Marc-Aurèle

Si d'une gloire pure une fois il brilla ,
Cent fois il fut souillé d'une honte éternelle
    Sur le front d'un Caligula.

    Faut-il enfin déchirer le nuage
Qui n'a que trop long-temps caché la vérité,
    Et montrer de l'humanité
    La triste et redoutable image
Aux stupides auteurs de sa calamité ?
    Oui , oui , j'en aurai le courage.
Je veux , lâche oppresseur , insulter à ta rage.
Le jour , j'attacherai la crainte à ton côté ;
La haine s'offrira par-tout sur ton passage ;
    Et la nuit , poursuivi , troublé ,
Lorsque de ses malheurs ton esclave accablé ,
    Cède au repos qui le soulage ,
Tu verras la révolte , aux poings ensanglantés ,
Tenir à ton chevet ses flambeaux agités.

La voilà ! la voilà ! c'est son regard farouche ;
    C'est elle ; et du fer menaçant ,
    Son souffle , exhalé par ma bouche ,
    Va dans ton cœur porter le froid glaçant.
Eveille-toi ; tu dors au sein de la tempête ;
    Eveille-toi ; lève la tête ;
Ecoute , et tu sauras qu'en ton moindre sujet ,
    Ni la garde qui t'environne ,
Ni l'hommage imposant qu'on rend à ta personne
N'ont pu de s'affranchir étouffer le projet.

    L'enfant de la nature abhorre l'esclavage ;
Implacable ennemi de toute autorité ,
Il s'indigne du joug ; la contrainte l'outrage ;
    Liberté, c'est son vœu ; son cri , c'est liberté.

Au mépris des liens de la société,
Il reclame en secret son antique apanage.
    Des mœurs ou grimaces d'usage
Ont beau servir de voile à sa férocité ;
    Une hypocrite urbanité,
Les souplesses d'un tigre enchaîné dans sa cage,
    Ne trompent point l'œil du sage ;
    Et, dans les murs de la cité,
    Il reconnoît l'homme sauvage
S'agitant sous les fers dont il est garotté.

On a pu l'asservir, on ne l'a pas dompté.
    Un trait de physionomie,
    Un vestige de dignité
Dans le fond de son cœur, sur son front est resté ;
    Et mille fois la tyrannie,
Inquiète où chercher de la sécurité,
A pâli de l'éclair de son œil irrité.

    C'est alors qu'un trône vacille ;
    Qu'effrayé, tremblant, éperdu,
D'un peuple furieux, le despote imbécille
Connoît la vanité du pacte prétendu.
Répondez, souverains : qui l'a dicté, ce pacte ?
    Qui l'a signé, qui l'a souscrit ?
Dans quel bois, dans quel antre en a-t-on dressé l'acte ?
    Par quelles mains fut-il écrit ?
    L'a-t-on gravé sur la pierre ou l'écorce ?
Qui le maintient ? la justice ou la force ?
    De droit, de fait, il est proscrit.

J'en atteste les temps ; j'en appelle à tout âge ;
    Jamais au public avantage
L'homme n'a franchement sacrifié ses droits ;

S'il osoit de son cœur n'écouter que la voix,
 Changeant tout-à-coup de langage,
Il nous diroit, comme l'hôte des bois:
« La nature n'a fait ni serviteur ni maître;
» Je ne veux ni donner ni recevoir de loix ».
Et ses mains ourdiroient les entrailles du prêtre,
Au défaut d'un cordon pour étrangler les rois.

Tu pâlis, vil esclave! être pétri de boue,
 Quel aveuglement te dévoue
Aux communs intérêts de deux tigres ligués?
Sommes-nous faits pour être abrutis, subjugués?
Quel moment! qu'il est doux pour une muse altière!
 L'homme libre, votre ennemi,
 Vous a montré son ame fière;
O cruels artisans de la longue misère
 Dont tous les siècles ont gémi,
Il vous voit, il se rit d'une vaine colère:
 Il est content, si vous avez frémi.

Assez et trop long-temps une race insensée
De ses forfaits sans nombre a noirci ma pensée.
 Objets de haine et de mépris,
 Tyrans, éloignez-vous. Approchez, jeux et ris.
 Que le vin couronne mon verre;
Que la feuille du pampre ou celle du lierre
 S'entrelace à mes cheveux gris.
 Du plus agréable délire
 Je sens échauffer mes esprits.
 Vite, qu'on m'apporte une lyre.
Muse d'Anacréon, assis sur son trépié,
 Le sceptre des rois sous le pié,
 Je veux chanter un autre empire:
 C'est l'empire de la Beauté.

Tout sent, tout reconnoit sa souveraineté.
C'est elle qui commande à tout ce qui respire.
  Dépouillant sa férocité,
Pour elle, au fond des bois, le Hottentot soupire.
Si le sort quelquefois me place à son côté,
  Je la contemple et je l'admire :
  Mon cœur, plus jeune, eût palpité.

 Mais à-présent que les glaces de l'âge
  Ont amorti la chaleur de mes sens,
  J'économise mon hommage.
La bonté, la vertu, la beauté, les talens
  Se sont partagé mon encens.
La *Bonté* qui se plait à tarir ou suspendre
Les pleurs que l'infortune arrache de mes yeux;
  La *Beauté*, ce présent des cieux,
Qui quelquefois encor verse en mon ame tendre
De tous les sentimens le plus délicieux;
  Le *Talent*, émule des dieux,
Soit que de la nature il écarte le voile,
Qu'il fasse respirer ou le marbre ou la toile,
  Que par des chants harmonieux,
Occupant mon esprit d'effrayantes merveilles,
Il tourmente mon cœur et charme mes oreilles;
La *Vertu* qui, du sort bravant l'autorité,
Accepte son arrêt, favorable ou sévère,
  Sans perdre sa tranquillité;
  Modeste dans l'état prospère,
  Et grande dans l'adversité.

  Celui qui la choisit pour guide,
  D'un peuple ombrageux et léger,
  Peut, à l'exemple d'Aristide,
  Souffrir un dédain passager :

Mais quand l'ordre des destinées,
Qui des hommes de bien et des hommes méchans
  A limité le nombre des années,
    Amène ses derniers instans:
    Athène entière est en allarmes;
  De tous les yeux on voit couler les larmes;
C'est un père commun pleuré par ses enfans.
Long-temps après sa mort sa cendre est révérée;
Long-temps après sa mort sa justice honorée,
Entretien du vieillard, instruit les jeunes gens.

  Aristide n'est plus; mais sa mémoire dure
    Dans les fastes du genre humain;
  Et l'herbe même, au temps où renait la verdure,
    Ne peut croître sur le chemin
    Qui conduit à sa sépulture.

    D'honneurs, de titres et d'aïeux,
    Des écussons de la noblesse,
    Des chars brillans de la richesse
Qu'on soit ivre à la cour; à Paris, envieux:
    Laissons sa sottise au vulgaire.
La bonté, la vertu, la beauté, les talens,
Seront pour nous, qu'un goût plus sûr éclaire,
    Les seules grandeurs sur la terre
Dignes qu'en leur faveur on distingue des rangs:
    Tout le reste n'est que chimère.
Issus d'un même sang, enfans d'un même père,
Oublions en ce jour toute inégalité.
Naigeon, sois mon ami; Sedaine, sois mon frère.
    Bornons notre rivalité
A qui saura le mieux caresser sa bergère,
Célébrer ses faveurs, et boire à sa santé.

TABLE DU TOME XV.

SUITE DU SALON DE 1767.

Deshays.	page 3
L'Epicié.	4
Amand.	12
Fragonard.	14
Monnet.	16
Taraval.	17
Restout.	22
Jollain.	25
Du Rameau.	34
Ollivier.	57
Renou.	61
Caresme.	76
Beaufort.	77
Les Sculpteurs.	95
Le Moine.	97
Allegrain.	99
Vassé.	102
Pajou.	105
Caffieri.	110
Berruer.	112
Gois.	114
Mouchy.	115
Francine.	117
Les Graveurs.	118
Cochin.	ibid.
Le Bas et Cochin.	121

454 TABLE.

Wille. . . . . page 121
Flipart. 122
L'Empereur. . . . . ibid.
Moitte. 123
Mellini. 124
Beouvarlet. . . . . ibid.
Alliamet et Strange. . . . . ibid.
Demarteau. 125

De la manière. 126
Les deux Académies. 136
Pensées détachées sur la Peinture, la Sculpture,
   l'Architecture et la Poésie, pour servir de
   suite aux Salons. 149
   Du goût. 151
   De la critique. 155
   De la composition et du choix des sujets. . 157
   Du coloris, de l'intelligence des lumières et
      du clair-obscur. 189
   De l'antique. 201
   De la grace, de la négligence et de la simplicité. 207
   Du naïf et de la flatterie. 209
   De la beauté. 213
   Des formes bizarres. 215
   Du costume. 216
   Différens caractères des peintres. . . 217
   Définitions. Accident. 221
   Accessoires. . . . . ibid.
   Accord. . . . . ibid.
   Omissions. Du goût. 222
   De la composition. . . . . ibid.
L'Art de Peindre, poëme par M. Watelet. . 225
La Peinture, poëme en trois chants, par M. Le
   Mierre. 241

www.ingramcontent.com/pod-product-compliance
Lightning Source LLC
Chambersburg PA
CBHW051820230426
43671CB00008B/775